编 委 会

（按姓氏笔画排序）

红色潮州

革命先辈

中共潮州市委宣传部
中共潮州市委党史研究室　编
潮州市文学艺术界联合会

暨南大学出版社
JINAN UNIVERSITY PRESS

中国·广州

图书在版编目（CIP）数据

红色潮州.1，革命先辈/中共潮州市委宣传部，中共潮州市委党史研究室，潮州市文学艺术界联合会编.—广州：暨南大学出版社，2023.9
ISBN 978 - 7 - 5668 - 3769 - 1

Ⅰ.①红… Ⅱ.①中… ②中… ③潮… Ⅲ.①革命史—潮州②革命烈士—生平事迹—潮州 Ⅳ.①K296.53②K820.865.3

中国国家版本馆 CIP 数据核字（2023）第 167534 号

红色潮州：革命先辈
HONGSE CHAOZHOU：GEMING XIANBEI
编　者：中共潮州市委宣传部　中共潮州市委党史研究室　潮州市文学艺术界联合会

出版人：张晋升
策　划：黄圣英
责任编辑：冯　琳　颜　彦
责任校对：苏　洁
责任印制：周一丹　郑玉婷

出版发行：暨南大学出版社（511443）
电　话：总编室（8620）37332601
　　　　营销部（8620）37332680　37332681　37332682　37332683
传　真：（8620）37332660（办公室）　37332684（营销部）
网　址：http：//www.jnupress.com
排　版：广州市新晨文化发展有限公司
印　刷：深圳市新联美术印刷有限公司
开　本：787mm×960mm　1/16
印　张：42.5
字　数：631 千
版　次：2023 年 9 月第 1 版
印　次：2023 年 9 月第 1 次
总定价：180.00 元（全四册）

（暨大版图书如有印装质量问题，请与出版社总编室联系调换）

前　言

習近平总书记强调"要把红色资源作为坚定理想信念、加强党性修养的生动教材，讲好党的故事、革命的故事、根据地的故事、英雄和烈士的故事，加强革命传统教育、爱国主义教育、青少年思想道德教育，把红色基因传承好，确保红色江山永不变色"。

潮州是承载红色记忆的革命老区，革命开展早，是全国最早传播马克思主义、广东最早响应五四运动的地区之一；革命时间长，从大革命时期到解放战争时期持续不断，影响重大。新民主主义革命时期，在中国共产党领导下，潮州人民为民族独立和人民解放而英勇奋斗，涌现了一批在潮州乃至全国具有较大影响力的革命英杰，他们从潮州走出去，汇入了全国革命斗争的滚滚洪流中，而周恩来、朱德、贺龙、刘伯承和陈毅等老一辈无产阶级革命家也都在潮州留下了光辉的足迹。中共潮州地方组织带领潮州人民艰苦奋斗、不屈不挠、一往无前、勇夺胜利的红色精神，是一笔宝贵的红色文化遗产。潮州全域都属老苏区，其中，饶平县属原中央苏区县，潮安区、湘桥区属广东省老区苏区，红色文化资源丰富，是一座当之无愧的"英雄之城""红色之市"。

大革命时期，潮安和饶平的人民群众，在当地党组织的领导下，开展轰轰烈烈的革命斗争。1925年，在广东革命政府两次东征以及海陆丰农民运动的影响下，在东征军总政治部主任周恩来等的领导下，潮州的工农运动出现了新高潮。是年11月和翌年1月，中共潮安县支部（后扩展为特别支部）和中共饶平支部先后建立（不久成立县部委）。1926年2月，周恩来主持召开了东江各属行政大会，通过了各项提案决议，使工、农、商、学各界运动有了合法地位。从此，潮州革命运动在党的直接领导下蓬勃开展，地方党组织带领人民进行了艰苦复杂的斗争，活动范围广、革命道路曲折、坚持红旗不倒。

土地革命战争时期，1927年9月23日，周恩来、贺龙、叶挺等率"八一"南昌起义军进军潮州，潮安人民群众掀起轰轰烈烈的革命斗争，史称"潮州七日红"；10月7日，朱德率领南昌起义军余部按照茂芝会议的军事决策，"穿山西进，直奔湘南"，于1928年4月实现井冈山会师，在潮汕革命史上写下光辉的一页。起义军受挫撤出潮州后，党组织在极端险恶的形势下，以不屈不挠的精神率领工农革命军和赤卫队坚持战斗。

在中共东江特委的领导下，潮安县委和饶平县委成立并领导革命军队，开展武装斗争、实行红色割据。1930年底以后，在苏区中央局闽粤赣边特委的领导下，建立了潮澄澳（后为潮澄饶）、饶和埔诏县委，领导工农红军创建了浮凤根据地，成立了县、区苏维埃的革命政权。东江革命根据地不断拓展，与中央革命根据地和闽粤赣革命根据地连为一片。

全民族抗日战争时期，潮安和饶平党组织得到迅速的恢复和发展，在抗日民族统一战线的指导下，掀起了声势浩大的抗日救亡运动，在饶中地区建立隐蔽斗争的基点。潮澄饶党组织领导的抗日游击队，以江东余厝洲为据点，坚持长期的敌后斗争，在极度困难的情况下，发展革命队伍，积蓄革命力量，开展敌后斗争，赢得潮汕抗日斗争的胜利。

解放战争时期，开展了对国民党反动统治的武装斗争，于1949年初建立了凤凰山根据地，进一步开辟了广阔的平原游击区，展开了全面的进攻，摧毁了国民党在潮安、饶平的反动政权。10月，潮州解放并在潮安、饶平二县分别建立军事管制委员会。

红色文化资源在潮州大地闪烁着耀眼的光芒，红色记忆应当世代流传。党的二十大报告明确指出："传承红色基因，赓续红色血脉"，"用好红色资源，深入开展社会主义核心价值观宣传教育"。2023 年是贯彻落实党的二十大精神的开局之年。为深入学习贯彻习近平新时代中国特色社会主义思想，贯彻落实党中央和广东省委、潮州市委工作部署，以实际行动推动党的二十大精神在潮州落地见效，中共潮州市委宣传部、中共潮州市委党史研究室、潮州市文学艺术界联合会联合编撰比较系统且简洁明了、适合各文化层次学习的《红色潮州》丛书。

《红色潮州》丛书分为 4 卷：《红色潮州：革命先辈》《红色潮州：革命事迹》《红色潮州：革命遗址》《红色潮州：革命礼赞》。

《红色潮州：革命先辈》收录二十余位革命先辈事迹，对李春涛、许甦魂、谢汉一等早期革命工作者，洪灵菲、陈波儿等革命文艺工作者，黄名贤、王菊花等地下工作者的革命斗争工作进行了生动的讲述，展现出老一辈革命家、革命先烈及革命志士的崇高精神和优秀品质，描绘了一幅丰富多彩、跌宕起伏的潮州革命历史人物长卷，具有较强的感染力和深刻的教育意义。

《红色潮州：革命事迹》精选 11 个潮州历史上重大革命事迹，包括《潮州七日红》《茂芝军事决策会议》《潮安交通旅社：中央秘密交通线的重要交通站》等篇章，还原了潮州人民参与革命的重要史实，对于还原相关历史细节、厘清相关革命事迹在潮州乃至全国革命史的历史地位，以及完善潮州地区党史、中共党史都有一定意义。

《红色潮州：革命遗址》收录了党史地位较高、影响较大、较有代表性的 59 处革命遗址，并以大革命时期（1917—1927）、土地革命战争时期（1927—1937）、全面抗日战争时期（1937—1945）和解放战争时期（1945—1949）四个时期进行分类，简要介绍了每个革命遗址的史实、现状和保护利用级别，并结合图片进行展示。通过介绍潮州境内红色革命遗址，展现了新民主主义革命时期潮州的一系列革命斗争，反映了潮州人民不畏强暴、不折不挠的革命精神。

《红色潮州：革命礼赞》收录46篇歌颂潮州革命相关事迹、人物、旧址等的诗歌与散文作品。作者们从不同的角度切入，或抒情，或写景，或叙事，用自己熟悉的体裁、擅长的表现手法和生动的文学表达，歌颂了革命英雄对党、对人民无限忠诚，不惜抛头颅、洒热血的精神，以及为革命、为人民所作的巨大贡献。在文字的深情演绎中，流淌出一个个扣人心弦的红色故事，传承着绵绵不断的红色基因，直击人们的心田，是新时代潮州人抒写的红色革命礼赞。

凝心铸魂向复兴！在开启第二个百年新征程、全党开展学习贯彻习近平新时代中国特色社会主义思想主题教育之际，《红色潮州》丛书的出版，希望能让读者了解潮州革命斗争的光荣历史，为广大党员干部传承红色基因，发扬红色传统，学思想、强党性、重实践、建新功，奋力谱写现代化潮州新篇章提供文化支撑和精神动力。

编　者

2023 年 5 月

目 录

李春涛

李春涛，幼名清荣，曾用笔名景山、赤麟，1897 年出生于广东潮州城内刘察巷。

李春涛的祖辈经商，开了一间"祥和糖行"，做土糖的生意。他的伯父李秀秋，字荫庭，继承祖业，生意在他手中有所发展。其父李秀升（字云阶），虽然也分有糖行的股份，但主要是以教书为业。

1905 年，李春涛进入潮州城南讲堂（又称城内书院，今西平路小学）读私塾，他的父亲就在这里执教。李春涛勤奋好学，父亲对他严格要求，因而他成绩优异，特别是有较好的语文基础。1912 年，他进入金山中学读书。

辛亥革命前夜，潮汕一带已有许多人参加了同盟会，追随孙中山进行革命活动，开展封建斗争。1911 年武昌起义时，潮汕的革命党人起而响应，放火烧了潮州府衙。潮汕革命党人的斗争，对李春涛的幼小心灵产生了影响。后来，他用"景山"做笔名，就是为了表达对孙中山的景仰、对反帝反封建的民主革命的支持。

寻求建立新社会的道路

从金山中学毕业后，李春涛对知识和真理的渴望更加强烈。1916 年，他到了当时中国的文化中心——北京，准备赴日留学。1917 年 9 月，他和彭湃等人一起，进入日本东京的早稻田大学，就读于三年制的专门部政治经济科。

1919 年 9 月 18 日，一些要求进取革新的早稻田大学学生为了探索反对资本主义的办法，寻求建立新社会的道路，创立了建设者同盟。不久，李春涛和彭湃一起参加了这个组织。他在 1923 年所写的介绍彭湃的文章中，谈到他们这段时间的活动时曾说："彭湃与一二友人同入早大学组织建设者同盟，研究劳动运动诸派别及其学说……后来，建设者同盟改组为晓民会，会中人物，如高津正道等，皆在从事实际运动。彭湃数与往来，因与大杉荣、堺利彦、近藤荣藏等相识。"建设者同盟着重研究农民问题，进行实际斗争，试图把他们学习的社会主义原理与农民问题结合起来。这些对彭湃与李春涛的思想有很大影响。在早稻田大学期间，他俩为了追求真理，曾如饥似渴地"研究社会主义诸家学说"。共同的追求，把他俩紧密地联系在一起，从此成了莫逆之交。

随着俄国十月革命的影响不断扩展，李春涛认为有必要学习俄国革命的经验。于是，他又和彭湃一起，在中国留日学生中组织进步团体，除他和彭湃外，参加者还有杨嗣震、林孔昭、王鼎新、李孝则、陈卓凡、彭泽、林泉、洪达，共 10 人。关于这个团体的名称，"春涛提议叫赤心社，大家都认为恰当"，"取名'赤心'二字，就是表示一心学习俄国"。赤心社组织起来后，学习过马、恩的《共产党宣言》和河上肇的《社会问题研究》等著作，他们"对阅读的社会主义书籍有疑问时，互相提问，互相研究，并共同分析国际和国内形势。传达及研究日本社会主义的一般概况等"。赤心社还不定期出版油印刊物《赤心》。后因李春涛和彭湃、杨嗣震等相继毕业回国，赤心社的活动从东京转移到海丰，但两地赤心社成员之间仍然保持联系。彭、李在海丰编的《赤心周刊》按期寄往东京，还向东京的赤心社成员组稿。

1920年11月，日人堺利彦、韩人权无为等在东京发起组织"Cosmo-Club"（可思母俱乐部），彭湃与李春涛等"因与堺、权相识，遂首先加入"。该组织成员田汉回忆说，Cosmo-Club是一个"国际性的社交组织"，"接近无产阶级的国际主义"，参加的多是左翼的文化人，其中有社会主义实行家，也有无政府主义者，他们不定期地开会，讨论分析各种国际问题。

1921年夏，李春涛在日本早稻田大学毕业回国，取道北京回乡。是年秋天，他应聘任潮州金山中学教务长，不久，又代理校长。据金山中学校史记载，李春涛"亦有朝气"，曾"购机器，自办校用电灯百余盏，选免费生二人练习司机，颇著成绩"。他大力宣传进步思想，把学校教育与社会斗争结合起来，大力支持社会青年的进步活动。那时，土豪劣绅的子弟在金中毕业时，其家庭常依封建旧例，借子弟学成之名，演戏谒祖，勒索乡民贺仪。潮州青年国书社的进步青年，为了揭露鞭挞豪绅们这种变相敲诈民财的行为，利用潮州闰音字母短训班学员毕业之机，也发出谒祖请帖，并申明干礼（贺仪）请助。那些土劣官贵想和新派人物联络感情，居然送来不少贺仪。书社把活动费用一一公布，余款悉数捐给医院，清单收据贴在通衢，用以批判土劣官贵们通过谒祖以中饱私囊的丑行，使他们十分狼狈。李春涛对书社这一活动大力支持，在报上发表专文，高度赞扬了这种反封建的斗争精神，使金中的学生也从中受到了教育。在李春涛的影响下，金中不少学生接受了进步思想，后来走上革命道路。"左联"七常委之一的洪灵菲烈士，就是其中的佼佼者。

然而，当时的潮州毕竟还是旧势力的天下，李春涛因"他的进步思想，也不适应这旧社会的环境，不久也去职"。1921年10月，彭湃就任海丰教育局局长后，聘请李春涛到海丰任教。为了实践从教育入手革新社会的理想，李春涛欣然答应。1922年初，他前往海丰，担任第一高等小学的国文教员。

第一高等小学的校长杨嗣震也是李春涛留日同学。他安排李春涛既任教高年班也任教低年班的课。李春涛对低年班学生讲课时，着重字词解释，每字每句都讲得清清楚楚，深入浅出，易学易懂，使同学们对学习古文的畏难情绪一扫而空。他对高年班学生讲课，则很注意思想内容，只从教科书中选讲两三篇好文章，而另取《新文精华》作为教材，讲授梁启超、蔡元培、陈独秀、鲁迅等人的作品。教学时，他联系社会实际讲革命道理，同学们越听越爱听，争相传颂李春涛的课讲得真好。后来，每逢李春涛上课，都有很多别班的学生来听课，课堂里坐不下的就围集在窗口、门边，一直站着听到下课。有的学生说："我看戏也没有这样认真！"海丰中学的学生听说第一高等小学来了个好教员，也纷纷要求李春涛去学校兼课。李春涛还经常利用课余时间，向学生介绍课外阅读书刊，讲述各种革命故事，引导学生关心社会问题。他还拿出自己和彭湃、杨嗣震在日本拍摄的照片给学生看，介绍日本的风土人情，帮助同学们开阔视野。

1922年的"五一"劳动节，李春涛协助彭湃和杨嗣震积极筹备在海丰举行的劳动节纪念游行。因5月1日至3日有雨，纪念游行延至4日举行。那天，由彭湃高擎红旗作前导，各校列队依序随行，沿路散发传单。第一高等小学散发的传单指出："学生虽然现在机会好，得到学校读书。可是一毕了业，跑进社会里头，依然要和别人一样似的感着生活困难。所以今日的学生，就是他日劳动者的后备队，无产者的候补员。"短短的几句话，把当时青少年学子的生活与无产者的命运紧密地联系起来，显示出李春涛和彭湃、杨嗣震等在海丰实践教育革命的深度。游行之后，李春涛在公共运动场露天演说，号召学生"为谋取人类的幸福生活而奋斗！"

这次纪念游行吓坏了海丰的土豪劣绅，他们诬告彭湃等人将要实行"共产共妻"。5月8日，海丰《陆安日刊》刊登了一篇攻击彭湃等人的文章——《借教育以宣传主义之谬妄》。结果，"彭湃遂得与二三友人在海丰借教育宣传社会主义的罪名"。这"二三友人"指的是李春涛、杨嗣震等。于是，陈炯明撤去了彭湃的教育局局长职务，海丰县中所有主张教育革新的校长、教员们纷纷被迫离去。

教育革新的实践受到了挫折，但李春涛和彭湃等宣传新思想的活动并未停止。"不数日，（彭湃）与其友所办之《赤心周刊》创刊号，遂于 5 月 14 日出版于海丰。"《赤心周刊》是十六开的油印刊物，由李春涛主编，并由他亲自刻印，彭湃除撰文外，还负责封面和插图。"周刊之目的，在向学生宣传"，它以鲜明的政治态度，与陈炯明的《陆安日刊》展开了论战。周刊的文章精湛，字体工整，图文并茂，很受青年学生欢迎。余汉存回忆说："使我萦绕脑际，永远不会忘记的是，其一：画了一座宝塔，最底层是工人、农民，受压迫和剥削最惨。在工农背上是贪官污吏，土豪劣绅。再上一层是军阀，最顶峰是帝国主义。其二：绘一工人，身材高大魁梧，被资本家的铁链捆缚着。他觉悟了起来，愤怒地两手大力一挣，挣脱捆在身上的铁链，一节一节地落地，工人兄弟解放了。"

《赤心周刊》第六期出版后，"因种种原因，同志星散，遂竟休刊"。李春涛回到家乡潮州，不久又前往北京，经杜国庠介绍，先后在中国大学、平民大学、高等女师等院校讲授唯物主义，深受许广平等进步学生的欢迎。

坚定支持彭湃领导的海丰农民运动

在北京，李春涛和杜国庠、李沧萍合住在地安门内织染局胡同 13 号，杜国庠是户主。他们把该屋命名为"赭庐"（红楼之意）。"赭庐表面是一所普通住屋，但实际上却是一个学习、研究、宣传马克思列宁主义的地方。来往于此者不少……赭庐内研究马列主义热情很高。主人与往来者互相交流马列主义学问经常到深夜。此外，还编了几种宣传马列主义新思想的小册子。1924 年编印一本名为《列宁逝世纪念册》，封面印有列宁照片，印刷达数万册，分送北京各文化机关团体和国内有关方面，因而赭庐就为人们所注意。同时通过成员购买进步书刊，分寄亲友。"在赭庐期间，李春涛一直和在海丰从事农民运动的彭湃保持密切联系。

1923 年暑假，李春涛南归探亲。是时，因海丰农运受到陈炯明爪牙王作新、钟景棠的镇压，彭湃前往老隆，找陈炯明进行说理斗争后，经五华、梅县、大埔到潮安。李春涛在刘察巷自己家中热情接待了彭湃。彭湃要求李春涛为海丰农民起草一份告同胞书，揭露封建势力的压迫。李春涛马上答应，并亲切鼓励彭湃："这是一个革命运动必经过的途径，再干吧！"他立即奋笔疾书，写出了《海丰全县农民泣告同胞书》。这份泣告同胞书，以鲜明的态度、悲愤的语言，控诉了地主豪绅阶级的罪恶，叙述了海丰农运的发展过程。它一开头就说："我海丰农民之不聊生也久矣！然生活之悲惨困苦颠连而无告，则未有如今之甚者！"接着指出："查我海丰农民，有田可以自耕者，百不得一。余则皆就田主领田佃耕按季纳租奴于田主为活耳，幸遇丰年乐岁，尚可温饱，不幸年凶岁歉，则不免于饥寒冻馁。于是，我海丰农民，为自卫计——为欲防田主之无理升租计，为欲弭消农民之内部纷争计，为凶年可以呈请减租计，为救济天灾人祸死亡计——遂于去年八月组织成立海丰农会。一年以来，农会之范围，由海丰而陆丰而归善，近且延及紫金、惠来、普宁；而农会之名称，亦由海丰农会而惠州农民联合会，近日扩称为广东总农会。凡若是者，皆我农民自觉悟其生活之悲惨，知非自卫将无以自存，故不约而共同谋之者也。然不意因此意见恶于当道！且不意最先受压迫摧残者即为我生活最惨之海丰农民！"

《海丰全县农民泣告同胞书》还叙述了1923年8月16日（农历七月初五）反动县长王作新与粮业维持会的绅士们，勾结反动军队钟景棠所部，武装袭击海丰农会，捕去农民领导人杨其珊等25人，封闭会所，解散农会的罪恶事实。"七五"农潮后，反动派又继续纵令各区警兵四处下乡迫租，并查找农会会员证章，多方苛勒，百般骚扰，农民生机全绝，唯有"待死"。最后，大声疾呼"幸我同胞父老兄弟诸姑姐妹有以援助其后！"

《海丰全县农民泣告同胞书》陈词痛切，寄发各地后，激起人们对海丰地主豪绅阶级的愤恨。共同的斗争进一步加深了李春涛和彭湃的友谊。他们"1917年，在东京认识，嗣复同校同科同级，且尝同住亘二年久"。回国后，在革新海丰的教育实践中，又并肩战斗。彭湃从事农民运动后，"时有信来讨论农会组织及进行事宜"。在这些信件中，彭湃向李春涛详述自己的思想活动，而且附送了有关农会的各种章程、文件。李春涛假期回乡或返校路经上海时，必替彭湃去找当时团中央负责人施复亮，听取意见或汇报海丰农运情况。李春涛与彭湃虽身处异地，但他们同样认真研究农运的发展。从来往的书信和接触中，李春涛积累和保存了彭湃早期从事农运的宝贵材料，而且对彭湃指导农运的思想也有了深刻的了解。《海丰全县农民泣告同胞书》面世后，地主豪绅阶级和香港的反动报刊继续对海丰农运进行造谣诬蔑。在这种情况下，李春涛又挺身而出，在赭庐写下了长篇论文《海丰农民运动及其指导者彭湃》，全力支持彭湃从事农运的革命事业。

《海丰农民运动及其指导者彭湃》发表在中国大学校刊《晨光》第二卷第一号上，标题之后，加有一个醒目的附注："（注意）海丰农民运动，有主义有组织，是研究中国劳动问题者所应当特别注意的。李君是专门研究经济学的人，而海丰农民运动首领彭湃君又是李君的知己，材料真确，判断公平，可想见了。"李春涛在这篇论文的"缘起"中，首先说明他的写作目的在于捍卫彭湃的事业，捍卫海丰的农民运动："海丰农民运动，自去年 7 月 29 日（旧历六月初六日）在海丰城外桥东龙山（一名赤山）成立赤山农会起，至今年 8 月 16 日（旧历七月初五日）被海丰县长王作新带同军警围捕解散止，前后一年。此一年中，其运动区域由一二乡扩大至五六县，其加入员数由数十人增加至二十余万人。进步之急速，殊足惹人注意。最近出版界之记载此事者，有香港《华字报》9 月 5 日所登载之《海丰农会的组织及最近状况》，及《建设周报》第四、五两期所发表雨我君的《评海丰农会运动》。雨我君所据以批评者，系本自超君赴海丰调查的报告书。……而超君之调查报告，复多涉及成见。不得已，乃始搜集彭君年来信札，编成此文……"

在这篇文章中，李春涛详细介绍了彭湃的思想发展和海丰农运的历程，客观地评价了彭湃在海丰农运中所起的作用。他指出："彭湃并非英雄，亦非教主。原来'农村的纯无产阶级对于田主资本家的敌视，是很深的。不过没有人来唤醒和挑拨'，故而尚潜伏着尚沉默着，未能形成为阶级意识及发为阶级斗争。彭湃一经明白这个道理，便能毅然牺牲自己在现社会上的优越地位，走入农民中间，去唤醒和挑拨他们起来反抗，从这一点骤然看去，似乎彭湃当真是一个英雄。然若细察其思想和行为之变迁进化，则彭湃盖完全是一位极平凡的人物。试看：初时农民尚不相信彭湃，后来'农民之趋农会恍如二十年前乡人之趋向天主教'（超君评语见《建设周报》第四期），并非彭湃前后做人二样，实是因为初时农民的阶级意识尚各潜伏着，及经了唤醒挑拨之后便不约而同地把阶级意识形成起来的缘故。故彭湃实非英雄，尤非教主。农民运动之成功失败，完全是以农民的阶级意识之能否形成，决之。"他在文章的结尾强调："我们的目的，当然是在于推翻现代的资本主义组织以实现未来的社会主义组织。实现此目的之唯一手段，为社会革命。社会革命之完成者，当属劳农阶级，而劳农阶级在未完成其社会革命的事业时，莫要于鲜明其阶级的意识，整饬其先锋的队伍，发挥其斗争的精神。"

1925年4月，李春涛辞去北京平民大学、中国大学等校的教职，动身返回广州。路经上海时，应上海大学社会科学系主任施存统的邀请，到该校演讲《殖民政策》，并将讲稿刊登在上海《民国日报》副刊《觉悟》上。

1925年6月，李春涛离开上海，经杭州回到广东汕头，再由汕头沿陆路前往海丰。一路上遇到许多同志和朋友，他们都向他探问海丰农会的近况，因为反动舆论说了很多海丰农会的坏话，外界不了解海丰的真实情况。李春涛说："海丰农会真是建筑在农民阶级的意识上，这是我所敢保证的；至于那些坏话，必是反动派的谣言，切不可误听误信。"

为了进一步深入了解海丰农运情况，并用事实驳斥反动派的谣言，李春涛决定进行实地调查。7月7日，李春涛到达海丰时，正值海丰全县农民代表大会开会。7月9日，彭湃介绍李春涛和126位代表见面，就农民对土地所有权的观念问题，用举手法进行调查。

李春涛和彭湃看到农民代表的表决情况，十分高兴。李春涛对代表们说："今日各代表列席者共126位，内无一人承认田地该归地主所有，这是我们意料中应该如此的。此外承认田地该归农民所有的，计12人，约占全数十分之一；承认田地该归农会所有的，计29人，约占全数十分之二；承认田地该归社会所共有的，计80人，约占全数十分之七。这样的大多数都能明白田地不该归一个人——不管是田主或农民——私有，且不该归一个团体——农会——私有，而应该归全社会共有，这样的对于土地的观念，算是极为正确。这样的农民运动的前途，才是光明远大。我们以后，更须努力的照这条路做去，不达到我们的目的不止。"李春涛将调查结果写成文章，说明海丰农会是农民的阶级组织，有深厚的群众基础，有强大的生命力。

大力宣传革命理论

1924 年以国共合作作为基础的革命统一战线正式建立后，革命形势迅速发展。1925 年底，国民党宣传部创办《政治周报》，由毛泽东主编。《政治周报发刊理由》指出："向反革命宣传反攻，以打破反革命宣传，便是政治周报的责任。"李春涛以国民党左派身份，参加了《政治周报》的工作。他不仅积极协助毛泽东处理编辑部的事务，还按照《政治周报》的宗旨，认真撰写文章。

1925 年 12 月 13 日出版的第二期《政治周报》中，在"反攻"的总题下，刊登了三篇短文，有两篇是毛泽东写的时评，另一篇是李春涛写的《杀尽知识阶级的是谁》。那时，陈炯明挑拨青年学生和共产党的关系，造谣诬蔑，进行蛊惑人心的反共宣传。其中有一篇叫《警告青年学生》的文章，胡说道："共产党的政策，还要灭绝知识阶级，我青年学生，总算知识阶级，共产党成功时，便要把知识的青年学生，一个一个杀尽。"李春涛站在马克思主义的立场上，以鲜明的阶级观点给予批驳。他说："要知陈炯明的话对不对，应先把中国知识阶级的地位作一个分析。我们学得有知识的人们不能承认他们是一个阶级，只能承认他们是一些有知识的分子，因为他们没有一种共通的利害，能够促成他们联合成一个阶级。他们有的做了张作霖吴佩孚陈炯明的秘书和参谋；有的做了张謇穆藕初陈廉伯等的辩士或书记，说农民不该减租和工作不该罢工，但同时确有一部分知识分子，已经投入农工阶级的战线里。"李春涛又说："依此，我们很可明白每个有知识的人，只是一个知识分子。这些知识分子，跟着近世产业进步必然的结果，早已失去了他们所谓自由职业的尊严和保证，由中间阶级暂沦为无产者，势非死心塌地参加农工运动不可。若他们竟忘却了自身在现存社会上的地位，而情愿开倒车去和军阀买办阶级土豪劣绅帮忙，那才算是有知识的青年被人杀尽。被谁杀尽呢？直接被军阀买办阶级土豪劣绅冤杀，间接被帝国主义毒杀。"一篇不过四百来字的短文，不仅阐明了知识分子的阶级属性和革命前途，而且辛辣地揭露了诬蔑共产党要杀尽知识青年学生的陈炯明之流才是真正危害知识青年的刽子手。

《政治周报》第三期刊登了李春涛撰写的重要文章《东征纪略》。这篇长达一万多字的专文，详述了第二次东征的经过，分东征军出发、下惠州、占领海陆丰紫金老隆、东江全平、追击闽边残敌等五个部分。文章深刻地分析了这次东征胜利的原因，指出"革命军与别的军队的最大不同点，就是他们军队内面的政治工作，这是革命军打胜仗的根本原因。这种政治工作，在平时要紧，在战时更发要紧。在战时要使人民与军队合作以协力对付敌人，全靠这种工作做的好"。《东征纪略》说"此次东征，组织了伟大的政治宣传队，设立东征军总政治部为之统率，以第一军政治部主任周恩来为总政治部主任"，高度评价了周恩来领导的政治工作。李春涛还强调了人民群众在东征中的重大作用。他说："此次战役之成功，除党军之忠勇善战外，东江人民之拥护革命军，竭力帮助，实为一大原因。"

李春涛直接参加了讨伐陈炯明的第二次东征，在周恩来领导的东征军总指挥部政治部工作。东征胜利后，国民政府任命周恩来为东江各属行政委员，主持二十五县（市）的政务。李春涛受国民党中央党部的委派，负责接收汕头的反动报纸《平报》，筹办《岭东民国日报》，随后被正式任命为《岭东民国日报》社长。在共产党的帮助下，改组汕头国民党组织后，李春涛当选为国民党汕头市党部委员、宣传部部长。潮汕各县国民党改组后，为统一领导，又成立了国民党潮梅特别委员会，李春涛又被选为特委委员。这一时期，彭湃也在汕头指导农民运动，兼任国民党汕头市党部的农民部长，他俩又在一起工作。

李春涛工作十分繁忙，常常废寝忘食，有时通宵达旦。他除了国民党汕头市党部的大量工作外，还到中共潮梅特委主办的震东学校的社会科短训班去兼课，对学员进行唯物主义教育。而最主要的精力，则放在了办好《岭东民国日报》上。

《岭东民国日报》于 1926 年 1 月 20 日正式出版，是有十版篇幅的大型日报，有《工农》《妇女》《教育》《文艺》等内容丰富的副刊。它名义上是潮梅地区国民党的党报，实际上是由周恩来直接领导、反映我党政治主张的舆论工具。正式出版时，周恩来以东征军总指挥部政治部的名义，行文各县署，指出"潮梅人民，历受洪林诸逆蹂躏，对于革命真谛，都未了解，该报负有指导之责，期在唤起潮梅民众革命精神，以扫除一切障碍"，令饬各地订阅劝销，"所有一切广告文件，务须登载该报"。

当时曾在《岭东民国日报》工作的许美勋回忆说，为了依靠党的领导，李春涛除了自己经常与周恩来、彭湃等保持联系外，还指定他定期与周恩来的秘书关学参联系，通过关向周恩来请示汇报宣传内容，使报纸真正成为共产党的公开喉舌。周恩来对《岭东民国日报》的工作十分关心，除经常过问、指导外，还应李春涛等的请求，为报纸副刊书写了"革命"二字的题词。

在周恩来的领导下，李春涛紧紧把握住报纸的革命方向，自己动手撰写重要的评论和文章，使《岭东民国日报》在指导潮梅地区的革命斗争中发挥了重要作用。

1926 年前，汕头市的工人运动未能很好开展，"汕头工联会过去的历史，组织幼稚，不能够统治汕头各工会，对各工会没有给以统一计划和指导，任从各工会自由奋斗，工会好歹，全不顾虑，至同样性质之工会有分裂几个至十几个的，工会的力量不集中，……致过去的汕头领导罢工委员会，都被借公营私的工贼和几个坏领袖所把持，常有越轨的行动"，违背了工人阶级的利益。东征胜利后，东江革命政权决定将过去的工联会改组为总工会，以扩大工会组织，集中工会力量，训练工人群众，适应革命形势的发展。《岭东民国日报》在这方面进行了大力宣传，李春涛亲自写了《本市工友应有的觉悟》一文，精辟地论述了工会的性质和任务。他说：

工会，是同一职业的工人为欲拥护其阶级利益的组织团体，所以，每一工会，必须具有下列三条件，始配称做"工会"。

哪三种条件？第一，是同一职业的；第二，是有阶级意识的；第三，是有组织的。如果"非同一职业""没有阶级意识"而"无组织"的工人团体，只能称做"一群工人"，不能称做"工会"。

这样的"工会"，是操同一职业的工友，本着他们的阶级利益，团结组成的组织团体。此团体——工会——的作用，对内是保障本阶级的利益，对外是图谋本阶级的完全解放——简直说，工会就是工人作战的机关，但工人在作战之先，首要认清敌人。

工人的敌人是谁？工人是被压迫阶级，故工人的敌人，就是压迫阶级。压迫现代中国工人的，是帝国主义者及其走狗军阀，故现代中国工人的敌人，就是帝国主义者及其走狗军阀。而负有国民革命的主力的中国工人阶级，尤不可不认清敌人——帝国主义者及其走狗军阀。

欲工人能够认清敌人，必先把工会组织得好，如果工会的组织不好，则工人将因为没有阶级意识的缘故，不单把真正的敌人丢忘，有时自家兄弟反行阋墙起来。这一回人力车工友自相冲突，和前一回联安工会工友与罢工纠察队工友的冲突，就是证明上述理由的事实。

什么是工友应有的觉悟呢？李春涛指出："工会扶导工人，使由经济斗争进行政治斗争，因为现代中国的要求，是在完成国民革命工作；故在国民革命时代下的中国工人阶级，应认清敌人帝国主义者及其走狗军阀，与一般民众共同奋斗，共倒公敌。此一点，即是本市工人阶级应有的觉悟。"他在明确论述工人阶级在民主革命时期的反帝反封建任务后，号召全市工人"联合起来，立在国民革命的前线"。

在当时的历史条件下，李春涛虽然还未能明确指出工人阶级是革命的领导阶级，但是，他已经清楚地说明了工人阶级是国民革命的"主力"，在反帝反封建的斗争中，应处在"前线"的地位。这篇文章对于启发工人的阶级觉悟、推动汕头工运的发展，起了很好的作用。

《岭东民国日报》在李春涛的主持下，消息报道的政治倾向性也十分鲜明。例如，列宁逝世两周年的时候，《岭东民国日报》广泛地报道了东江各地举行的纪念活动，以教育人民，打击敌人。一则题为《澄海民众纪念列宁之热烈》的消息说："到会者有学生、工人、农民、士兵、警察共约数千人，至十时开会，由七团党代表许继慎主席，会众向列宁遗像行三鞠躬礼，高唱革命歌，继主席宣布开会理由，政治特派员李春蕃报告列宁一生奋斗历史。八连党代表演讲《纪念列宁之意义》，蒋振南演讲《革命之国际性》。是次，县署代表许统藏演说，有'列宁主义是不适于中国，中国革命不应过激，不应流血，不应暴动，不应破坏'等语。语甫毕而众大哗。即由特派员李春蕃登台劝止，并解释中国现在所需要的，不是顺民而是革命的民众，应不怕有目的之流血暴动及破坏云云。众大鼓掌，秩序始渐恢复。黄铮苏女士及一士兵，复继起演说，迨至散会，听众有呼'打倒反革命之许统藏''拿来游街'，声势汹汹。乃由主席提议'咨请县长将反革命之许统藏革退'，以缓和众怒，经众一致通过，遂呼口号巡行而散。"类似这样旗帜鲜明的报道，其作用实在不亚于一篇政论文章。

李春涛在大革命时期对革命理论的大力宣传，促进了潮梅地区反帝反封建民主革命运动的发展，也说明李春涛在思想上已经开始成为一个马克思主义者。

忠诚的"非党布尔什维克"

革命斗争的实践，不断加深了李春涛对中国共产党的热爱，他恳切地向组织提出了加入中国共产党的申请。中共汕头地委进行过认真的讨论，认为在当时国共合作的条件下，李春涛以国民党左派的身份开展工作，对革命事业更为有利。因此，彭湃便向李春涛解释：你是很坚定的布尔什维克，你是有条件参加共产党组织的，但是，你作为国民党左派的身份与共产党合作，在目前情况下，对革命更有好处。李春涛听党的话，一心一意干好革命工作，深得同志们的信任和热爱，大家都称他为"非党布尔什维克"。

李春涛在领导和主持国民党汕头市党部工作时，经常在市党部会议厅召开各界会议。每当左右派在会上激烈斗争，李春涛总是用娓娓动听的言辞、充分说理的论证作总结，阐明左派的正确主张，挫败右派的阴谋。

1926年下半年，国民党内的反共分子活动越来越猖獗，统一战线内部的斗争日益尖锐。李春涛坚定地站在广大工农群众一边，站在共产党一边，反击国民党右派的进攻。当揭阳的反动分子绑架了潮汕工人运动领袖杨石魂后，他在《岭东民国日报》上采用共产党掌握的"潮通社"发的消息，揭露国民党右派的这一罪行，有力地配合了共产党领导的营救杨石魂的斗争。由于共产党坚持原则，善于斗争，又有潮汕工农群众运动的支持，终于迫使国民党反动派不得不将杨石魂释放。

1927年春，斗争更加尖锐。国民党右派到处疯狂镇压工农运动，形势日趋紧张。国民党右派的倒行逆施，完全背叛了孙中山倡导的三大政策，与国民党的政纲和历次决议背道而驰。对此，李春涛进行了针锋相对的斗争。

1927年2月23日至26日，东江第一次农民代表大会在汕头召开之际，李春涛便在《岭东民国日报》上发表了一篇重要文章——《党的'决议''政纲'和东江农民代表大会——我们所愿望于农代大会者》。文章详细陈述了国民党历次"决议""政纲"中有关农民革命的正确论述，强调"无论何时，本党应站在农民利害方面奋斗"是国民党的"党策"。文章高度评价农民"参加国民革命亦最努力"，"讨伐杨刘，统一广东，赞助北伐，皆为农民参加国民革命之不可磨灭的伟绩"，"而东江农民，于二次东征肃清陈（炯明）、林（虎）、洪（兆麟）、刘（志陆）之役，及去冬由潮梅出发征闽之役，乃至平日在各乡村镇压反动派以巩固广东革命基础，其功绩尤为伟大"。李春涛通过正面阐述，鞭挞那些摧残农民运动的国民党右派，说明镇压农民运动的人，就是背叛了国民党"政纲"，背叛了国民党"党政"，其实质就是背叛国民革命。

由于《岭东民国日报》积极宣传共产党的政治主张，坚持反帝反封建的鲜明旗帜，勇敢捍卫广大工农群众的利益，因而引起了国民党右派和土豪劣绅对李春涛的仇视。不久，李春涛被免去了《岭东民国日报》社长的职务。

1927年4月12日，蒋介石撕下伪装，在上海公开发动了反革命政变，革命形势急转直下。14日，香港报纸登载了上海继续进行大屠杀的消息，广州也有山雨欲来之势。在香港的中共党员梁工甫见形势危急，用特约的假名和隐语，急电中共汕头地委外层联络站站长吴梦龙："先为哥，父亲在沪坠马折足，母亲在省病危，请诸兄弟来港会商善后。""先为"是当时中共汕头地委的代号，电文暗示事变已经发生，要汕头方面作好准备。但是，中共汕头地委负责人对形势估计不足。当时，潮梅警备司令部以解决澄海农军教练彭丕被杀问题为借口，通知共产党负责人前往警备司令部开会，企图把汕头共产党领导人一网打尽。共产党主要负责人虽未前往，但仍派李春涛、廖伯鸿（中共党员）、梁德明去参加。李春涛等一到开会地点，立即被逮捕。接着，潮梅警备司令何辑伍于14日晚11时宣布全市戒严，派出大批军警包围了国民党汕头市党部（同益西巷）、总工会（旧公园右巷）、工人罢工委员会（同济医院），一百多名革命同志被逮捕。

4月27日深夜，国民党反动派把李春涛、廖伯鸿等同志装进麻袋，用刺刀刺死后，抛入汕头石炮台的大海中。海潮上涨时，烈士们的尸首被冲上海滩，被汕头运输工会的工人认出。他们冒着生命危险，把李春涛等人的遗体葬于"义冢"。李春涛烈士，为中国人民的革命事业英勇牺牲了，时年仅30岁。

许甦魂

许甦魂，又名许进，原名许统绪。1896 年农历十月生于广东省潮州市潮安区庵埠镇一个贫农家庭。他 1916 年到新加坡，1921 年在吉隆坡加入国民党，1924 年加入中国共产党。在海外期间，创办进步报刊，举办学校，组织侨工，积极宣传革命主张，参加并领导华侨的反帝爱国斗争。1925 年秋，他以华侨代表身份回国参加国民党"二大"以后，历任国民党第二届候补中央执委委员、海外部秘书长，中共海外总支部书记，《海外周刊》主编，全国华侨协会第一届、第二届常务委员；南昌起义期间任前敌委员会秘书，后任红七军政治部宣传科长、红七军十九师政治部主任、红七军前敌委员会委员、红七军政治部主任等职。1932 年初在中央苏区不幸牺牲，时年仅三十六岁。许甦魂是我党侨务工作的先驱，是我军出色的政治工作干部。他的牺牲，是党和人民的重大损失。

一

许甦魂出生在帝国主义列强加紧瓜分中国，民族危机日益深重，清王朝已经不能继续统治下去，人民挣扎在死亡线上的黑暗时代。和千百万农家一样，许甦魂一家过着艰辛窘迫的生活。父亲许则厚，勤劳忠厚，一向务农，以佃耕为生。由于家贫，许甦魂从小就跟父亲一道劳动，也时常与姐姐一起去捡柴火。繁重的劳动和贫苦的生活，使他自幼就养成吃苦耐劳、勤俭朴实的品德。

许甦魂因家贫迟迟不能上学，但他十分喜爱读书，常在屋后的学堂旁听，流连忘返。十岁那年，几经哭闹，他才得到家庭和亲戚的同情和支持，进入本村私塾汀源学校读书。入学后，他勤奋好学，成绩优异，博得老师的赞扬和同学们的尊敬。

辛亥革命后，许甦魂从报上和老师那里了解到革命党人为推翻清王朝而历尽艰险的情况，十分敬佩孙中山的革命精神，认为他是自己的楷模。不久，南京临时政府颁布限期剪辫子的通告，许甦魂在学校里带头剪掉头上的辫子，并劝说两个妹妹不要缠脚。在他的带动下，学校的师生也响应革命政府的号召，纷纷剪掉辫子。

1912 年夏，许甦魂的父亲因护理疫病乡亲而染病身亡，家庭陷入更大困境。弟妹有的饿死，有的病亡，有的被卖到南洋当童养媳。许甦魂被迫辍学，到庵埠镇香和百货店当店员。社会的黑暗，家庭和个人的不幸遭遇，在他幼小的心灵中埋下了仇恨黑暗社会的种子。他开始感到只有革命才有出路，追求革命真理的欲望也日益迫切。在四年的店员生涯中，他省吃俭用，把节省下来的钱用来买书报，白天工作，夜间读书，对革命党人的著作和进步书刊爱不释手，常常通宵达旦地在昏暗的油灯下阅读，以致二十出头即高度近视。从变革社会的强烈愿望出发，他十分喜爱陈天华的《猛回头》一书，把书中一首诗"瓜分豆剖逼人来，同种沉沦剧可哀。太息神州今去矣，劝君猛省莫徘徊"抄贴在自己的床头，时常吟诵，以此表达他对时局的忧虑和自己的期望。1915 年陈独秀主编的《新青年》杂志出版后，他又成了热心的读者，并经常把《新青年》带回家中，引导弟妹们学习。他风趣地对弟妹们说："中国需要德先生和赛女士（即民主和科学），犹如植物需要阳光雨露那样。"

他写了这样一首诗：

"今天"已在消逝，必将永远消逝。

"明天"已在到来，定会迅速到来。

月转星移，是宇宙的自然现象。

这黑暗社会的今天啊，要人们来赶跑！

用血和汗，创造美好的明天！

用欢笑和热泪，迎接胜利的明天！

进步书刊启迪了许甦魂的思想认识，使他重新考虑人生的意义和价值。他将原名许统绪改为许甦魂，表示自己已经觉醒，和旧我决裂，立志为国家和民族的解放而斗争。

二

1916 年 3 月 27 日，香港革命党人策动潮安和汕头驻军起义，攻占潮安，进据汕头，接着宣布独立讨袁。许甦魂目睹了这一事件的经过，为革命党人的行动而欢欣鼓舞。

为了寻求救国救民的道路，1916 年秋，许甦魂毅然瞒着和他结婚不久的妻子和亲友，只身出走新加坡，开始了他的革命生涯。

许甦魂到达新加坡后，在一家百货商店当店员，结识了彭泽民、包惠僧、董方成等一批有志之士。他们经常在一起研究学问，并利用假日时间深入侨众，了解侨情。经过一段时间的探讨，许甦魂认为，开展华侨教育，宣传革命，培养人才，乃救国之途也！乃吾人之职也！他的主张受到彭泽民等人的赞赏和支持。

1917 年 8 月，许甦魂以自己的积蓄和工资收入作资金，在新加坡大坡马车街创办了一所华工免费夜校，以此作为宣传革命和团结华侨的阵地。他自任校长，并聘请了三位兼职教员。夜校开设了《初级白话文》《中国历史》《中国时事政治》《民族、民权、民生问题讲座》《南洋群岛之革命运动》《华侨与祖国》等课程。他自己主讲《华侨与祖国》专题课，用通俗的语言讲解华侨为什么漂洋过海，流落异乡，为什么被当作劣等侨民，为什么要团结，为什么要与帝国主义和殖民主义做斗争，以及辛亥革命各地华侨对革命的大力支持和援助，等等。最后许甦魂还讲到华侨必须组织起来，为中华民族的独立和解放，为提高华侨的社会地位而斗争。他深入浅出的分析、有说服力的论证和生动的比喻"常常博得满堂掌声"。

从 1917 年到 1920 年，大坡马车街夜校先后吸收了四批学员，有近二百名华侨在这里受到教育，为新加坡地区华侨爱国运动培养了一批骨干，并通过他们逐步把新加坡地区的穷苦华工团结起来。1918 年 1 月，新加坡华侨店员工会成立，许甦魂被聘请为名誉主席。接着，黄梨、机器、屠业等工会相继成立，广大穷苦华工开始有了自己的组织，并以集体的力量反抗殖民主义的压迫，支持祖国的革命斗争。

1918 年 3 月底，日本帝国主义与段祺瑞政府签订了侵犯中国主权的《中日陆军共同防敌协定》。消息传来，许甦魂和广大华工无不义愤填膺。他召集店员工会委员商量对策，决定：一，与华侨总商会结成同盟，共同抵制日货；二，联合其他工会，游行示威，纪念"五七"国耻三周年。会后，他们分头行动。是年 5 月 1 日，第一次有组织的抵制日货运动在新加坡展开，5 月 7 日，许甦魂和广大华侨一起参加"国耻纪念"。数千华侨、华工高举"抵制日货""不忘国仇"等横幅上街游行，为维护中华民族神圣尊严而斗争，深得当地人士的同情。

1919 年初，许甦魂被聘请为《新国民日报》编辑，他以该报为阵地，向广大华侨宣传革命主张。是年 1 月 18 日，协约国在巴黎召开分赃会议。作为战胜国之一的中国不仅一无所得，反而把战败国德国侵占我山东半岛的各种权利转让给日本。消息传来，许甦魂义愤填膺，在报上发表文章疾呼："外有强权吞我河山，内有国贼卖我民族，山东焉存？民族焉存？"号召广大侨胞为祖国和民族的生存而斗争。文章慷慨激昂地说："海外同人，你可知晓？当母亲受到凌辱，是凉血动物当无动于衷，是热血儿女当举起拳头，拼他个你死我活，爱我中华，乃爱我母亲，海外同人，是吾人雪耻的时候了，是吾人救国的时候了。"这些爱国著述，在广大华侨中引起了热烈的反应。

1919年5月4日，国内爆发了反帝反封建的爱国运动。为了声援国内的斗争，许甦魂在新加坡华侨青年中发起成立了"旅新华侨反帝救国后援会"，领导、组织华侨会，演讲时事，游街示威，有力地支援了国内的反帝爱国运动。

华侨的觉醒和爱国斗争的日益加强，引起了英殖民政府的注意。1920年初，许甦魂创办的华侨免费夜校被英殖民政府取缔。"革命机关遂完全被解散，首领也纷纷被监禁、驱逐，革命风潮也渐下。"为了逃避殖民政府的追捕，1920年秋，许甦魂秘密离开新加坡回国。

三

许甦魂回到故乡后，眼见家乡依然一片死气沉沉，决心从改革教育入手，开展新文化运动。为此，他耐心说服乡里的进步绅士，把私塾汀源学校改名为凤岐小学，从学校体制、师资到教学内容与方法各个方面进行了一系列改革：一，解聘了二位老朽的旧教师，另聘四位品行端正、思想进步的新教员；二，取消对学生的体罚制度，提倡师生平等，尊师爱生；三，反对尊孔读经，废除古文，推行白话文和应用文，增设社会科学和自然科学课程；四，降低穷苦子弟的学费标准。改革后的凤岐小学，面貌焕然一新，学生的素质大大提高，邻乡的适龄学童纷纷前来求学。

紧接着，许甦魂又创办了凤岐女子夜校。办学初期，由于封建思想禁锢着人们的头脑，报名入学者寥寥无几。于是，许甦魂先动员妻子和六个胞、堂妹入学，并沿门劝学，鼓励女青年走出闺阁，做一个有文化的新型女性。在他的发动下，仙溪、文里等乡的妇女也纷纷前来就读，夜校人数达四十多人。1920年10月，凤岐女子夜校正式开学，许甦魂在开学典礼上宣布："女子赋有与男子一样的平等权利。男子应该受教育，女子也有权进学堂，为做一个新女性而读书，为做一个新国民而读书。"

当时的潮汕地区，受封建礼教束缚特别严重，女孩子多缠足，妇女多结髻。在办学过程中，许甦魂极力反对封建礼数，鼓励女孩子放脚，动员妇女剪髻。他的妻子陈宝英常对人回忆这样一件事："当时甦魂动员我和几个姐妹剪辫剪髻参加夜校，开始大家都怕羞不愿剪，有一天天亮起床时，我发觉自己的髻没有了，原来是甦魂乘我熟睡时偷偷剪掉。"可见许甦魂当年支持妇女解放的热忱。

1921 年春，许甦魂重返南洋，受聘为吉隆坡《益群日报》编辑，并加入国民党，彭泽民任总经理兼编辑。《益群日报》是马来亚吉隆坡一带唯一的中文报纸，由革命党人所掌握。办报初期，由于编辑人员的腐败无能和军阀陈炯明的不良影响，《益群日报》不能成为"华侨之声"，销路十分有限。许甦魂和彭泽民到职后，立即进行整顿和改革。首先，确定该报"以拥护孙中山革命大纲为主旨"。他们认为，华侨报纸是向广大华侨进行教育的武器，报纸主张什么，反对什么，一定要旗帜鲜明，决不可含糊。其次，改革报纸的形式，开辟专栏，增加反帝爱国内容，并使它通俗易懂。改革后的《益群日报》成为宣传新文化、新思想、新知识的阵地，成为广大华侨的良师益友。回忆当年的情景，彭泽民指出："《益群日报》有董方成、许甦魂等为助，宗旨明确，内容充实，销额大为增加，在南洋华侨中影响甚大。"

1922 年 6 月，陈炯明叛变革命之后，派余党刘常天来《益群日报》主持笔政，利用该报大发反动言论，反对孙中山，拥护乱军，为陈炯明张目，在侨众中产生恶劣影响。彭泽民、许甦魂、董方成等联合起来，坚定不移地站在革命立场上，与之进行斗争。他们召开了董事会议，决定清除刘常天，重申《益群日报》以拥护孙中山革命大纲为主旨，使《益群日报》继续掌握在爱国志士手中。翌年秋，许甦魂被派回国采访。在四个月的时间里，他的足迹遍及北京、上海、汉口、广州、潮汕等地。中国共产党成立后，工农运动的蓬勃发展使他深受鼓舞，共产党的主张，共产党人的献身精神，使他看到了祖国的希望所在，更坚定了为民族解放、为共产主义的实现而奋斗终身的信念。在给彭泽民的信中，他深有感触地说，"国内之行得益非浅"，"民众底运动，其势之猛，其功之丰，为弟所未见过"，"布鲁（尔）什维克的真谛，为吾人救世之药方也"。1924 年初，许甦魂被吸收为中国共产党党员。接着，他受党组织派遣重返南洋，负责国民党缅甸总支部的改造工作。

四

1924 年 2 月，许甦魂到达缅甸仰光，担任国民党缅甸总支部执行部主任兼仰光《觉民日报》总编辑。他致力于把国民党缅甸总支部改造成为爱国侨领、华侨商人、华侨知识分子和华工四个阶层组成的革命联盟。在一年半的时间里，他主要做了五件事。

第一件：对《觉民日报》和《缅甸新报》进行改造。《觉民日报》是缅甸总支部的机关报，《缅甸新报》是总支部领导下的侨报。许甦魂到职以后，一方面，挑选了一批精明能干的青年当编辑，派遣袁任远、黄壬戍、陈愚化等骨干分子主持笔政，给报社输进了新鲜血液，并解聘了一批老朽；另一方面，改革内容和形式，明确规定两报以拥护新三民主义和联俄、联共、扶助农工为宗旨；并亲自动手写文章，向广大华侨宣传新三民主义和孙中山的"三大政策"，宣传国共合作的作用和意义。改造后的《觉民日报》和《缅甸新报》成为宣传国共合作、团结广大华侨的工具，"缅甸党务之所以能发展与团结，全赖该报鼓吹努力之功"。

第二件：创办华侨学校，培养革命骨干。在改造《觉民日报》的同时，许甦魂以缅甸总支部名义，发起创办仰光模范学校，以此作为培养干部的基地和组织、宣传活动的据点。为了解决办学经费，他发起成立了筹募委员会，向华侨募捐。他自己带头认捐，把全部积蓄用来办学，对家庭都很少顾及。在他的带领下，总支部全体人员齐心协力，广大华侨热心赞助，办校的筹备工作很快就绪。1924 年 9 月 1 日，仰光模范学校正式开学，首期学员二百多人。此后，缅甸总支部又创办了缅甸华侨中山学校，这两所学校为国内外革命斗争培养了一批干部。

第三件：建立和健全缅甸各地的国民党支部和分支部。仰光模范学校开学以后，许甦魂发展了一批优秀青年入党，然后依靠他们作骨干建立和健全总支部下属的支部和分支部。他还派了一批国民党左派和仰光模范学校的优秀学生，以特派员身份，到各地建立和发展国民党的基层组织。到1925 年 9 月许甦魂离开缅甸时为止，缅甸总支部下属的党支部由原来的三个发展到五个，分支部发展到二十二个，党员由两千多人发展到三千四百五十五人。整顿后的国民党组织，逐步成为有华侨各个阶层人士参加的革命联盟，成为支持国内革命斗争的重要政治力量。

第四件：反对陈炯明余孽的进攻。1925 年 2 月初，广东革命军举行第一次东征。陈炯明的余孽，国民党右派陈起森、唐小藏等人，勾结北京政府驻仰光领事沈艾荪，煽动一些不明真相的侨众，在仰光组织了"国民协济会"，欺骗侨界，为陈炯明筹饷。他们的阴谋活动被《党民日报》揭露后，恼羞成怒，于是捣毁觉民日报社，向殖民当局告密，陷害报社人员。为了反击陈炯明余孽的进攻，许甦魂召集了总支执委扩大会，采取了以下措施：将陈、唐两人清除出党，给追随者以严厉警告，并公布其罪恶；联合缅甸各华侨团体，致电北京政府，要求撤换辱国害侨领事沈艾荪。陈炯明向缅甸侨胞骗钱的阴谋终于被粉碎。这一斗争有力地支持了第一次东征。

第五件：发动侨胞支援国内的革命斗争。1924 年底，孙中山在中共的倡议和支持下，发起召开国民会议和废除不平等条约的人民运动。为了配合这一斗争，缅甸总支部发动一百多个华侨团体，联合组成国民会议促进会，以为声援。1925 年 5、6 月间，国内爆发了"五卅"运动和省港大罢工。缅甸总支部发动广大华侨，大力声援和赞助国内工人阶级的反帝斗争。

在缅甸工作期间，许甦魂日奔夜忙，为党的事业、为华侨的切身利益而斗争，受到广大华侨的尊敬，受聘为旅缅潮州会馆名誉总理。爱国侨领、缅甸潮州会馆会长陈维岳赞扬他："人品学问两堪钦佩。"

1925 年 8 月，国民党中央电请缅甸总支部选举华侨代表一人回国参加国民党第二次全国代表大会。经过各支部的推荐和总支部投票选举，许甦魂当选为国民党"二大"代表，9 月下旬离缅回国。

五

1925 年 10 月，许甦魂到达广州，立即加入了反对国民党西山会议派的斗争行列。

国民党"二大"召开前，国民党右派活动猖獗。许甦魂到广州后，立即串联海外华侨代表，组织了"海外代表办事处"，以华侨代表名义，向国民党中央进言，催促其尽早召开中央会议以筹备大会事宜，配合了在粤共产党人的斗争。

11 月 28 日，许甦魂、董必武、钱介盘等和来自海外的华侨代表在广州革命纪念会集合，反对国民党西山会议派，拥护广东革命政府，坚决主张在广州召开国民党第二次全国代表大会。接着，许甦魂、董必武和来自湖北、福建及海外的代表一起，联名发表通电，反对西山会议派活动。通电强烈呼吁国民党中央、中央执委和海内外各级党部"以全力拥护在粤开会的主张，即派代表到广州，俾党务得以解决，革命工作得以继续进行"。

由于中国共产党人和出席国民党"二大"的华侨代表的呼吁和推动，12 月 11 日，国民党中央召开一届四中全会，指出西山会议的非法，决定于 1926 年元旦召开国民党第二次全国代表大会。此后，许甦魂和广东的共产党人一起，积极为国民党"二大"的召开作准备，并深入海外各华侨团体驻广州联络处，倾听广大华侨对国民党"二大"的意见和建议。

12 月 25 日，许甦魂向国民党"二大"筹委会提出了《以实力保护华侨案》，建议：国民党中央应制定保护华侨的条例；国民政府应建立侨务机关，办理华侨事务；中央海外部应附设华侨协会。这一提案受到大会提案委员会的重视。

1926 年 1 月 1 日至 19 日，国民党第二次全国代表大会在广州召开。这是在中国共产党人和国民党左派主持下召开的一次反击国民党右派的重要会议。许甦魂参加了大会的一切重要活动。

1 月 12 日下午，许甦魂在大会上作了《缅甸党务报告》。当日，大会通过了许甦魂关于"以实力保护华侨"的提案，并作出决议：一，对我海外同胞，极力保护；二，使本党指导下之国民政府规复侨务局；三，中央海外部附设海外同志招待所；四，由党赞助组织华侨协会。

在这次大会上，许甦魂当选为中央候补执行委员，成为出席国民党"二大"并当选为候补委员的七位共产党员之一。

六

1926 年 1 月底，许甦魂按照党组织的安排，出任国民党中央海外部秘书长，并任海外总支书记。从此，他由海外转回国内协助海外部部长彭泽民开展侨务工作。许甦魂到职之后，立即解散了前任部长、国民党右派林森所组织的海外部工作班子，挑选了一批爱国华侨和共产党人到海外部工作。

2 月 5 日，许甦魂和彭泽民以中央海外部的名义，先后向各党部和广大华侨发布了《告海外同志》（第一号）、《防止反动派之反宣传》、《通告海外同志防范反革命派宣传》等文告，加深了广大华侨对中国共产党人和国共合作重要意义的理解。在海外部的领导下，海外各党部和各华侨团体纷纷发表通电和宣言，反对西山会议派，拥护国民党"二大"，掀起了坚持国共合作、反对右派分裂的华侨爱国运动高潮。

是年初，在领导广大华侨反对国民党反动派之际，许甦魂和彭泽民根据国民党"二大"的决议，着手在广州筹建全国华侨协会。在他们的努力下，驻广州的十六个海外华侨团体加入华侨协会，在广州的归侨也纷纷入会。此后，华侨协会在汕头和海口等地建立了分会，并由国内发展到国外，在海外建立分会，发展会员。6 月 6 日，华侨协会选举产生了临时中央执行委员和常务委员，许甦魂和彭泽民同时被选为中央执委和常务委员。在他们的努力下，至年底，华侨协会海内外会员人数达十五万左右，成为一股不可忽视的政治力量。

华侨协会是新民主主义革命时期在中国共产党直接影响下而建立的第

一个全国性的华侨群众团体，在中国共产党人、国民党左派和爱国侨领的共同领导下，团结了广大海内外华侨，对支持和配合国内的革命运动发挥了积极的作用。

是年2月初，省港罢工委员会派代表会见彭泽民和许甦魂，要求给予援助。2月8日，许甦魂主持召开了海外部和华侨协会联席会议。会议决定：电请海外华侨继续支持省港罢工，致函声援省港罢工工友。2月21日，华侨协会致函省港罢工工友，赞扬他们的革命精神，支持他们的革命行动。接着，许甦魂和彭泽民向海外各支部、各华侨团体发出通电，希望广大华侨大力支援省港工友。在海外部和华侨协会的领导和发动下，至10月15日，华侨捐助省港罢工的款项达二百余万元。

随着中国革命形势的发展，许甦魂对帝国主义的憎恨与日俱增。1926年3月12日，新加坡华侨集会纪念孙中山逝世一周年时，遭到英殖民当局的袭击，六十多人被捕，并且英殖民当局封闭了乐群、乐育和民智三间华侨学校。为了援助受难侨胞，4月14日，许甦魂和彭泽民以海外部名义发布了《为援助星洲被捕同志告海外华侨》书，号召侨胞联合起来，反抗帝国主义的压迫，援助被捕的同胞。接着，华侨协会于5月3日在国民党中央党部召开反帝大会，出席会议的有各地华侨和各界代表，以及印度、越南、朝鲜三国代表，许甦魂主持了这次会议。会议决定：一，请国民政府向各殖民地压迫华侨之帝国主义提出严重抗议；二，通电警告各帝国主义勿再压迫华侨；三，唤起侨众，联合各地弱小民族，共同开展反帝运动。

在新加坡华侨群众的斗争下，殖民当局被迫释放了被捕华侨。7月下旬，受难华侨二十多人从新加坡回国。7月25日，海外部和华侨协会联合在中央党部礼堂召开欢迎星洲被驱逐回国同志大会，许甦魂主持了欢迎大会。会后，他又和受难华侨亲切交谈并率领他们到广州农讲所和黄埔军校参观。接着，他对受难回国华侨作了妥善安排，使受难华侨感受到祖国的温暖。

同年春，在创立华侨协会的同时，许甦魂又亲自创办了《海外周刊》并任主编。该刊是国民党中央海外部的喉舌，是祖国加强与广大华侨联系的桥梁，受到广大华侨的欢迎。"左联"作家洪灵菲和经济学家王学文等都先后在《海外周刊》工作过。

随着革命形势的发展，国民党右派的活动也更加猖獗起来。为了与国民党右派争夺青年一代，许甦魂以同乡的名义，把在穗读书的潮州籍学生组织起来，成立了"潮州旅穗学生革命同志会"，并以此为阵地，引导青年走上革命道路。洪灵菲和戴平万在广东大学（中山大学前身）读书期间，曾参加学生运动，由于得不到家庭的支持，生活上有困难，许甦魂向他们伸出了热情之手，先从经济上予以帮助，又逐步鼓励和引导他们走上革命道路，推荐他们到海外部工作，介绍他们加入中国共产党，培养他们成为革命骨干。回忆这段经历，洪灵菲的爱人秦静在《洪灵菲选集》序言中说："洪灵菲的进步和变化，跟许甦魂同志对他的教育是分不开的。"

1926年2月，中共中央在北京召开特别会议，确定共产党应从各方面准备北伐战争。为了推动国民政府出师北伐，5月下旬，许甦魂和彭泽民联名向国民党二届二中全会提案要求迅速出师北伐，接着又于5月27日电请海外各党部和华侨团体力促国民政府出师北伐。

在中国共产党的影响、推动下，1926年7月9日，国民革命军出师北伐。翌日，海外部和华侨协会召集驻粤各华侨团体，举行华侨北伐后援会成立大会，许甦魂被选为执行委员兼宣传部长。华侨北伐后援会成立之后，许甦魂和彭泽民发布通告，指示海外各党部组织北伐后援会。至9月，各地华侨北伐后援会达五百二十四个，会员约一百万人，有力地支援了北伐战争。7、8月间，海外华侨电贺北伐胜利及汇款者日有数起，自9月起"汇寄北伐军饷者纷至沓来，中央海外部大有接应不暇之势"。至年底，华侨捐助的军饷达一百万元。

随着北伐的胜利发展，为了进一步加强华侨与祖国的联系，"集中华侨革命力量，同时联合国内民众，共同参加国民革命，以达中华民族解放"，10月上旬，海外部和华侨协会联合邀请海外各侨领和进步华侨回国恳亲。11月12日，华侨恳亲大会开幕，许甦魂代表海外部在会上发言，他介绍了北伐战争胜利发展的形势，赞扬了华侨对祖国革命的热心赞助，最后向广大华侨和国民党海外党部提出壮大、巩固革命力量，加强反帝爱国运动等希望。这次恳亲大会持续半个月，使华侨加深了对祖国、对北伐战争的了解。

同月，国民党各省、区代表会议在广州召开，讨论国民党军北伐以后党、政、军等一系列重要问题，许甦魂出席了这次会议。他与毛泽东、恽代英、邓颖超、杨匏安、吴玉章等共产党员和宋庆龄、何香凝、彭泽民等国民党左派一起，为扩大国民党左派力量，削弱以蒋介石为代表的新右派的权力，继续支持工农运动而斗争。这次会议重申了孙中山的三大政策和国民党第一、二次全国代表大会精神，做出了多项重要决议案，重新确立左派在国民党中的优势，为国民党二届三中全会的召开打下了基础。

会后，许甦魂按照大会的决议精神，继续领导华侨支持北伐战争和工农运动，反对国民党右派，维护国共两党合作。

从 1926 年开始，国民党中央海外部在中国共产党人的主持和领导下，开创了侨务工作的新局面，对此，许甦魂发挥了重大作用，作出了重要贡献。正如彭泽民所说："许甦魂是大革命时期华侨运动的组织者和领导者之一，是受华侨尊敬的华侨领袖，他为华侨说话，为华侨着想，为华侨办事而使他成为华侨界中有影响的人物。"

由于革命军北伐节节胜利，1926 年 12 月，国民党中央和国民政府迁都武汉，许甦魂和彭泽民也率领海外部人员随迁汉口。

七

许甦魂到汉口以后，继续任国民党中央海外部秘书长，并担任国民政府中共特别支部书记。

1927 年 2 月 9 日，为了反对蒋介石另立中央、分裂国民党的阴谋，国民党左派领袖举行高级干部会议，许甦魂参加了这次会议。会议决定：实行民主，反对独裁，提高党权，扶助工农运动，召开三中全会，反对国民党新右派。3 月 10 日至 17 日，国民党二届三中全会在汉口举行，许甦魂参加了这次全会。会上，他和到会的全体共产党员联合国民党左派，与以蒋介石为代表的国民党新右派展开了激烈的斗争，挫败了蒋介石在南昌另立中央的企图，通过了旨在限制蒋介石个人独裁的一系列决议。

但是，蒋介石却以国民革命军的名义，调集嫡系部队至沪宁一带，加紧策划反革命政变。1927年4月12日，蒋介石在上海发动反革命政变，对共产党人和革命志士实行血腥大屠杀。接着，广州的反动派也按计划制造了"四一五"反革命政变。由于蒋介石的叛变，革命形势十分危急。

4月19日，武汉革命政府在武昌举行了第二批北伐誓师大会，继续北伐。为了支持这次北伐，宋庆龄、何香凝等发起成立"北伐伤兵救护大会"，许甦魂和包惠僧以华侨协会的名义参加了这一组织并被选为执委会委员。会后，他和彭泽民一起，积极发动广大侨胞支援第二次北伐。

4月22日，许甦魂和毛泽东、林祖涵、董必武、吴玉章、恽代英、宋庆龄、邓演达、何香凝、彭泽民、程潜等四十名国民党中央执行委员、候补执行委员、国民政府委员和军事委员，联名讨蒋，痛斥蒋介石无耻与帝国主义妥协，"不惜含吴佩孚、孙传芳、张作霖之唾余，以反共产口号博帝国主义欢心，更不惜屠杀民众，为帝国主义赞见之礼物！"号召全国党部、全体党员、各民众团体和全国民众一起声讨蒋介石，以"去此总理之叛徒，本党之败类，民众的蟊贼"。

5月13日，许甦魂和彭泽民以中央海外部名义，签发了《海外部紧急通告》，声讨并揭露了蒋介石及其在粤爪牙勾结帝国主义和国内反动派，屠杀爱国华侨，捣毁广州华侨协会和海外部留守处，抢劫华侨支援北伐战争的捐款和财物等血腥罪恶；号召海外各党部和华侨团体，一致声讨蒋介石，使一切反动派无所施其伎俩；希望海外同胞团结一致，巩固革命战线，肃清一切反革命派。

在这段时间里，许甦魂朝夕奔忙，白天到海外部主持部务，经常以海外部和华侨协会的名义参加汉口地区的反帝反新军阀的群众运动；夜间主持中共特别支部会议，或写文章，揭露帝国主义与新军阀互相勾结的罪行。

7月3日，华侨协会在武汉召开第二次代表大会，许甦魂在会上作会务报告，他指出：华侨协会今后的工作任务是"致力于唤起海外侨胞，努力于打倒蒋介石，反对帝国主义出兵华北"。他号召广大华侨团结一致，为打倒南京反动政府、打倒广东反动派和军阀及其一切走狗而斗争。会上，许甦魂被选为华侨协会第二届执委会委员。

继蒋介石反革命政变之后，汪精卫也于7月15日公开叛变革命。由于蒋、汪的叛变，第一次国内革命战争失败了。许甦魂和一批共产党员及国民党左派被国民党反动派所通缉，许甦魂的妻子和三个儿女被困在广州。

第一次国内革命战争失败之后，许甦魂并没有因为国民党反动派的大屠杀而畏缩，也没有因为被通缉而动摇为共产主义奋斗终身的坚定信念，更没有因妻儿在广州被敌特监视而产生后顾之忧。在党的领导下，他继续前进，自强不息，为中华民族的解放而英勇战斗。

"七一五"反革命政变后，蒋、汪反动派派兵包围武汉政府和国民党中央党部，捕杀共产党人和国民党左派人士。当时，许甦魂因病来不及随政府人员转移，他机智地化装为伙夫，避过国民党反动军警的耳目，于7月下旬赶到南昌，参加共产党领导的反抗国民党反动派的武装起义。

到达南昌之后，许甦魂被委任为中共前敌委员会秘书。这时，起义工作正在紧张而秘密地准备着。他和吴玉章一起，夜以继日地工作，为前敌委员会起草宣言、布告，制定国民党革命委员会实施政纲，拟定革命标语。

8月1日，许甦魂参加了南昌起义，拿起枪杆子同国民党反动派作斗争。同日，他与宋庆龄、毛泽东、林祖涵、吴玉章、董必武、邓颖超、彭泽民、邓演达等十八位国民党中央执行委员联名发表了《中央委员会宣言》，揭露以蒋、汪为代表的国民党反动派歪曲三民主义，叛变孙中山，毁弃三大政策，勾结帝国主义和国内军阀，屠杀革命志士和工农群众等罪恶行径，决心为反对新军阀、反对帝国主义而奋斗到底。

"八一"南昌起义之后，他随军南下，仍然担任前委秘书，并协助做部队的思想政治工作和群众工作。9月24日，部队进入潮汕地区，许甦魂参加了接收潮汕敌伪机关的工作，他夜以继日地把全部精力扑在革命事业上，在随军驻潮七天时间里，只在路过家乡时探望一下母亲（并获悉妻儿在穗机警逾垣乘夜逃脱转到香港回乡的消息），把主要精力都投入党的宣传工作上。和他一起工作的吴玉章赞扬许甦魂"是一个很好的同志"。

南昌起义军在潮汕失败后，许甦魂和郭沫若、吴玉章、彭泽民等由汕头乘船赴香港，与党组织取得了联系，并接受党组织的派遣，化名黄子卿，主办《香港小报》，继续开展地下革命活动。《香港小报》及时向国内外介绍国内时局的情况变化，揭露南京政府背叛孙中山的三大政策、反共反革命的罪行。由于该报发行量日增，影响很大，因而受到反动派和香港当局的注意。1929 年 8 月初，蒋介石反动政府勾结香港当局，查封了《香港小报》，将许甦魂逮捕入狱。在狱中，他虽然备受种种折磨，但忠贞不屈，丝毫没有暴露自己的身份。一周以后，经党组织和彭泽民多方托人疏通，终被释放，但被香港当局驱逐出境。

出狱后，许甦魂与党组织取得了联系。当时，国民党广西省政府主席俞作柏和绥靖司令李明瑞主政广西。他们倾向进步，表示愿意与共产党合作。党中央根据这一情况，决定派遣部分干部通过各种关系进入广西，到广西政府和李明瑞部队开展工作。8 月上旬，许甦魂接到中央的通知，专程到广西李明瑞部队开展兵运工作。离港前，在与彭泽民告别时，暗示了要到广西参加武装斗争的意愿，并把自己在狱中作的一首词赠送彭泽民。其中有这样几句：

> 转眼二寒暑，
> 憔悴自支持，
> 苦况问心知，
> 群魔未泯日，
> 矢不移。

诗句表达了他在大革命失败后的艰苦岁月中，没有动摇气馁，坚持继续革命，不忘消灭一切反动派的坚强斗志。离港之后，他改名许进，表示自己参加革命，只许前进，不许后退的决心。

1929 年 8 月底，许甦魂经越南海防、河内进入广西南宁，参加百色起义的组织发动工作，开始新的斗争。

八

1929 年 9 月 1 日，中共广西省委在南宁召开第二次党代表大会，许甦魂参加了这次大会。会上，邓斌（邓小平）和贺昌代表党中央向大家传达了党"六大"的决议。会议决定武装农民推翻国民党政权，建立苏维埃，成立红军，把省委改为特委，由粤省委领导。会议确定红军军长张云逸，政委邓小平，政治部主任陈豪人，组织科长罗少彦，宣传科长许进（许甦魂）。会后，许甦魂在张云逸和邓小平的领导下工作，他为人文质彬彬，沉静寡言，善于写作，很少言笑，是一位很有思想、肯用脑子的中坚干部，红七军的宣传文件大多出于他的手笔。为了做好百色起义的准备工作，许甦魂和政治部的同志为百色起义起草和印发起义宣言、布告及中国工农红军第七军目前实施政纲等文件，抄写标语，翻印党"六大"文件。

9 月下旬，俞作柏、李明瑞不听共产党劝告，贸然发动了反蒋战争并以迅速失败而告终。反蒋战争失败后，根据中共广西特委的部署，张云逸率领共产党掌握的警备第四大队和教导总队，分水陆两路开到右江地区，开展武装斗争。

许甦魂与邓小平、陈豪人、龚鹤村、叶季壮、罗少彦、李谦、冯达飞、袁任远、李朴等同志随军出发，于 10 月 20 日到达平马镇，受到群众的热烈欢迎。接着，部队进抵百色县城，与韦拔群、黄治峰领导的右江农民自卫军汇合。这两部分队伍汇合后，在张云逸和邓小平的领导下，右江农民运动进入了创建红军、红色政权和红色区域的新阶段。许甦魂和其他同志一起，积极开展工作，深入农村，发展党的基层组织，扩建农民协会；团结一切可以团结的力量，建立反豪绅地主的联合战线；广泛开展土地革命的宣传鼓动工作，没收地主阶级的土地分给贫苦农民；同时，加紧对警备第四大队和教导总队的整顿和改造。这样，就为消灭盘踞右江的反动军队在百色地区建立革命根据地奠定了基础。

10月28日，张云逸和邓小平领导广西警备第四大队教导队和当地农民举行起义，解除了反动的警备第三大队的武装，成立了临时的革命政权，并由起义部队组成了红七军。11月，党中央批准了广西特委在右江地区举行武装起义的计划。12月11日，中国共产党领导的百色起义胜利了。起义后，中国工农红军第七军及右江工农民主政权成立，雷经天任右江工农民主政府主席，张云逸任红七军军长，邓小平任红七军政委，许甦魂被任命为政治部宣传科长。

红七军成立的第三天，许甦魂就率领宣传队下乡进行宣传。他们在右江地区各城镇、乡村张贴布告、标语，散发传单；开谈心会、群众会，向广大工农群众宣传共产党的主张、方针政策和红军宗旨。部队每到一个地方，他第一件事就是率领宣传科和宣传队的同志向群众开展宣传。在许甦魂的组织领导和带领下，红七军的政治宣传工作十分出色。这是红七军获得广大群众爱戴的原因之一。

红七军成立之后，前委根据红七军是由旧军队和农军相结合而组成这一特点，决定加强党对军队的领导，在连队成立党支部，在营以上的单位成立党委，并决定加紧全军的政治思想教育和军事训练。许甦魂与宣传科的同志一起，群策群力，在实践中逐步探索出一套符合红七军特点的政治教育方法，对广大指战员进行经常不断的政治思想教育并逐渐形成制度：一是广泛地进行阶级教育，引导指战员认识地主阶级、军阀和国民党反动派的本质，激发广大指战员的阶级觉悟；二是组织全军开展政治理论教育活动，学习政治常识和党的方针政策，使广大指战员明确红七军的性质、任务和作战目的；三是在部队中进行军纪的教育活动，教育红军战士"不拉夫不发洋财""不借端滋扰良民""不奸淫掳掠""不强买强卖"。经常不断的政治教育，使红七军兵精将勇，纪律严明，受到民众的爱戴，队伍不断发展壮大。

百色起义之后，许甦魂随红七军出发，转战广西、贵州两省，开展政治宣传工作，配合部队作战，扩大党和红军在各族人民群众中的影响。

1930 年初，部队进入贵州苗族区。许甦魂、佘惠、袁任远等陪同军长张云逸向苗族同胞进行宣传，在他们的耐心说服下，苗族同胞打开了寨门，让红军通过。进寨后，许甦魂率领宣传队深入各家各户进行宣传，由于红军纪律严明，不歧视少数民族，给苗族同胞留下了很深的印象，在苗山播下了革命的火种。

1930 年 9 月，李立三控制的党中央派邓岗到红七军传达中央的指示：红七军要离开右江根据地，攻打柳州、桂林，到广东小北江建立根据地，阻止广东军阀向北增援，保证以武汉为中心的"一省与数省首先胜利"，最后打下广州，完成南中国的革命。经过一番动员和准备工作，中秋节刚过，红七军主力部队就离开右江根据地，开始执行中央授予的任务。

是年 9 月 22 日，红七军到达南丹县。部队进行了改编，撤去纵队，全军编为十九、二十、二十一等三个师。许甦魂任十九师政治部主任。10 月 10 日，红七军到达河池，在河池召开了全军第一次党代表大会，会上传达并决定执行党中央的指示，改选前委。许甦魂参加了这次大会，并继续担任十九师政治部主任。

11 月间，部队攻下全州，在全州休整四天。由于红七军中某些人贯彻李立三的"左"倾机会主义错误，丢掉了右江根据地。在远离根据地的情况下攻打大城市，部队遭受到很大损失，干部战士议论纷纷，情况十分危急。前委作出决定，调许甦魂任红七军政治部主任，并决定部队在粤桂湘边界活动。

自此以后，许甦魂担负全军政治宣传、思想教育和组织建设的领导工作。由于"左"倾机会主义的影响，部队又大幅度减员，广大干部战士的思想波动很大。针对这一情况，许甦魂向广大干部战士动员说："红七军是一支党领导下的人民军队，我们为人民的利益打江山，决不能因为一些挫折和失败就对革命失去信心，革命的前途光明远大，红七军绝不会被敌人所消灭，而且会迅速发展，会扩大到十万、二十万、四十万……"他鼓励大家坚持战斗，争取胜利。

全州休整之后，红七军在张云逸、许卓和许甦魂的率领下，向粤桂湘

edge进军。在行军作战中，许甦魂派出得力干部充实各部队的政工队伍，建立健全党内的民主生活制度，提倡政治民主，官兵平等，实行民主集中制；建立和健全连以上的士兵委员会，广泛地开展官兵之间、士兵之间的谈心活动，使官兵之间关系融洽，互敬互爱，全军上下政治空气非常浓厚，增强了革命信心，"左"倾主义的影响得到纠正。

边界进军。在行军作战中，许甦魂派出得力干部充实各部队的政工队伍，建立健全党内的民主生活制度，提倡政治民主，官兵平等，实行民主集中制；建立和健全连以上的士兵委员会，广泛地开展官兵之间、士兵之间的谈心活动，使官兵之间关系融洽，互敬互爱，全军上下政治空气非常浓厚，增强了革命信心，"左"倾主义的影响得到纠正。

1931 年 1 月 5 日，部队进入广东省连县。早上，许甦魂主持召开了全军政治工作会议，布置对外宣传的工作要点。下午，他带领军宣传队队长李干和宣传员谢扶民到连县教会，商议部队伤病员的留医问题。经他们反复说服，连县教会同意收留红七军伤病员一百多人。

1931 年 3 月，红七军终于到达了湘赣根据地永新。自 1931 年 9 月开始，红七军从广西恩隆、奉议、田州出发，经过黔、桂、粤、湘、赣五省边境，行程一万二千里，打了百余仗，历尽艰辛，终于到达中央苏区。这次"小长征"，使许甦魂经受了严酷战争的锻炼，他在红七军处于极端艰难困苦条件下担任军政治部主任，"主持了红七军在艰苦斗争环境中的政治工作，使这支坚强的部队终于完成了到中央苏区会合毛泽东、朱德同志领导的中央红军的光荣任务"。这充分体现了他出色的政治工作才能。

同月，红七军在永新召开了第二次党代表大会，许甦魂和张云逸、李明瑞、许卓等被选为主席团常委，主持了这次大会。会上，红三军团政委滕代远传达了党的六届三中全会精神，清算了李立三等人的"左"倾机会主义错误。大会总结了经验，选举了新的前委。许甦魂和李明瑞、许卓、叶季壮、袁任远等同志被选为前委委员。1931 年 4 月，国民党反动派向中央苏区发动第二次"围剿"。为了配合中央革命根据地的反"围剿"斗争，许甦魂和李明瑞等一起，率领红七军向盘踞在安福的敌人发动进攻，在红二十军和湘赣边区独立一师的配合下，取得了"安福大捷"，消灭了敌军韩德勤的一个团，为保卫和发展湘赣边区作出了贡献。7 月，红军奉命开到兴国县桥头镇与中央红军会师，从此，红七军被编入红三军团，成为中央红军的一部分，张云逸任军团参谋长兼红七军军长，许甦魂任红七军政治部主任，张云逸、李明瑞、许甦魂等红七军领导人受到毛泽东和朱德的亲切接见。毛泽东和朱德鼓励红七军全体指战员继续努力，为中国革命的彻底胜利而奋斗。中央革命军事委员会和中央工农民主政府对红七军全体指战员的艰苦奋斗精神给予了高度的评价，特授"转战千里"锦旗，以资鼓励。

1931年7月，蒋介石调集三十万兵力并亲任总司令，对中央革命根据地发动了第三次"围剿"。红七军在李明瑞、张云逸和许甦魂率领下，投入第三次反"围剿"战斗，经过两个多月的艰苦战斗，红七军歼灭韩德勤一个师，取得了辉煌胜利。

第三次反"围剿"胜利后，红七军奉命到江西于都县发动土地革命，帮助地方巩固和发展革命政权。正在这时，不幸的事发生了。1931年9月，由王明"左"倾机会主义统治的中央派人到红七军开展"肃反"运动。他们污蔑红七军中"没有无产阶级，只有军阀残余"，"七军的人没有一个是靠得住的"。在他们的主持下，红七军组成了秘密"肃反"委员会，团级以上干部都受到审查和迫害。许甦魂和李明瑞被打成"国民党改组派"，受到残酷的迫害而致死，使革命受到了巨大的损失。

1945年党的第七次全国代表大会以后，党中央根据原红七军广大干部、战士的强烈要求，经过深入的调查研究，为许甦魂等平反昭雪，恢复名誉，追认为烈士，并载入由中共中央组织部和中央军委总政治部合编的《军队烈士英名录》，以纪念他为中国革命事业所建立的历史功绩。张云逸高度评价了许甦魂革命的一生，他说："许甦魂是一位为中国革命英勇奋斗，对党对人民的事业忠心耿耿的优秀共产党员。"

谢汉一

谢汉一，字子乔，别号惟愚，1880 年生于潮州市区国王宫巷丁厝内（后迁七星桥巷）一个贫苦工人的家里。九岁丧父，全靠母亲替人洗衣服维持生活。因家贫，三个姐姐早嫁，两个弟弟先后被送给亲友，家中仅存母子相依为命。因生活所逼，他十三岁就到首饰店当学徒，受尽老板的欺凌和剥削。黑暗的社会，悲愤的遭遇，使谢汉一从小便孕育着反抗压迫、剥削的意识，并且逐渐养成了为求翻身解放而顽强拼搏的坚强意志，这成为他后来参加变革社会、投身于人民革命事业的动力。

谢汉一的青少年时期，正是清政府对外卑躬屈膝，对内残酷镇压人民，列强鲸吞中国，神州满目疮痍的时代；也是爱国志士前仆后继，奋起反对清朝黑暗统治，抗击列强侵吞的时代。他感时忧国，不满黑暗现实，因家贫无法入学读书，便发奋刻苦求学，虚心请教贤能，强记硬背，不断进取，最终学有所成。戊戌政变后，革命党人开始来潮汕活动。1903 年，革命党人林义顺翻印了邹容写的《革命军》五千册，易名《图存篇》，分送士商各界，鼓励人们反抗清朝黑暗统治，启发潮汕人民的革命觉悟，谢汉一从中受到启迪。在孙中山先生民主革命思想的影响下，谢汉一追求进步，加入同盟会，参与推翻清朝的斗争。1907 年（丁未年）黄冈起义时，他从潮州运械前往接应，中途闻前方战事失利，只得忍痛折回，另图再举。1911年10月10日武昌起义后，反抗清朝腐朽统治的斗争迅速蔓延全国。11月中旬，革命军粤军第四军简师攻打潮州，知府陈兆棠拥兵鼓楼（镇海楼），负隅顽抗，谢汉一勇敢地加入了围攻鼓楼的战斗。19日，革命军火烧鼓楼，陈兆棠败走被杀，清政府在潮州的反动统治终于被推翻了。

辛亥革命后，革命军虽定潮汕，但群雄各自为政，不相统属，称司令者共一十三人。政权仍为地主官僚政客所把持，他们为争权夺利而互相残杀，重置人民于水火。谢汉一对此深恶痛绝，不与为伍，依故当工人，继续追求、探索救国救民的真理。

1918年，谢汉一加入了潮安青年的先进组织——"城东青年图书社"（1919年以后改名为"潮安青年图书社"），并成为该社的主要骨干。当时，从上海、广州、香港等地寄来很多有关社会主义理论的小册子。尽管财主店东们说这些宣传品宣传"无君无父""无法无天""是邪说"，他还是和社员们一道，怀着好奇的心理开展学习讨论，从中接触、领会了一些革命道理，开阔了眼界。

1919年5月4日，北京爆发了以学生为主体的反帝爱国运动，汕头出版的《公言报》《平报》等都作了报道。消息迅速传到潮州，青年图书社和金中、韩师等学校立即发起响应。5月7日，全城各校的两千多名学生组织了"五七"国耻日示威游行，接着，在青年图书社的倡导下，全城各中、小学两三千名学生又于5月11日在开元寺举行"潮州学生救国联合会"成立大会，以统一各校的爱国行动。会后，各校都组织了爱国宣传演讲队，青年图书社也成立了救国演说团，同学生们一起到街头开展宣传演说，揭露日本帝国主义侵略我国的一系列罪行，激发群众的爱国思想。在这一反帝爱国运动中，谢汉一是积极的倡导者、组织者和著名的演说者。他声音洪亮，讲起话来有条不紊，富于感染力，每次演讲都吸引着很多听众。

学生爱国运动掀起以后，谢汉一又联络了郭仰川等人，分头发动将各行各业工人组织起来，声援学生的爱国行动，全力救国。在他们的发动下，拥有几千名工界人员的二十六个工人团体（两三个月后发展为二十八个），很快被组织起来，并在此基础上联合成立了"潮州工界救国联合会"，谢汉一和郭仰川被选为副会长。接着，谢汉一和张卧云等一起，到城郊南门、西门外各乡村，发动农民组织了"农界救国联合会"，由张卧云任会长，谢汉一为副会长。在谢汉一等先进分子的积极推动、组织下，潮州城乡很快掀起了查收、取缔、焚毁日货的反帝救国热潮。

为了使爱国运动更加广泛地发展，谢汉一不辞辛劳，只身带着我国地图和"二十一条"丧权辱国的条款到邻近的澄海县城，沿街串巷，慷慨陈词，揭露日本帝国主义妄图侵吞我国领土的罪恶行径，激发了澄城学校师生和工农群众的爱国感情。他们也纷纷行动起来，举行爱国宣传和示威游行，掀起取缔奸商、搜焚日货的运动。

随着反帝救国运动的不断发展，民主革命思想也逐渐在群众中得到传播。为了进一步扩大进步思想的影响，在吴雄华、谢汉一等人的积极倡导、参与下，青年图书社于1920年1月在开元寺内设立了"新刊贩卖部"，从京沪等地购买了大批新书刊，如《新青年》《新潮》《新生活》《新妇女》《少年中国》《少年世界》等周刊、月刊，还有"北大"出版的丛书《独秀文存》《胡适文存》等数十种书籍。接着，《共产主义浅说》《社会主义史略》等八种有关社会主义、共产主义学说的小册子由姚维殷、廖质生从新加坡带到青年图书社代销。贩卖部除定期到在城学校，如金中、韩师等处销售外，还流动到金石、彩塘、庵埠等地乡村学校推销。这些新书刊使读者耳目一新，对传播进步思想、提高群众思想觉悟起到了一定的促进作用。

1920年5月1日，在青年图书社的发起、组织下，潮州工界二十八个工团两三千名工人在开元寺举行集会，庆祝"五一"国际劳动节。谢汉一等在会上发表演讲，宣传纪念"五一"国际劳动节的意义。与会者振臂高呼："无产阶级团结起来！""争取实行三八（工作）制！""劳工神圣万岁！""全世界工人团结万岁！"会后还列队游行。这是潮汕地区最早的一次纪念"五一"国际劳动节的群众集会，它表明了在革命思想影响下城市劳动者思想的觉醒。

在反帝救国、取缔日货的热潮中，谢汉一曾试图创办实业救国。在他的鼓动和筹划下，1920 年 6 月底，青年图书社凑股集资两千多元，办起"振华火柴厂"；7 月，工界联合会也办了一个"乙先火柴厂"。但因火药缺乏，两个火柴厂不久便先后停办。后来，谢汉一还组织一些人，集资在桥东办起了陶瓷厂，最后也因天灾而失败。

谢汉一在带领群众开展反帝爱国运动的同时，还积极参与组织、领导各工人团体、各界人民开展增加工资、反对苛捐杂税的斗争。如支持锡箔工人要求增加工资、反对印花税牌照税等的斗争，并取得了胜利。

1920 年 11 月，孙中山肃清了盘踞在两广的桂系军阀陆荣廷、岑春煊的反动势力，任命陈炯明为广东省省长兼建国粤军总司令。陈挂出"民治"招牌，于 1921 年 4 月颁布了《广东自治条例》《县自治暂行条例》，进行所谓县长"民选"。当时的潮安县县长陈友云（庵埠人，原由陈炯明委任）为了维护自己的地位，进行笼络豪绅的贿选活动，在城里引起很大反响。青年图书社和工界救国联合会，通过演讲等方法，向群众揭露其贿选的丑行，戳中了陈的痛处。陈于是向其上司洪兆麟（潮梅善后处处长）哭诉，请求给予撑腰。洪兆麟遂出面干涉，先是约谢汉一等几位青年图书社和工界救国联合会的干部到其私寓"湘园"座谈，许以金钱利禄，妄图以此加以收买，但遭到谢汉一等人的拒绝，致"宴会"不欢而散。洪兆麟见软的不行，又于 5 月 8 日贴出布告，声称群众运动"敛财惑众，扰乱治安"，规定"今后不准集会结社"。高压手段并没有压住群众，谢汉一和青年图书社、工界救国联合会的骨干发动工人群众，于一夜之间将布告全部撕毁，并针锋相对地贴出"公告"，公布某时于某地讲演，请市民踊跃参加。这一行动更触怒了洪、陈一伙。因此，5 月 9 日，当青年图书社派人到桥东宁波寺举行反对袁世凯签订"二十一条"丧权辱国条约的宣传活动时，洪便指使营长姜寿南派出三十多名反动军警包围会场，逮捕了演讲员吴雄华、洪馥芝、柯宏才三人，还封闭了青年图书社。事件发生后，谢汉一立即召集工界干部开紧急会议，决定第二天举行全城罢工，列队请愿，并提出三点要求：一，即日释放演讲员；二，拆封青年图书社会所；三，承认集会结社言论自由。10 日早晨，二十八个工团的两三千名工人停业在开元寺内集会，抗议洪、陈一伙的转告，并准备列队请愿。反动军阀又派兵包围集会的工人群众，双方僵持了一天一夜。11 日清晨，反动军队鸣枪驱散群众，又封闭了工界救国联合会会所，逮捕了谢汉一和张凌云。工界干部郭瑞芳听知会所被封，立即带领几百名工人前往救应，结果郭瑞芳等数人又被逮捕。次日，反动当局虽释放了一些人，但仍扣下谢汉一、吴雄华、郭瑞芳、洪馥芝、柯宏才五人，将他们囚禁于县署待质所，二十多天后又解往汕头善后处监禁。

谢汉一等五人被捕后，青年图书社和工界救国联合会一方面继续坚持斗争，另一方面又积极开展营救活动，并派代表秘密到广州求援，得到了各地工团的多方协助和声援，终于迫使当局于 8 月 21 日无条件释放被捕人员。谢汉一在狱中，常以文天祥的《正气歌》鼓励难友坚持斗争，并对难友说："'留取丹心照汗青'，只是表现个人的坚贞，我是要'独留丹心化大公'，才符合孙中山先生提出的'天下为公'的精神。"

一百天的囚禁生活和严峻考验，使谢汉一的思想更趋成熟。斗争实践使谢汉一悟出要取得翻身解放，没有广泛团结群众、坚持不懈奋斗是不能成功的，因而更坚定了投身于群众革命运动的决心。

1923 年 8 月，彭湃为营救在海丰"七五"农潮中被捕的农会干部，到老隆找陈炯明交涉。在返回途中，特意到潮州找在北方任教南归的留日同学李春涛，请李起草《海丰全县农民泣告同胞书》。经李春涛介绍，谢汉一等人会见了彭湃，聆听了彭湃介绍海丰开展农运的经验教训，并一起商议开展工农联合、共同对付军阀及一切反动统治者的事宜。尔后，谢汉一等便根据彭湃的意见，将原先组织的"农界救国联合会"改为"潮安农民协会"，并于 1924 年加入彭湃发起的"惠潮梅农会"。从这时起，身为农协副会长的谢汉一，除继续在潮城搞工运外，还以加工首饰为掩护，深入农村，发动农民组织农会，同反动势力作斗争。潮安的南桂、隆津、登隆、登云、登荣、秋溪、归仁等区的许多乡村都留下了他的足迹，洒下了他的汗水。

1925 年 3 月 7 日，国民革命军第一次东征胜利抵达潮州，为配合东征军的战斗，谢汉一和吴雄华、郭瑞芳等人一起参加了"安抚宣传队"，先后到揭阳、普宁、棉湖等战地前方宣传国民革命的意义，并帮助当地组织工、农会，有力地支持了广东国民政府组织的对军阀陈炯明的讨伐。

第一次东征胜利后，谢汉一鉴于工界救国联合会已被工贼侯映澄等人把持而变质，即同吴雄华等人，串联进步力量，对工界救国联合会进行分化工作，先后把鞋业、缝业、织业、建筑等十多个工团改组为工会，并于4月联合成立了有一千多人参加的"潮州劳动同盟"，谢汉一、吴雄华等为负责人。"潮州劳动同盟"的成立，对以侯映澄为首的右派势力是一个沉重的打击。

1925年11月，国民革命军第二次东征胜利进抵潮汕，推动了潮安工农运动的蓬勃发展，中共潮安县支部也在此时宣告成立。潮安的工农群众革命运动从此有了党的直接领导。谢汉一是潮安较早入党的几个党员之一。在党的领导下，他有了明确的奋斗目标，更坚定了革命的信念，自觉积极地投身于党所领导的革命运动。

1926年7月11日，潮安县第一次工人代表大会在潮州城扶轮堂隆重召开。出席大会的有来自全县三十二个工人团体的二百六十七名代表和各界来宾一百四十多人。在这次大会上，以共产党员为中坚的全县总工会执行委员会宣告成立，谢汉一被选为副委员长。

随着斗争的深入发展，右派势力的破坏活动日益猖獗，工贼侯映澄对总工会及属下工会不断寻事挑衅，并以工界救国联合会名义，公然挂出"潮安总工会办事处"的招牌，妄图分裂破坏工人运动。然后，又指使流氓毒打锡箔工团干部李子标（李因伤势过重不幸身亡），制造了震动潮汕的"李子标血案"。接着，又率凶百余人，持械围攻县总工会。面对右派势力一连串的挑衅、破坏活动，在中共潮安县部委和县总工会的统一部署、领导下，谢汉一和总工会其他负责人坚决带领广大工农同他们展开针锋相对的斗争，组织工农群众二万余人，举行声势浩大的李子标追悼大会，当大会遭到潮安卫戍司令王绳祖的武装镇压以后，又立即组织了一个二百多人的代表团，前往汕头请愿，向汕头各工人团体控诉王绳祖、侯映澄的反革命罪行。在广大工人群众的支持下，汕头统治当局不得不答应潮安工农群众提出的查办王绳祖、严缉侯映澄等要求。这次斗争的胜利，不但沉重地打击了右派势力的嚣张气焰，长了工农群众的革命志气，而且促进了工人运动的进一步发展。至翌年春，全县各业工人在党组织和总工会的领导下，相继发起了六十多次反对财东、资本家压迫的罢工和九十多次要求加薪的斗争，都基本上达到了目的。这些斗争的胜利，与谢汉一等总工会领导人的努力是分不开的。

1927 年 4 月 12 日，蒋介石在上海发动了反革命政变。4 月 15 日，潮安反动派也向革命者举起屠刀，派兵包围中共潮安县部委和县总工会等革命团体驻地，捕杀共产党员和革命群众。在此之前，谢汉一已往登荣区发动农民组织农会。事变发生后，面对反动派的疯狂镇压，他置个人生死于度外，仍坚定地带领农民群众与当地反动势力进行坚决的斗争。7 月底，中共潮安县委（此时已由部委改为县委）委员林谦在溜隍成立了党支部，并在葛布村设点，秘密翻印、散发潮安县委机关报《民众新闻》。8 月底，谢汉一辗转到了葛布村，与支部书记刘光涛（即刘斌）等同志讨论革命形势和农运工作，继续坚持革命斗争。9 月 23 日，"八一"南昌起义军抵达潮州。谢汉一根据县委的决议和分工，恢复工会和学生会组织，发动工、学界支援起义大军。南昌起义军在潮州建立了七日红色政权。9 月 30 日，起义军主力撤离潮汕之后，潮安又陷入白色恐怖之中。在腥风血雨的日子里，谢汉一仍和坚定的革命者一道，重新深入农村，组织和领导革命群众，同敌人进行公开和隐蔽的斗争。1928 年 5 月 11 日上午，他与许宏同志途经文祠的称架桥时，遭遇敌侦缉队，因寡不敌众，不幸被捕。

谢汉一入狱后，已任县长的叛徒李笠侬和已任"清党治安队"队长的工贼侯映澄假惺惺地前往"慰问"他。他们企图以金钱、地位进行引诱，劝他"反省自新"，但得到谢汉一无情的驳斥和唾骂。谢汉一慷慨激昂地说："我愿为革命而死，不愿为反革命而生，要杀便杀。"他又说："除非你们向革命投降，我便向你们说话，否则不必多言！"充分表现了一个共产党员为实现自己的革命理想，宁愿抛头颅、洒热血，也不改变自己的意志和信念的崇高革命精神。

反动派计拙心劳，原形毕露，于 1928 年 6 月 1 日将谢汉一和许宏等枪杀于南校场。押赴刑场途中，谢汉一神色自若，大义凛然，不断高呼："中国共产党万岁！""打倒万恶的李笠侬！""打倒工贼侯映澄！"临刑场还大声疾呼："反动派一定会被消灭！"……铮铮铁骨，铿铿誓言，使反动派闻之胆战心惊，群众为之痛惜掉泪。

谢汉一的一生为唤起民众而奔走呼号，为革命的成功而呕心沥血，鞠躬尽瘁。他用自己的实际行动，真正做到了"独留丹心化大公"！

林逸响

林逸响，又名林铜铃，1904年10月13日（农历九月初四日）出生于饶平县饶洋镇扶阳林村。父林仲，以染布为业。林逸响自小聪明好学，为人诚实谦逊。七岁在本村私塾就学，后于三乐屋初级小学读书，十六岁转到新丰第三高小学校攻读，十九岁转学饶城琴峰学校，1924年考进潮州金山中学，1925年初弃学到汕头市《岭东民国日报》工作，从事革命宣传。是年他光荣地加入了中国共产党。1926年初，当中国共产党协助改组国民党时，他被派回饶平，在国民党饶平县党部改组委员会任秘书。2月，林逸响回到家乡扶阳林村，宣传发动群众，成立水口乡农民协会。3月，上饶区农民代表大会在新丰楼仔角召开，正式成立上饶区农民协会，选举林逸响为会长。

这时，林逸响年仅二十二岁，从实际生活中感受到失学、失业的痛苦，也渐渐领悟到中国人民的痛苦是"帝国主义者的侵略，国内军阀、官僚的征徭，土豪劣绅的剥削及封建社会制度的束缚的结果"，出路只有一条，就是"打倒帝国主义、军阀、官僚、土豪劣绅及消灭一切旧社会恶劣制度"，决心投身翻天覆地的农民运动，干一番事业。

1927年4月12日，蒋介石在上海发动反革命政变后，白色恐怖笼罩着潮梅地区。中共饶平县党组织的领导人杜式哲、余登仁、张碧光、詹前锋、黄世平等从饶城、黄冈撤到上饶，并于新丰的丁坑村召开党团干部会议，决定组织各乡农军举行武装暴动，反击国民党反动派。同时会议决定成立中共上饶区委员会，林逸响被选为区委书记。5月5日，在饶平县党组织的领导下，林逸响参与率领饶平农军举行武装暴动，第一次攻打饶城，就取得了胜利。

6月，国民党饶平县县长蔡奋初率军警进行反扑，放火烧毁上饶区农会会址和林逸响的房屋。林逸响家中衣物被敌人抢光，房屋被烧毁，无处藏身，举家一时恸哭至极。但林逸响不因此而退缩，他抚慰家属之后，立即离家到二祠一带乡村，教育鼓励群众不要惊慌，要坚持斗争下去。

1927年7月，中共饶平县委员会在祠东大陂楼成立，杜式哲任书记，林逸响被选为县委委员。此后林逸响和余登仁、张碧光、刘瑞光、詹前锋、詹瑞兰等经常秘密聚集于东屋坷庵，筹划扩大各乡赤卫队和建立工农革命军东路第十四团。是年10月，工农革命军东路第十四团成立。不久，第十四团配合各乡赤卫队攻打九村洞上等村反动民团，没收地主豪绅粮食一批。当时，由于县委个别领导人在斗争中不讲策略，地主豪绅乘机挑起姓氏、乡界纠纷，瓦解农会力量。1928年1月28日，国民党饶平县县长毛琦又率军警、民团一千多人，向二祠、石井"进剿"，疯狂纵火烧毁县委机关所在地大陂楼和埔下楼。第十四团被迫暂时解散，县委机关迁到石井蔡坑。5月22日，敌又以一营兵力进犯石井，我赤卫队于杨梅树下（地名）与敌激战，一举歼敌一连人，取得反"围剿"斗争重大胜利。但敌又从汕头增兵来饶平，于6月9日再犯石井。因力量悬殊，石井、茂芝等红色乡村相继陷入敌手，中共饶平县委机关也被迫转移到上善温子良村。

不久，县委书记杜式哲调往东江特委，林逸响接任县委书记。他一上任，便面临严峻的考验。石井、茂芝等红色乡村的房屋被敌人焚烧，变成一片砂砾，数百户人家无家可归；不少农会和赤卫队骨干被国民党悬红通缉，逃走他乡；前沿的红色乡村陷入敌手，后方的上善根据地处于饶平、平和、大埔三县敌人包围之中。在这风雨如磐的日子里，担负重任的林逸响毫不畏惧，他如中流砥柱稳住局势，和县委委员詹锦云、詹瑞兰、刘瑞光、刘金丹一起，带着县游击队袁伐、刘梧生、刘龙藩等武装人员，踏遍上善村寨，检查和加强各乡赤卫队的组织和武器装备；并设置哨站，日夜加强防备；还深入各乡村发动农友捐献衣物和粮食一百多担，送往石井、茂芝救济受难群众，安定人心。及后，他根据上善山高林密、村落分散、易守难攻、地势险要的有利自然条件，率游击队与敌周旋，保存和巩固革命力量，继续高擎革命火炬，照亮艰苦斗争的道路。

县委主要革命骨干集结到上善进行隐蔽坚持斗争之后，引起敌人的惊慌，他们多次派密探伪装为阉猪匠、小贩、理发匠等，狡猾地钻入上善根据地搜集我方活动情况，侦察中共饶平县委机关的秘密。

1928年8月9日，敌用重金暗中买通我岭头庵哨站负责人詹怀谦，约定他当晚借口带队外出打豪绅，引哨站人员离开岭头庵警戒；当日下午敌又指使三乐屋村豪绅假装到温子良村找县委领导人谈判求和，实则设计从中认识县委领导人。

8月9日晚，林逸响和县委委员詹锦云、詹瑞兰、刘金丹、刘瑞光等在上善乌石岗召开上善农会、赤卫队骨干会议。深夜十一时许会议结束，詹瑞兰、刘金丹、刘瑞光等领导人和游击队队员当晚就地留宿。林逸响、詹锦云和村干部林发乘夜赶回温子良村，准备应约与三乐屋村代表谈判。深夜一时许，筹谋已久的茂芝驻敌营长雷英便率军警和各乡民团共四百多人向温子良村扑来。是时设在岭头庵放哨的三十多名赤卫队员早已被叛徒詹怀谦佯称打豪绅拉到外地去。敌军长驱直入，候时，整个温子良村被团团围住。在危急情况下，群众纷纷要求打开楼门突围，但林逸响考虑到敌众我寡，硬冲必然伤亡更大，便说服大家据守楼寨，等待外出的游击队和赤卫队赶来，以内外夹攻取胜。坚持至次日上午八时许，敌军见楼门打不开，遂挖凿墙洞，破开楼门，集中火力扫射后，蜂拥而进，逼令全村群众集合，挨户搜查，逐人拷问。县委委员詹锦云及温子良村干部林发等十四人被捕，林逸响尚未暴露。原来佯称前来谈判的三乐屋村豪绅指认："还有一个头人未捉到！"敌营长雷英又下令挨户翻箱倒柜搜查，不论草堆、番薯堆通通用刺刀乱刺。隐藏在林发家中草堆的林逸响被敌兵刺伤臂部，敌见刀尾带血，翻开草堆，林逸响遂被捉拿。同时被敌捕拿的还有凤山楼许盐麻等三人。

当乌石岗的游击队和赤卫队闻讯急速赶来抢救时，敌人已拔队离开了。

林逸响等十八位同志被押禁于坝上紫东楼，经受了五天残酷的刑讯。在敌人的审讯厅里，林逸响顶住了"飞机吊"等酷刑，敌人用竹针刺入他的指甲，他几次晕厥过去，几次被用冷水泼醒。林逸响铮铮铁骨，视死如归，一次次使敌人枉费心机。最后，敌营长雷英暴跳如雷，命人搬来木柴，点火烧热石板，把林逸响的衣服脱光，压在烧热的石板上，一次又一次，林逸响遍身被烫得焦灼起泡，但他始终坚贞不屈，表现了一个共产党员大无畏的革命精神。

林逸响在审讯厅里表现的英勇无畏精神，极大地鼓舞了被捕的同志进行不屈不挠的抗争。

第六天，林逸响等十八位革命者被敌人用铁丝穿透手掌，十八人连在一起，被押往饶城。十八位革命者拖着遍体鳞伤的身躯，坚强地踏上更严峻的路途。

在饶城被囚禁二十四天后，他们又被押赴大埔县城茶阳镇。

1928 年 9 月 11 日（农历七月二十八日），林逸响等十八位同志于大埔县茶阳镇英勇就义。

林逸响牺牲时年仅二十四岁。

陈　德

○
○
○
○
○
○
○

　　陈德，字德美，潮州市潮安区古巷镇人。他 1932 年 7 月参加工农红军；1933 年 1 月，加入中国共产主义青年团；7 月，转为中国共产党正式党员。

　　1934 年 10 月，中央红军开始了举世闻名的二万五千里长征。当时，陈德在第一军团野战医院当文书。红军进入湖南边境时，他的踝骨肿痛，步履艰难，领导想将他安排在群众家里疗养。陈德得知后，急得手脚无措，眼泪直流。他忍着剧痛，一瘸一拐地找到医院院长，哽咽地说："党和红军是我再生父母，离开红军，就没有我陈德。哪怕是爬着滚着，也要跟红军走到底！"

　　长征路上，红军历尽艰险，克服重重困难，战胜凶残顽敌，陈德也从一名普通战士成长为一名出色的政治指导员。他所带领的红二师第五团第三连是红一军团保员率最高的连队之一。他的队伍出发时全连 183 人，到达陕北时仍有 147 人。这成果浸透了陈德的血汗。他把战士看成自己的阶级兄弟，与战士心贴心。在行军中，陈德帮战士扛大枪，背背包，抬伤员。宿营时，他逐班去了解情况，战士的脚打泡了，用热水帮他们洗净，然后挑泡放水、上药。他注意活跃连队生活，鼓舞战士情绪，将连队活跃分子编成宣传小组、拉歌手，打快板、讲故事、写标语，运用各种形式表扬好人好事。他积极筹措和妥善安排连队生活，特别强调爱惜和节约。战士没有水壶，行军途中渴得喉头发干，他带着战士砍来一些竹子，锯成竹节，装上塞子，发给大家作行军水壶。部队进入贵州境内，连队宰了一头猪，炊事员咔嚓几下把猪皮剥下，顺手一甩，丢得远远的。陈德把猪皮捡回，意味深长地对大家说：我们今天有了吃的，可要想想明天、后天，更不要忘记后面部队饿着肚子在行军作战。炊事员很受感动，立刻把猪毛刮干净，切成小块，煮熟留作下顿饭菜。

陈德特别注意学习上级的指示，将上级的作战意图及时落实到连队。遵义会议后，毛泽东重新主持中央军委工作。当时，敌情十分严峻，在云、贵、川地区，国民党集结40万大军，形成大小包围圈，妄图一举聚歼红军。毛泽东采取声东击西、避实就虚、长途奔袭等战法，带领红军先后四渡赤水，二占遵义，佯攻贵阳，转战千里，从而摆脱了国民党的堵截围困，胜利北上抗日。当时，不少战士急着要打，就嘀咕开了：摆在眼前的敌人不打，却今天往西，明天往东，天天长途奔驰，来回兜圈，到底要到哪里去？陈德仔细地做思想教育工作，及时通报敌情，反复讲明走与打的关系。他指出，敌强我弱，要保存自己，消灭敌人，必须寻求有利战机与地区。这就要与敌人兜圈子，要长途奔袭，用以迷惑敌人，隐蔽我军战略意图。用"走"创造战机，用"打"开辟道路。当红军突破重围，胜利渡过金沙江、大渡河、泸定桥，走过皑皑雪山、茫茫草地，攻克天险腊子口，胜利到达陕北时，指导员交口赞誉陈德对毛泽东的战略战术领会得深！

1937年7月，抗日战争全面爆发。陈德任八路军第115师第343旅第685团第一营第四连指导员，随部队挺进山西抗日前线。9月25日凌晨，在平型关首战，685团负责占领老爷庙西南至关沟以北高地，截击日军先头部队，协同第686团围歼进入伏击地域之敌，并阻击东跑池之敌回援。日军于7时许全部进入我伏击地域。陈德与连长率全连战士，从公路东侧，迎头截击。全连战士的机枪、步枪雨点般地射向敌群，给敌以大量杀伤。日军利用车辆辎重作掩护，凭借优势火力进行顽抗。战斗到中午，敌一部以猛烈炮火，轮番疯狂反扑，企图抢夺四连坚守的制高点，陈德率部英勇还击，与日军展开白刃搏斗，全歼顽敌。

1938 年 5 月，八路军总部从第 115 师、第 129 师各抽出一支部队，组成东进抗日挺进纵队第五支队（又称永兴支队）和津浦支队，挺进冀鲁地区。陈德任第五支队组织股长，尔后又先后调任第六支队政治部副主任，7 团、8 团、16 团政委，清河军区垦区军分区和渤海军区第一军分区政委兼地委书记。他率领部队，与冀鲁边区人民风雨同舟，浴血奋战，直到抗日胜利，为冀鲁边区、渤海军区抗日根据地和抗日武装的建立、巩固、发展作出了贡献。

1938 年 7 月，陈德随第五支队进入乐陵开辟抗日根据地。他协同副支队长龙书金率领第一营奔袭庆云，奇袭毛家集，并亲自带领第一连咬住逃敌尾巴，紧追不舍，将敌大部消灭于逃跑途中。第二天，主动协助第二营攻击黑牛庄，全歼守敌（伪军）800 余人。8 月，陈德带领的团随支队回师收复宁津县城，歼灭伪军 1 000 余人，摧毁该地伪组织，收复了乐陵、宁津、庆云、盐山等县大部地区，开辟了连片的游击根据地，打开了该地区的抗日局面。同年 10 月，在萧华同志主持下，抗日挺进纵队成立，陈德任政治部副主任兼七团政委。这支新编队伍成员复杂，有旧军人、旧职员和各界知名人士。战士们见到语言不通的老红军陈政委敬而远之，彼此之间好像隔着一条深深的鸿沟。陈德开始也有些不习惯，但怀着一颗抗日爱民之心，热情地关心爱护每个战士。他经常带干部战士深入乡村城镇，请老乡给战士们讲阶级苦，诉民族恨，组织战士与地方群众联欢、演戏，并亲自上台扮演角色。他还一有空就找干部战士谈心，消除隔阂。1939 年 1 月下旬，日军荻村中队 200 余人带着辎重，进攻津南军政中心旧县，准备在旧县设立据点。陈德率部迎击，在枣树成片的旧县韩家集附近公路两侧伏击，连夜筑工事，挖壕沟。次日上午九时，荻村带着 200 余人，押着 20 多辆大马车，大摇大摆地进入伏击区。陈德一声令下，战士们从壕沟、枣林中发起进攻，民兵群众配合作战，给日军以当头重击，打得日军狂呼乱窜。日军经过一阵慌乱，迅速重整旗鼓，利用马车辎重作掩体，疯狂进行反扑。

陈德组织火力，摧毁日军掩体，接着率部冲向公路，开展白刃搏斗，歼敌百余。获村见势不妙，带着残兵，狼狈窜回。边区军民在陈德的直接指挥下，取得反"扫荡"的首次胜利。

1940年春，边区主力大部先后转移，留下部队不足2 000人，局势急剧逆转。在此危难之际，六支队政委周贯五决意把陈德留下任八团政委。陈德在极端困难时期，率部坚持了冀鲁边区斗争。冀鲁边区具有重要战略地位，它北靠天津，南抵济南，东濒渤海，西夹津浦铁路及运河，控制着我国东部南北交通，又是一望无际的大平原。日伪为严密控制该地区，到处设岗布点，在一些县、区已是"三里一岗楼，十里一据点，遍地是封锁沟"，他们还采取"铁壁合围"和"拉网战术"，对根据地和游击区进行残酷"扫荡"，3 000人以上规模的即达十余次。陈德在上级党委的坚强领导下，与当地人民生死与共，抗击着十倍数量的敌人。他审时度势，随着敌情的变化，或隐蔽或聚歼来敌。1940年3月，日军集结6 000余人，"扫荡"冀鲁边区。陈德避其锋芒，立即化整为零，分散活动，到处游击。日军到处扑空，还不时遇到突然袭击。日伪军找不到八路军踪影，于是网罗一批流氓地痞，充当鹰犬，密报八路军行踪。一旦发现八路军活动过的村庄、接触过的群众，日军就集中兵力将那个村子抢光、杀光、烧光。为保护群众的生命财产，陈德一面组织锄奸队，铲除罪大恶极的卖国贼，威慑伪顽；一面命令部队一律露宿野外，进村联系则更加隐蔽。群众闻知陈德率部队长期栉风沐雨、披星戴月在田野过夜，打心眼里感到难过，遂悄悄送去御寒衣被。为保证部队夜间行动不受干扰，群众主动宰掉家犬，将狗皮送给部队作宿营保暖之用。伤病员有时来不及转移，群众甘冒杀身之祸将他们隐藏起来，或将战士认作儿子、夫婿。军民共同浴血奋战，生死与共，跨过险关。

日军"扫荡"受挫，目标有所旁移。陈德不失时机地率领三团一营，跳出敌人封锁区，到新海县沿海一带开辟抗日新区，发动渔民抗日。不到一个月，即开辟了沿海24堡，组建起一支渔民抗日自卫队。一营从300人扩展到700人，其他部队也迅速发展壮大。至1940年底，边区主力已发展到近万人，引起国民党顽固派张国基的忌惮，张国基等以抗日为名，暗通日伪，常寻衅滋事，严重阻碍边区抗日力量的发展。冀鲁边区军政委员会决心搬掉这块绊脚石。是年12月初，在周贯五同志主持下，陈德率八团和龙书金部于吴桥、彭庄一带，与张国基部激战半日，毙顽军800多人，俘1 000多人，活捉张国基，为边区除了一大隐患。

1941年1月，冀鲁边主力部队改为115师教导第六旅，下辖第十六、十七两个团。陈德任十六团政委，并受命开辟鲁东北，打通与清河区的联系。陈德率部两次南下作战，均因强敌固守，中途折回。9月，他第三次率十六团，迂回敌人侧翼，由无棣进入利津老鸹嘴，歼敌500人，活捉伪军团长，与第三旅胜利会师于义和庄，终于将冀鲁边与清河区连成一片，打通了南北两区的海边走廊，为进一步开展两区的对敌斗争创造了条件。

1942年底，陈德任滨海军区政治部组织科长。1943年9月，任清河军区垦区军分区政委兼地委书记。次年春，任渤海军区一分区政委兼地委书记。一分区地处渤海军区北部前哨阵地，日军控制特别严密。这里岗楼据点林立，封锁沟纵横交错，仅30万人口的宁津县就设立了140多个岗楼。陈德在这严峻的斗争形势下，坚决执行刘少奇关于"换成便衣，化整为零"的指示，把各级干部放到基层进行面对面的领导，把部队分散到群众中去，平时分散做群众工作，战时集中打击敌人。有条件的地方，组织游击小组，领导群众，开展地道战、地雷战、麻雀战，袭击日伪军。陈德又指示五连，组成若干小分队，配上精良武器，出没于日军岗楼堡垒之下，伏击日伪军的散兵游勇，迫使敌人不敢随意行动，压下敌人的嚣张气焰。他自己则带领一支小分队，活动在各县之间，抓住时机开展游击战争，拔掉敌人的岗楼据点，填平封锁壕沟，先后打下了罗家寨、方家寨、四府亭、孟集、乐亭等据点。在开展军事攻势的同时，又组织党政军民，展开强大的政治攻势，分化瓦解日伪军。陈德安排部队学会有关日语，如"缴枪不杀""不要替法西斯卖命"等，在包围日军据点时，通过日语喊话，起到了很好的作用；同时运用各种关系，做伪军的工作，如动员伪军家属劝说其亲人弃暗投明；为伪军头目建立功过簿，凡做好事的记上红点，做坏事的记上黑点，一月一小结，半年算总账；对坚持与人民为敌、屡教不改者，公布罪状，就地正法。通过政策感召和武力震慑，先后争取 3 股伪军反正，编成 3 个大队。一些岗楼据点成了八路军的保护伞。不少伪军暗中为我军递送情报，提供潜伏隐蔽地，借吊桥供我军来往，分区主力部队则乘势出击，配合全国大反攻，收复大批失地。抗战胜利前夕，一分区 95% 的土地获得解放。

1945 年 8 月 15 日，日军投降，陈德奉令率部挺进东北。途经吴桥城，驻城伪军尤美玉部 1 000 余人拒不投降。吴桥城未克，陈德心里留下个大疙瘩。他说："不拿下吴桥，我们欠下边区人民一笔账。这笔账是不能欠的！"他决心拿下吴桥城再走。吴桥城四面环河，通往城里的四座桥早被尤美玉炸了 3 座，仅留下西门桥作其退路。敌人集中火力扼守西门。一分区没有攻城火炮，只好挖坑道炸城。为掩盖掘洞声音，他动员附近群众敲锣打鼓，闹个不停。城里伪军摸不着头脑，也敲起锣鼓来凑热闹，不时还打一阵排枪来壮壮胆子。农历八月十四日晚，锣鼓声没了，四周静悄悄的，只有护城河水在月光掩映下泛起粼粼金波。伪军以为八路军回家过中秋节去了，于是放松戒备，纵情狂饮。凌晨一声巨响，埋伏西郊的八路军战士杀进城里，生俘伪军司令尤美玉，守敌千余人全部就歼。中秋之夜，群众与部队尽情联欢，欢庆一分区全境解放，欢送部队踏上转战东北的征途。

抗日战争胜利后，国民党政府蓄谋进行内战。为适应斗争新形势，中共中央军委调整战略部署，部分部队实行战略转移。1945 年 9 月，陈德与王兆相奉令率冀鲁边区三团挺进东北，组成临时机构，王兆相任总指挥，陈德任政委。部队原计划渡过渤海湾，从山海关进入东北，后因海面被封锁，遂改道绕过天津，从陆路进发。沿途任务几经转换：先是西折奔袭古北口，保障西线部队顺利通过，进入东北；任务完成后，编入热河纵队为第一旅，留下剿匪；再次奉命挺进东北；途中又改受命于杨（得志）苏（振华）纵队，急奔保卫平泉，与国民党十三军所部激战十一二个小时，战后撤至赤峰，休整后继续北上，最终抵达松花江北岸三肇地区。这期间，部队来回奔驰，转战千里，天寒地冻，给养不足。陈德靠着坚强的思想政治工作，稳定了部队情绪，圆满完成了多次紧急任务，受到了上级的表扬和指战员们的交口称赞。1946 年 2 月，陈德所在部队被编入东北民主联军。4 月，随主力南下攻击长春，一举夺取飞机场，并协助友军连克警察局、伪满中央银行等据点，首次解放长春。陈德出任长春市委委员，帮助地方建党建政。6 月，国民党全面进攻解放区。陈德率部断后，为主力部队北撤作掩护。在与国民党新一军五十师展开激烈的争夺战后，在松花江北岸筑成坚固防线，暂时形成南北对峙局面，为东北民主联军开展清匪反霸运动，进一步扩充和整编部队提供了宝贵的时间。10 月，陈德所在旅被改编为第六纵队第十八师，陈德任师政委。1946 年 12 月，东北民主联军在南、北满两个战场展开了历时 3 个月的三下江南、四保临江之战。陈德率部参加三下江南作战，冒着零下 40℃ 严寒，跨过冰封松花江，首战焦家岭，再战城子街，配合友军歼灭敌新一军 1 个团又 2 个营及 1 个团部。第三次下江南，陈德率部紧追后撤的国民党军，又歼敌一部。三下江南、四保临江之战迫使国民党军由攻势转入了守势。1947 年 5 月，东北民主联军开展夏季攻势。战斗一开始，陈德与师长王兆相率十八师迅速攻下天岗，歼敌一个营，接着攻克老爷岭，乘胜追歼逃敌，在十七师的配合下，于黑石岭丛林歼敌 1 个团。6 月 22 日，随纵队攻打四平，激战 9 昼夜，攻打不下，奉命撤围。之后十八师连续参加了秋季、冬季攻势，一直打到沈阳以南地区。1948 年春天，陈德被调往东北军区上干大队学习，兼任三队队长，同年冬天毕业。在这里，陈德热爱学习的品格得到了众人的一致赞赏。毕业后，陈德任东北野战军独立十三师政委，与独立十二师一起进攻沈阳，打下沈阳后，该师被指定为沈阳卫戍部队。11 月下旬改称 162 师，陈德率师南下，参加塘沽口战役，解放天津。12 月，整编为 49 军 162 师。又挥师南下，一直打到广西，后调海南军区。1950 年秋，陈德任海南军区副政委兼海南行政区党委副书记。这时，冯白驹是海南区党委书记、海南区司令员兼政委，大部分时间在地方工作，军区部队工作实际上由陈德主持。当时，部队面临整编、剿匪和备战三大任务。他在抓好难度极大的部队整编的同时，适时地组织部队和广大干部群众进行全岛的剿匪和战备工作，局势很快得到稳定和巩固。1952 年夏，中央不失时机地定下了在海南种植橡胶的战略决策，除了从广西调进第 146 师作为农垦师外，又从内地抽调十几万民工进岛垦荒种胶。刚解放不久的海南一时涌进 20 万人，衣食住行都成了大问题。民工住马路，挤走廊，车船拥挤，道路堵塞，四处告急。这时，陈德是海南区党委书记之一，兼海南行署代主任。他率行署一班人，深入基层，了解情况，采取措施，解决了一个个难题，为实现中央的战略决策费尽了心血，为海南种植橡胶打开了局面，奠定了基础。

1953 年 7 月，抗美援朝战争结束，志愿军回国。部队进入了以建设一支优良的现代化革命军队为目标的新时期。此时，陈德正好调任第 42 军副政委，翌年任政委。陈德竭尽全力，狠抓部队现代化、正规化建设。他从抓领导带头、抓点带面入手，迅速在全军掀起军事训练和学习马列主义理论、学习科学文化的高潮。每年开训前，他都要集训团以上和军直机关干部，让他们先走一步。他亲率工作组到 126 师连队蹲点，摸索军事训练新路子，总结推广了许多经验。42 军的训练很快轰轰烈烈地开展起来。当时，广州军区一些军事示范性演习几乎都在 42 军进行。1954—1955 年，苏联军事代表团、保加利亚国防部长先后参观 126 师组织的"加强步兵师实战进攻演习"，观后均赞叹不已。这个演习就是陈德率领工作组一手组织的。陈德治军很严，对部队的组织纪律、作风养成、军容风纪抓得很紧，每个季节都有要求和检查。部队的作风纪律很好，有令即行，有禁即止。陈德在建设正规化、现代化革命军队过程中，注意把密切军政、军民关系作为一项重要内容来抓，组织部队积极参加社会主义建设，将部队扎根在人民群众之中。1957 年夏，惠阳地区遭受百年罕见的特大洪水。陈德亲临抗洪前线，检查堤防，组织官兵加固堤坝，抢运物资，抢救被洪水围困的群众，主动让出部分军营给灾民栖身。灾民中有一孕妇，在部队医护人员精心护理下产下一男孩，孩子的爸爸给儿子取名"军生"，寄以感激之情。洪水过后，陈德又带领部队协助当地政府，组织群众生产自救。惠阳地区人民对部队很感激，都说人民有了灾难，军队就出来帮助，"还是共产党好，解放军亲！"

1963 年 7 月，陈德调任广东省军区政委、中共广东省委常委。此时，正是广东省军区组织部队和各地民兵连续歼灭 9 股美蒋武装特务，取得反袭扰斗争重大胜利的时候，陈德深受感染和鼓舞。他从自己近三十年的亲身经历中深切体会到毛主席人民战争思想的作用，深知"兵民是胜利之本"的伟大真理，所以他一到省军区就把主要精力投入民兵工作中去。广州军区计划举行一次海边防民兵工作现场会议，将各地围歼美蒋武装特务的零散经验加以条理化、系统化，以指导今后的民兵建设和反袭扰斗争。会议以广州军区名义召开，指定广东省军区负责一切筹备工作，包括主报告的准备。陈德充分地了解到及时总结经验的重要性，在各个方面对民兵的组织、训练和政治工作做了深入的研究，提出了很多重要的意见。他还和与会同志一起从珠江口沿着海防线一直巡视到与福建交界处，一路走，一路观摩，一路座谈，大家很受启发。会议之后，由于各级都作了总结，因此斗争更加得心应手，1964 年，又连续干净利落地全歼 5 股美蒋武装特务。

1964 年，总参谋部根据毛主席关于"反对固步自封，夜郎自大"的指示，组织了民兵工作比较好的广州军区的广东、福州军区的福建、南京军区的浙江三个省军区相互参观学习。陈德十分重视这一活动，把这作为推动广东民兵工作继续前进的加速器，指派民兵工作方面的得力助手参谋长孙正乾率队参加，并准备了澄海、花县两个现场，给上级及兄弟单位检查。这一活动历时 3 个月，开阔了视野，吸取了先进经验，丰富了自己，有力地将全省民兵工作推上了一个新台阶。

1966 年 5 月，"文化大革命"开始，中共中央决定对各地实行军管。陈德以省军区政委的身份，于 1967 年 3 月出任广东省军事管制委员会副主任兼革命委员会主任。他坚决执行周总理关于广州两派都是革命群众组织的指示，坚持"一碗水端平"稳住了拥有众多产业工人和贫下中农的另一大派，避免了革命和生产形势的进一步恶化。他着令各级军管会和军管小组，想尽一切办法，恢复交通，组织货源，保证人民群众生产、生活的正常运行。陈德为稳定广州以至全省的局势，殚精竭虑，耗尽心机。后来，陈德遭受打击和迫害，先是调回省军区边工作边接受批判，继而调离广东，到湖南任湘黔枝柳铁路总指挥部政治委员、党委书记。在此后的两年多时间里，陈德带着患病之躯，把全副心血和精力都倾注于三线建设事业上。他一如既往，跑工地，下基层，调查研究，掌握工程技术人员、干部、工人和广大民工的思想脉搏，及时地解决了不少工程技术、工程管理、劳动竞赛、民工生活、妇女保健等问题，调动了各方面的积极性，保证了工程健康顺利发展。1971年9月，联合国恢复了我国的合法席位，陈德为祖国的伟大胜利欢欣鼓舞，他忘却病痛，情不自禁地赶乘轨道车为怀化至金竹山新建路段上的工人、民工连续作了三场鼓舞人心的形势报告，号召大家以加快三线铁路建设的实际行动，把祖国建设得更加强盛。

1973年4月，陈德调回广东省军区工作。1975年7月，他调任山东省军区政委、中共山东省委常委。1978年党的十一届三中全会后，陈德得到平反。1980年10月任广州军区顾问，1983年3月任中共广东省顾问委员会副主任。

陈德于1955年被授予少将军衔，并被授予三级八一勋章、二级独立自由勋章、一级解放勋章。他还是第四、第五届全国人民代表大会代表。

1983年8月25日，陈德不幸于广州军区总医院病逝，享年69岁。

陈德将军的一生，是革命的一生，也是贡献的一生，值得我们缅怀和纪念。他用生命见证了历史潮流当中百转千回、艰难苦困的大时代；见证了共和国的先人前赴后继、勇往直前，用绝大的信心和毅力，用无数先烈的血汗铸就新中国的伟大历史过程；见证了中国人民从漫长的苦难中，告别过去、继往开来，真正站起来的辉煌历程。

洪灵菲

20世纪30年代著名左翼作家洪灵菲，是被国民党反动派秘密杀害的共产主义战士。"他就义的日期已不可考；死后，埋尸何处，更无人得知。没有坟墓，没有纪念碑。然而他是和一切的烈士共同的用了血与生命的累积，做了今天光辉灿烂的中华人民共和国的奠基石——坚强而有力的奠基石。他的不朽，是有无形的坟墓，无形的纪念碑，超于形式之外的精神感召力，永远藏在人民心里的。"（孟超：《洪灵菲选集·序》）

一

洪灵菲是广东省潮州市潮安区江东镇红砂乡人，原名洪伦修，辈序名树森，1902年出生于一个贫苦的家庭。父亲洪舜臣是个落第秀才，最初以课蒙为生，收入微薄，后来转业中医，自制了几种丸药，销路很好，家境才稍有好转。母亲是个农家女，极能吃苦耐劳。洪灵菲共有五兄弟姐妹，两个哥哥，一个姐姐，还有一个弟弟。家里小孩多，收入少，母亲虽然慈爱，却无法使孩子们足衣饱食。他谈到幼年生活时说："到我十五岁时，还没有单独吃过一个鸡蛋。我向母亲要求多分给我一点，母亲却总是这样劝我：'森儿，你要好好的念书，将来有本事，会赚钱，什么都有得吃。'"
洪灵菲在四五岁时，便开始参加劳动，每天早上，天蒙蒙亮，便跟着哥哥
到处去拾粪、捡蔗渣。他们常常遭人歧视和侮辱，有些富豪恶少甚至殴打
他们，骂他们又脏又臭，不准他们从其门口走过。洪灵菲向母亲哭诉，可
是，母亲又有什么办法呢？只得安慰他说："好孩子，不平的事多着哩。俺
是穷人家，他们有钱、有势，谁敢惹他们呢？惹着他们，还不是俺吃亏。
官府还不都是为他们说话的？"这是多么不合理的社会啊，洪灵菲从小就种
下了仇恨黑暗势力的种子。

洪灵菲的父亲虽然是个医生，封建迷信的思想却十分浓厚，喜欢看相
问卜。他说洪灵菲的命相不好，对他的一举一动都加以挑剔，甚至是毫无
理由的斥责。洪灵菲朗读书本，他嫌音调不好，说哀怨凄楚，不是吉兆；
练习写字，他说有骨无肉，是一副短命相。总之，事事看不顺眼，常常无
缘无故地向洪灵菲发脾气。父亲的这种严厉，使洪灵菲把自己的不满蕴积
在心中，逐渐形成一种内向的性格。他转而从书本中去求得安慰，更专心
致志地读书了。家中只有两三间破屋，嘈杂拥挤，洪灵菲为了减少干扰，
常常悄悄地爬到屋顶上去看书。

1918 年，洪灵菲小学毕业，考进省立第四中学（后改金山中学）。该
校是潮汕地区最有影响力的学校。洪灵菲就读期间，一方面受到五四运动
革命思潮的影响，另一方面深受进步教师的熏陶，性格开朗多了，关心同
学，待人诚恳，乐于助人。1921 年，留日学生李春涛出任金山中学教务长，
不久又代理校长。李春涛朝气蓬勃，大力改进学校教育，鼓励学生参与社
会斗争，与不合理的现象、与为非作歹的封建土劣作斗争。洪灵菲很受鼓
舞，十分敬佩这位敢于反对封建势力的进步教师，师生感情甚笃。

1922 年，洪灵菲中学毕业，考进国立广东高等师范学校，在英语部读
书。国立广东高等师范学校先改为国立广东大学，后又改为中山大学，拥
有许多优秀的教师。1925 年初到校执教的郁达夫给洪灵菲印象最深。洪灵
菲从小就爱文学，诵读了许多古典诗词，最喜欢李白、杜甫、白居易、李
清照、苏曼殊的作品；上大学后，接触了外国文学，又非常崇拜雪莱、拜

伦等著名的外国诗人。郁达夫在当时是很有名气的作家，这位热情奔放的创造社的主将来校任教，使洪灵菲欢喜异常。他勤奋好学，成为郁达夫先生最喜欢的一个高才生。

但是，洪灵菲个人的生活道路却十分曲折。他在中学时期本来有一位十分要好的女同学，两人感情很深。他在高师读二年级时，家里却忽然给他另定婚约，父亲不征求他本人的意见，硬要他俯首听命。洪灵菲苦恼极了，要他与相爱多年的女友分手，与一个素不相识的农村姑娘结婚，且这个对象又是不识字的，这怎么办呢？洪灵菲不答应，进行了抗争，可是严厉的父亲却根本不予考虑，洪灵菲最后还是被迫成亲。结婚后，洪灵菲更不想回家了，父子之间的感情进一步恶化，他内心的痛苦无法解脱，只好借酒消愁，有时一连昏睡两三天，甚至想寻短见，结束自己不幸的命运。

正当洪灵菲坠进痛苦的深渊而难以自拔的时候，一位共产党人伸出了热情的手，搭救了他，并将他引上革命的道路。

二

这位共产党员就是许甦魂，1924 年就入了党的革命者。他和洪灵菲是潮安同乡，洪灵菲在广州读书时，他已经是饱经沧桑的革命者了。第一次国共合作后，他担任了国民党中央候补执委兼海外部秘书（当时的秘书，相当于现在的秘书长，权力很大，有时可代行部长职责）。许甦魂十分关心青年，特别喜欢聪明能干、才气横溢的洪灵菲。当他知道洪灵菲的不幸后，便热情地鼓励洪灵菲"一定要坚强起来，另找志同道合的伴侣，不能那么软弱下去，以自杀了事；必须反抗到底，推翻整个吃人的旧社会、旧制度"，引导洪灵菲放开眼界，把自己融入解放人类的伟大事业中去。

洪灵菲振作起来了，他把整个身心都投入革命斗争中去，忘记了自己的不幸，废寝忘食，为革命事业奔走呼号。他协助许甦魂，认真开展潮州旅穗学生革命同志会的工作，发动和组织青年学生参加革命活动。1925 年6 月 23 日，广州发生了帝国主义者屠杀工人和学生的"沙基惨案"。洪灵菲义愤填膺，到处宣传，在群众集会上讲话，猛烈抨击帝国主义暴行，发动群众进行反帝斗争。

洪灵菲1926年6月在广东大学毕业；7月，由许甦魂推荐到国民党中央执行委员会海外部工作，直接由许甦魂领导；同年，由许甦魂介绍加入中国共产党。他先后担任过组织科、编辑部、交际科干事，还担任了国民党海外部《海外周刊》的编辑。《海外周刊》是1926年3月出版的，以团结华侨、宣传反帝反封建为宗旨。洪灵菲任编辑后，坚持《海外周刊》反帝反封建的革命方向，对国民党右派的日益反动进行批判和斗争，它在教育华侨认清当时形势、动员华侨支援国内的革命斗争方面发挥了重大的作用。

1926年6月，由许甦魂介绍，洪灵菲认识了一位来自潮汕的姑娘秦静。秦静是位进步青年，东征军到达潮汕后，她参加过邓颖超组织的妇女解放协会，受过革命思想的启蒙教育。不久，她到广州来求学，许甦魂要洪灵菲多帮助秦静，引导她走上革命的道路。9月，秦静考入何香凝主办的妇女运动讲习所。正是在洪灵菲和同志们的帮助下，秦静的觉悟迅速提高，加入了中国共产党。洪灵菲爱上了这位志同道合的姑娘，共同的理想、深入的了解，成了他们爱情的基础。1927年3月2日，他们结婚了。在新婚合影的照片上，洪灵菲兴奋地题了一首诗：

> 在革命的战线上，
> 我们都是头一列的好战士！
> 在生命的途程中，
> 我们都是不断的创造者！
> 让我们永远都团结着吧！
> 永远地前进着吧！
> 牺牲着我们的生命，
> 去为人类寻求着永远的光明！

　　洪灵菲在革命斗争中不仅获得了新的生命，同时也得到了真正的爱情和幸福。

　　1927 年 4 月 15 日，广州的反动派继蒋介石在上海制造"四一二"反革命政变后，也公开叛变革命。他们疯狂镇压工农运动，逮捕、监禁、杀害共产党人和进步人士。积极进行革命活动的洪灵菲，便成为反动派缉拿的对象。那天清早，反动派闯进中山大学，到洪灵菲所住的宿舍抓人，差点把睡在他床上的许声闻（许涤新）当作洪灵菲抓走。

　　那时，广州的白色恐怖非常严重。洪灵菲事前由于组织的通知而转移到了一个尼姑庵去隐蔽。"四一五"事变时，他正生病发烧，没有到海外部工作。国民党反动派未抓到洪灵菲，并不罢休，他们在《中央日报》和广州的《民国日报》上都刊登了逮捕洪灵菲的通缉令。

　　形势险恶，尼姑庵无法藏身了。洪灵菲夫妇在好心肠的尼姑帮助下，一度转移到白云村一尼姑庵佃户农家去避难，在那里住了几天。后来在组织的关怀下，又和当时刚从星洲归国的代表团负责人蔡博真，以及海外部的陈沧海、张晓天等一起到香港避难，住在潮汕同乡、许甦魂的好友吴老板的家里。

　　香港政府发现吴老板家一时增加了好些人，便以查户口为名，将洪灵菲、蔡博真、张晓天三人逮捕了，囚禁在香港西捕房，后来因查无证据，便将洪灵菲等押送上轮船，驱逐出境，遣返潮汕。

　　洪灵菲上船后，担心香港政府与国民党已经有了联系，因此马上采取对策，乔装成商人。到汕头后，洪灵菲目睹这里也是一片白色恐怖，并看到了那份刊登了通缉令的广州《民国日报》。由于处境十分危险，他又不得不化装成一个出洋谋生的贫苦农民，剃了光头，赤着双脚，穿上褴褛的衣服，背着市篮，一个人到南洋去。

　　他先后到了新加坡、暹罗等地。但是，国民党反动派的魔爪也伸到了南洋，到处追踪、逮捕共产党人。洪灵菲的亲戚朋友都怕受连累，不敢接待他，南洋同样没有立足之地。洪灵菲只得忍饥挨饿，过着到处流浪的生活，白天弄点红薯汤充饥，晚上栖身于墙角。海外流浪了几十天，他不仅生活无着，还遭到殖民主义者及其走狗们的歧视和侮辱，备尝辛酸苦楚。

使洪灵菲更难受的，是他那热情炽烈的革命之心受到痛苦的折磨。战友们怎么样？自己的岗位在哪里？在流浪中的洪灵菲到处留心探听这方面的音信。当他听到了"八一"南昌起义的消息后，欣喜欲狂，受到了极大的鼓舞。他认为，自己应该像南昌起义的同志们那样，再接再厉地前进，不顾一切地继续前进。他说："我应该为饥寒交迫、辗转垂毙的无产阶级作一员猛将，在枪林弹雨中，在腥风血泊里向敌人猛烈地进攻！把敌人不容情地扑灭！"他决定回祖国去，到南昌起义的部队中去。

洪灵菲在《流亡》中对自己的流亡生活做了总结，以严以解剖自己的精神对自己进行了批判："流亡数月的生活，可说非常之苦！一方面因为我到底是一个多疑善变的知识分子，是一个对革命没有十分坚决的小资产阶级人物，故精神，时有一种破裂的痛苦。一方面是因为家庭既根本不能了解我，社会给我的同情，唯有监禁、通缉、驱逐、唾骂、倾陷，故经济当然也感到异常的穷窘。我几乎因此陷入悲观、消极、颓唐，走到自杀那一条路去！但，却尚幸迷途未远，现在已决计再到 W 地去干一番！"他表示："我们必须踏着已牺牲的同志们的血迹去扫除一切反动势力！为中国谋解放！为人类求光明！"

1927 年 8、9 月间，洪灵菲和原在海外部共事、后来也流亡到南洋的戴平万到了上海，拟绕道武汉再转江西，赶上南昌起义部队。这时却传来南昌起义部队已南下广东，进入潮汕地区的消息，因此，他们又从上海奔赴汕头。当他们抵达汕头时，贺龙、叶挺指挥的南昌起义军刚刚撤出潮汕，国民党反动派的军队正向汕头开来。洪灵菲他俩不得不又离开汕头，回到家乡隐匿。

国民党反动派一次又一次的疯狂屠杀，并没有吓倒洪灵菲，而是激起了他强烈的愤怒、更深刻的仇恨。10 月初，他和戴平万又到上海，他们找到党组织，恢复了组织关系后，立即开始了新的斗争。

三

上海，当时是帝国主义者和国民党反动派控制下的中心城市，反动势力十分猖獗。以蒋介石为头子的国民党反动派在南京建立了反革命政权后，为了维持其反动统治，对共产党领导的武装斗争进行疯狂的镇压，发动了一次又一次的军事"围剿"；与此同时，在文化领域里也进行了文化"围剿"，压制革命文化运动，扼杀言论出版自由，禁止进步宣传，逮捕、杀害革命文化工作者。在文化战线上，共产党面临的形势同样是严峻的。因此，共产党必须团结进步的文化人，粉碎反革命的文化"围剿"发展革命文化。为了完成党的这一任务，洪灵菲作出了极大的努力。

洪灵菲担任了中共上海闸北区委第三街道的党小组长，代号是"贾珊小姐"。这个党组织里大多是文化人，洪灵菲和同志们的团结搞得很好。他和戴平万、林伯修（杜国庠）等组织了革命文学团体"我们社"，出版了《我们》月刊，还通过大学时的老师郁达夫结识了蒋光慈、钱杏邨、孟超等"太阳社"的成员。这些"太阳社"的成员都是共产党员，他们一见如故，亲密无间，很快就成了无所不谈的知心朋友。这两个团体"虽然对外是各自独立着，其实在同一目标下，不但步调一致，慢慢地两个组织也由二化一了"。在一个寒风峭厉、霜雪逼人的夜晚，在严酷的上海白色恐怖的政治环境中，洪灵菲向孟超"高声朗诵李白的诗，拜伦、雪莱的诗，用长歌狂啸抒发尽了久压的淤积"，并诉说了自己的身世和坎坷的经历，深有感慨地说："'有出息''上进'，全是空话，现在我早已明白了这些社会制度制造的罪恶，只有用革命来解决。"他就是这样，坚信革命才能改变旧世界。他还经常对同志们说："革命运动虽然受到暂时的挫折，但我们有一支笔，就会使它从另一方面蓬勃起来的！"

在革命低潮时期，洪灵菲以高昂的革命热情工作着，他用笔战斗，不辞辛劳，在文学战线上为党的事业作出了重要的贡献。他和秦静住在只有五六平方米的亭子间里，他们的家具只有秦静带来的一张行军床和一个破藤箱，洪灵菲把箱盖放在行军床上，把箱子反过来放在地板上，便算是椅子了。就在这样艰苦的环境里，他不停地写作。

1928 年春，他以自己在大革命失败后的逃亡经历写成的自传体长篇小说《流亡》出版。这部小说忠实地反映出在革命低潮时期进步青年由苦闷、彷徨、悲观转到反抗和斗争的过程，它以极大的愤怒，对黑暗的旧社会作了深刻的批判，对反革命派压迫和屠杀革命群众的暴行进行了无情的揭露；同时，小说还以鲜明的态度指出：只有继续革命，才是真正的生路。虽然小说在艺术性方面还显得不那么成熟，但它那深刻的主题，抓住了青年读者的心，引起了强烈的共鸣，鼓舞和教育了广大青年。《流亡》问世后，在国内各城市和南洋发行，十分畅销。

书店的老板纷纷向洪灵菲约稿。洪灵菲看到自己作品的社会效果后也很受鼓舞，写得更努力了。他从凌晨四时就开始写作，不到吃早饭的时间就能写出四五千字来。辛勤的劳作，结出了丰硕的果实。从 1927 年冬到上海时起至 1930 年春这段时间内，他就创作了近两百万字的作品，除《流亡》外，他还写了《前线》、《转变》、《明朝》、《归家》、《气力出卖者》、《家信》、《大海》、《在淞沪车厢里》、《两部失恋的故事》、《长征》（未发表）等。他还为《我们》《太阳》《海燕》《拓荒者》《海风周报》《大众文艺》《文艺讲座》等刊物写下许多短篇文艺论文，翻译过高尔基的《我的童年》、陀思妥耶夫斯基的《赌徒》等作品。

洪灵菲还以饱满的激情写下不少诗歌。这些诗歌都是他革命感情的直接流泻，如《朝霞》《躺在黄浦滩头》《在货车上》等，都是令人非常感动的诗篇。《在货车上》这首诗，寄托了洪灵菲对自己战友——女共产党员谭澹如烈士深切的怀念，表达了他对国民党反动派的强烈仇恨。诗歌记述了谭澹如烈士被害的惨况：国民党反动派捕获谭澹如后，残酷地将她杀死了。残暴无耻的敌人，竟然割去她的乳房，把木标插进她的身体，再用棉絮裹着她的尸体，浇上煤油，当作"天灯"来燃烧。然后，将她的残骸用货车运到郊外去掩埋。诗歌揭露了敌人的暴行，激起了富有正义感的人们的愤怒和反抗。洪灵菲就是这样，用诗歌作为激励人民、控诉敌人的有力武器。

洪灵菲各种体裁的文学作品都起到了动员群众、教育群众、揭露敌人、打击敌人的作用。因为他的作品，无论是诗歌、小说，还是文艺评论，都爱憎分明，感情强烈，这种革命感情深深地打动了读者，教育了读者。一位 20 世纪 30 年代初投身革命的老干部曾经说："我是看了洪灵菲的小说之后才走上革命道路的。"而敌人则是非常害怕和仇视洪灵菲的作品，常常禁止它的出版或扣压已经出版的著作。

除了写作之外，洪灵菲还在由共产党领导的中华艺术大学中文系任教。这是一所对青年进行宣传教育的进步学校，他教授《文学概论》《小说作法》等课程。洪灵菲是一个做任何事情都一丝不苟的人，他把教学当作革命事业的一部分，认认真真地去做好这项工作。

洪灵菲在中国现代文学史上另一个突出的贡献，是他为发展和壮大左翼文化运动而作出的努力。

《中国现代文学史》在追述左翼文化运动时指出："大革命失败后，剧烈的阶级斗争和新的革命形势对文学艺术提出了新的要求。这时一部分参加过国内革命战争，重新回到文学岗位上的作家如郭沫若、成仿吾等，自日本回国参加文学活动的青年作家如冯乃超、李初梨、彭康、朱镜我等，以及原先从事实际政治工作的革命知识分子如洪灵菲、李一氓、阳翰笙等，相继集中到上海。他们对于文学工作不能适应现实的发展和斗争的需要，都有深切的感受。……于是，从 1928 年 1 月起，经过整顿的创造社，由蒋光慈、钱杏邨等组成的太阳社，在《创造月刊》《文化批判》《太阳月刊》等刊物上，正式开始了无产阶级革命文学运动的倡导。"洪灵菲是倡导无产阶级革命文学的积极分子，他的文艺理论主张是这样，他的创作实践更是这样。洪灵菲也和当时许多革命文学的倡导者们一样，还未能很好地掌握马克思主义的文艺理论，具有片面性、绝对化等毛病，如强调"文学是宣传"的作用，忽视文学的艺术性，以及文艺的特征。但是，总的来说，他们的努力使"无产阶级革命文学运动"蓬勃发展，"它适应无产阶级单独领导中国革命的新形势，在文学界第一次响亮地提出了这个口号，建树了不可磨灭的历史功绩。在大革命失败而新的革命高潮尚未到来的历史转折阶段，正当知识界和文学界不少人对革命前途产生悲观失望情绪的时候，无产阶级革命文学的倡导，犹如在白色包围的环境中树起一杆鲜艳的红旗，振奋了人心，鼓舞了斗志，指出了前进的方向"。这是公正的历史评价。

洪灵菲他们在党的领导下积极地工作，但是由于当时党内"左"倾机会主义的错误领导，给他们的革命活动以很大的影响，如要求举行飞行集会、散传单、写标语之类的行动。有的"左"倾思想严重的同志还会一度机械地规定每人每天散发多少张传单、书写多少条标语的定额。许峨在一篇文章中说："洪灵菲对这种主观主义的斗争方式是有保留意见的，有次，在绍兴会馆开会，突然大门被包围，有人高喊：'冲出去啊！'灵菲拉了我的手，带我上阳台，我们翻越一段拐道，走进一家药店的后门，然后在药店里买了药，堂而皇之地从药店的正门出来。原来这条出路是灵菲平时观察到的，药店店员也熟悉。我们在绍兴会馆正门对面马路，看到部分从会馆正门冲出来的同志，一个个被塞进一辆红色警车。警车呼啸而去，车里传出'打倒帝国主义'的口号声。我们激动、愤怒、难过、担心，同时对鲁莽的行动也产生了怀疑。但他对共产主义的信仰是坚定不移的。"

创造社、太阳社革命文学的倡导者由于有"左"倾思想，曾与鲁迅等进步作家展开激烈的争论，在争论过程中表现出文艺团体间的宗派情绪和门户之见，从而影响了对共同敌人的战斗。而国民党反动派开展疯狂的文化"围剿"，形形色色的反动文人攻击革命文学，敌人对进步文化人的迫害日益加紧，对敌斗争的严酷形势紧迫地要求左翼作家团结起来。党对参与内部论争的双方都做了许多工作，到1929年上半年，论争基本结束。1929年秋，党指示在创造社、太阳社中的共产党员要促进革命作家的团结，积极和鲁迅及在鲁迅影响下的作家们联合起来，成立革命作家的统一组织。洪灵菲非常拥护党这一正确指示，身体力行，积极和进步作家们联络。1930年2月16日，洪灵菲出席了对现代文学史发展有重要影响的十二人集会，酝酿筹备成立中国左翼作家联盟。在这十二人中，有鲁迅，还有冯雪峰、郑伯奇、蒋光慈、冯乃超、彭康、沈端先、钱杏邨、柔石、阳翰笙等，他们中多数是革命文艺团体的领导人。在会上，洪灵菲和出席会议的同志们一样，大家以诚相见，各自检查了原先的小集团主义，决心加强团结，把矛头对准真正的敌人，一起筹备成立"左联"。这次会议后，工作进展顺利。1930年3月2日，中国左翼作家联盟在上海正式成立，"这是我国现代文学史上的一件大事，标志了革命文学跨入了一个新的发展阶段，也标志了中国无产阶级及其先锋队——中国共产党对于革命文艺事业领导的加强"。鲁迅在成立大会上作了重要讲话。在选举"左联"的领导机构时，洪灵菲和鲁迅、沈端先（夏衍）、冯乃超、钱杏邨、田汉、郑伯奇七人当选为常务委员。

"左联"成立后，带领进步作家与国民党反动派进行了英勇的斗争。1931年"九一八"事变和1932年的"一·二八"事变后，面对日本帝国主义的侵略和蒋介石的不抵抗主义，洪灵菲和左翼文化工作者一起大力开展抗日反蒋宣传，发表了《上海文化界告世界书》《中国著作者为日军进攻上海屠杀民众宣言》。宣言指出："在日本帝国主义者疯狂屠杀之日，……无耻的中国当局依然始终贯彻其亡国灭种的无抵抗政策，始而承认日本的无理条件，继而坐视十九路军士兵的孤军抗战。"它号召全国被压迫的民众要自己救自己，以所有的力与血与日本帝国主义抗争，反对一切对日妥协及无抵抗政策。宣言表现了强烈的爱国主义精神。

在"中国左翼文化总同盟"成立后，洪灵菲又参与了其主要工作。

面对左翼文化运动的迅速发展，国民党对左翼文化工作者的迫害也越来越残酷。《我们》月刊被禁，洪灵菲和杜国庠、戴平万创办的晓山书店被封，国民党反动派又一次在报上刊登通缉令，指名要逮捕洪灵菲。在这种情况下，党组织决定将洪灵菲暂时调离文化战线，转入地下，从事秘密的斗争。

洪灵菲先在江苏省委宣传部工作，不久又被调到中央机关，参加纪念广州暴动筹备会的工作，结束这工作后，又回到江苏省委组织部。"一·二八"事变后，地下党领导在上海组织了"中国反帝大同盟"，又把洪灵菲调到该组织担任党的领导工作。洪灵菲为了扩大"中国反帝大同盟"的组织基础，把它由原来的知识分子团体扩大到工人群众中去，办起了不少工人夜校，还亲自到工人夜校去讲课，教育工人，组织群众，使抗日阵营不断扩大。他置自己的安危于度外，有一次差点被敌人逮捕，他躲避时跌伤了，膝盖上皮破血流，但是，他若无其事，仍然出生入死地开展革命工作。

四

1933 年 2 月，党组织又将洪灵菲调回北平，在中共中央驻北平全权代表秘书处任处长（即秘书长）。由于斗争的需要，他又以作家的身份出现，并着手撰写长篇小说《童年》。

实际上，洪灵菲的主要精力仍然是从事党的地下工作。他的住家东城干面胡同五号内院，就是中共中央驻北平全权代表秘书处机关，一切文件都存放在这个地方，华北六省向中央的汇报都往这里送。驻北平的全权代表是田夫（孔原），洪灵菲同党内的同志只有单线联系，除田夫外，没有与别的人来往。就在这里，洪灵菲协助田夫领导中共华北六省的工作。秦静则在家中照管孩子和帮助洪灵菲抄写文件与汇报。

1933 年 7 月，中共河北省临时省委遭到大破坏。7 月 26 日，由于叛徒阮锦云的出卖，洪灵菲在宣武门外李大钊烈士侄女的家中被逮捕。国民党反动派将洪灵菲秘密囚禁在皇城根大公王府内，那里是国民党宪兵第三团驻地。特务和叛徒对洪灵菲用尽了威迫和利诱的手段，企图从他身上找到共产党在北平的组织线索，但毫无所获。两个便衣侦探又将洪灵菲的妻子秦静和两个孩子带到宪兵第三团。洪灵菲被拷打得满身血迹，走路都很艰难。他抱起孩子，对妻子说："我被叛徒阮锦云出卖了，现在只有准备一死，死前别无他言，希望你不要难过，带好孩子，我就满意了。"接着他又深情地说："我是对得起党的……"洪灵菲坚贞不屈，光明磊落，决心为党的事业而牺牲。

洪灵菲被捕的消息传开后，宋庆龄和国际上的一些社会团体都曾先后发出电报，向国民党当局提出抗议，要求释放这位著名的作家。洪灵菲的岳父秦昌伟是潮州知识界知名人士，为了营救洪灵菲，他筹集了巨款，希望赎洪灵菲出狱。但是，国民党当局却答复说："此人死不悔悟，毫无回头之意，赎不得。"

1934 年夏天，国民党反动派在北京（北平）将洪灵菲杀害了，同时被害的还有中共河北省临时省委书记赵琛（罗森）同志。

洪灵菲，现代著名的左翼作家，忠诚的共产主义战士，就这样牺牲了。虽然他就义的详细情形无法得知，尸埋何地也无处可觅，但是他的遗著永在，他的革命业绩永存，正如他的战友们所说的：洪灵菲烈士永远活在人民心中。

戴平万

○
○
○
○
○
○
○
○

　　戴平万是我国无产阶级文学的著名作家。他既是中国左翼作家联盟（"左联"）的12名筹备委员会委员之一，又是上海地下党"文委"领导成员之一，也是最后一任"左联"党团书记。他一直参与"左联"的组织领导工作，为推动左翼文化运动的发展壮大作出了重要贡献。日寇占领上海时，他在上海办报刊，宣传抗日思想，为推动"孤岛"的文化工作竭尽全力，成为党的新闻事业的先驱者。

　　戴平万是中国共产党早期的优秀革命家。他参加过广州的"五卅"反帝爱国运动省港工人大罢工，在第一次国共合作时进入国民党中央执行委员会海外部工作，参加过海陆丰农民运动。1931年"九一八"事变后，戴平万被党派往东北从事抗日救亡活动，任中共满洲省委宣传部部长，与时任中共满洲省委书记兼组织部部长罗登贤、省委女工部部长赵一曼共同领导东北地区的工人运动和反日罢工，并共同创建东北抗日联军。他是中国工人运动的领导者和先驱者之一，为东北抗日武装的创建和发展作出了重要贡献。

深厚的家学渊源

巍巍凤凰山，钟灵毓秀；绵绵韩江水，源远流长。潮州城北溯韩江而上20公里外，有一个山间小镇，今名归湖，北以凤凰山为屏障，东依韩江带水，南望潮汕平原。古时潮州的郡地曾议设在此地。依山傍水的地理位置，构成了山间与平原交接的商贸圩集——这里古时称龟湖葫芦市。

在这圩集东面的溪口村，有一户姓戴的人家，世代为书香门第。1903年12月18日（农历癸卯年十月三十日），著名的"左联"作家戴平万出生在这个家庭。戴平万，原名戴均，笔名戴万叶、岳昭、庄错、君博。在老家乡亲们叫他小名再岳。曾祖父介圃是清朝举人。祖父戴清源（又名漉巾、洁秋、筱泉），在广东潮汕一带颇有文名，著有《归来堂诗稿》。

父亲戴仙俦，又名戴贞素，字祺孙，是清末秀才，工诗词，善书法，又喜爱新文艺，著有《听鹃楼诗草》，从事教育工作，与当时进步文学青年有密切的交往。母亲庄参汤，是戴仙俦的老师庄对廷的女儿，为人温婉贤淑，她在娘家没有上过学堂，结婚后在戴仙俦的帮助下自修读书识字；年轻时喜读弹词、曲本，也读过《西游记》《水浒传》《红楼梦》《今古奇观》等小说，尤其喜爱《红楼梦》，曾反复阅读，评人论事，也常以《红楼梦》中的人物故事作比喻。

1911年，再岳8岁，进归湖乡溪口村戴氏家族办的凤喈私塾读书。他的父亲受到了辛亥革命资产阶级民主主义思想的影响，给儿子和两个女儿分别命名为均（平均）、民（民主）、权（权利）。戴均成了他的学名，这名字启示了他及后为了平等、民主和权利而奋斗的一生。

3年后他离开农村，由母亲带着到潮州城里读书，就读于城南小学。城南小学为当时潮州的第一流学校，教师多是当地有名望的知识分子。戴仙俦曾在该校任国文教员，在潮汕颇有文名。

戴均家住潮州城岳伯亭总兵巷内的"双柑书屋"。"双柑书屋"又名"戴氏介圃试馆"，是戴清源为纪念戴介圃而置的，原是戴氏家族在城里的书斋之一，后分传给戴仙俦；到城里来读书以后，才改为住家。

1918年，15岁的戴均从城南小学毕业，同年8月与同学洪伦修（洪灵菲）一起考进广东省立潮州中学（金山中学前身）。洪灵菲家在潮安江东农村，他是"双柑书屋"的常客，有时寒假不回家，就住在"双柑书屋"。两人都爱好文学，所以经常在一起学习和讨论问题。他们志趣相投，很快就成为挚友。

戴均在广东省立潮州中学学习期间，阅览很广，也常写诗填词。他除了喜爱文学和写作外，对中乐也有浓厚的兴趣，每年暑假都到潮州城铁巷四香小学拜民间音乐家陈乙星为师，学习抓筝和瑶琴。这位音乐老师的为人和精湛的音乐艺术修养，都给戴均留下了深刻的印象。戴均后来写的短篇小说《三弦》，就是取材于铁巷陈乙星老师的教学生活。

1922年，戴均以优异成绩在广东省立潮州中学毕业。据当年《金中月刊》所刊登的"广东省立潮州中学校四年级生学年成绩表"记载：戴均是毕业班中七个优等生之一，各科成绩总平均83.46分，学业成绩和操行均列甲等。

秋天，戴均和洪伦修一起考取国立广东高等师范学校西语系，改名戴平万。1924年6月18日出版的《金中周刊》第五十六期"毕业生调查栏"载：戴均，字平万，潮安人，在本校第十三届毕业，现在国立广东高等师范学校学习。

戴平万进国立广东高等师范学校以后，广泛阅读了中外许多著名的文学作品，醉心于文学研究，尤其喜爱读苏曼殊和雪莱的诗。1923年8月，许美勋在汕头《大岭东报》发表一篇文章，建议潮汕成立文学团体，得到当地许多文学青年的赞同，戴平万、洪灵菲也从国立广东高等师范学校寄信表示支持。"火焰社"成立后，在《大岭东报》上办了一个《火焰周刊》，戴平万的父亲戴仙俦为刊头题字，每周出版一次，共印行100多期，同国内各地新文学刊物交流。戴平万、洪灵菲经常将新诗和散文寄给《火焰周刊》发表。

投身革命洪流

戴平万在潮州中学学习的后期，正值五四运动的浪潮席卷全国。在五四精神的感召下，戴平万如饥似渴地阅读进步书刊，参加爱国宣传活动，接受新思想的洗礼，为他后来走上革命道路奠定了思想基础。

进入大学后，他醉心于文学研究，研读了许多中外文学名著，也注意阅读反映现实生活的新作品。郁达夫的处女作《沉沦》，曾经深深地触动了他的思想。《沉沦》中所表现的小资产阶级知识分子要求变革现实的愿望和苦闷彷徨的情绪，那种有所追求而又找不到出路的悲哀，在他心里引起了强烈的共鸣。经过了五四运动，他对旧中国的黑暗现实已经逐步有所认识，但是又未找到自己的出路，他的精神世界也和《沉沦》的主人公那样，反帝反封建的愿望和感伤苦闷的情绪交织在一起，他渴望着冲出旧中国的精神牢笼。

1924 年 1 月，在中国共产党帮助下，国民党第一次全国代表大会在广州召开，孙中山决定改组国民党，确立"联俄、联共、扶助农工"三大政策，广东成了"革命的策源地"。国共合作革命统一战线的建立，促进了革命高潮的到来，工农革命运动进一步高涨。21 岁的戴平万积极投身于革命学生运动，先参加国民党左派组织，随即又加入中国共产党。这段时间，戴平万和洪灵菲与潮安同乡，中共党员，国共合作后任国民党中央候补执委、海外部秘书兼中央海外总支部负责人的许甦魂不断接触，在许甦魂的启发和引导下，开始参加革命学生运动，并且在高师内部组织"国立广东高等师范学校潮州同学会"，出版同学会年刊宣传民主思想。1925 年 6 月 23 日，广州工人、学生、市民、军人 10 万人举行援助"五卅"运动的示威游行，当游行队伍路过沙面租界对岸的沙基时，遭到帝国主义的武装镇压。戴平万参加了这次游行，目睹帝国主义制造的沙基大惨案，深切感到中国人民要解放，就必须把反帝反封建的斗争进行到底。

1926 年，戴平万、洪灵菲经许甦魂介绍参加国民党中央执行委员会海外部工作。这段时间，他们还一起发起和组织了"潮州旅穗学生革命同志会"，并负责同志会的工作。

1925 年农历十月初十，戴平万从广州绕道上海回潮州和曾先后就读于潮州金山中学、厦门集美中学的张惠君结婚。婚后，张惠君主要从事教育工作，戴平万回到广州。1930 年，张惠君在上海产下一女孩，取名戴珊枝。1932 年又在上海产下一男孩，取名戴抗。

革命和流亡的经历，成为丰富的创作素材

1926 年 8 月，戴平万在国立广东高等师范学校毕业。毕业后由海外部派到暹罗（泰国）陶公工作。农历十月，他回潮州筹措出国旅费，在家里住了两天。当时正值革命高潮，潮州城里府巷内青年书店的老板听说戴平万回来，就请他到街上演说，讲当时的国内外形势，他在演说中热情宣传马克思主义。这样，潮州城里的很多人都知道了戴平万信仰共产党。因而在及后政局变化，蒋介石实行清党，国共合作破裂，白色恐怖严重时，戴平万就再也不能公开地回到家中。

1927 年，戴平万由海外部派驻中国国民党暹罗总支部工作。4 月 12 日，蒋介石集团公开叛变革命，在上海发动反革命政变，大肆屠杀中国共产党人和革命工农群众。4 月 15 日，反动派又在广州发动了反革命政变，屠杀中国共产党人和工人先进分子 2 100 余人。接着，反动派也在海外搜捕和屠杀革命人士。戴平万是中共党员，是以个人名义参加国民党的跨党党员，"四一二"反革命政变后，就被特务盯梢、跟踪。有一次他为摆脱特务的跟踪，避进曼谷的培英学校。这是一所华侨学校，校长苏领寰是戴仙俦的学生，认识戴平万。当特务来搜查的时候，苏校长掩护戴平万从学校后门逃出，使他免遭敌人的毒手。脱险后，戴平万过着流亡的生活。

此时，恰好由于"四一二"反革命政变而被迫逃亡到新加坡等地的洪灵菲，也因白色恐怖严重，处境困难，由新加坡转到暹罗，与同样过着流亡生活的戴平万相遇，他们便相约一起乘船经新加坡回上海。回到上海后，

他们住在一起，一面参加党组织的地下活动，坚持革命斗争；一面从事文学创作活动，以卖文维持生活。戴平万的短篇小说《在旅馆中》《流氓馆》，就是取材于这次的旅途生活。8 月 1 日，周恩来、贺龙、叶挺、朱德等同志领导了南昌起义，打响了反抗国民党反动派的第一枪。9 月入闽后进而攻占广东的潮州和汕头。戴平万和洪灵菲听到起义军进入潮汕的消息，十分兴奋，当即由上海乘轮船回潮州。船在途中，传来起义军已撤离潮汕的消息，但人已在船上，只好随船到汕头港。登岸以后，他们不敢直接回潮州城，而是先到洪灵菲父亲熟悉的一间药材店里暂避，然后绕道到潮安县江东乡红砂村的洪灵菲家中。几天以后，确认没有被人跟踪，才由洪灵菲的母亲托人到城里通知戴平万的家人。戴平万的母亲接到通知，便扮成朝山进香的老妇人绕道到红砂村洪灵菲的家里，和戴平万相见。因怕引起乡人的注意，她只住了一晚，第二天一大清早便回城去了。戴平万、洪灵菲在乡下匿居了一个月左右，潮汕一带政治动荡局面变得较为平静。他俩对家人假称要到上海工作，便扮作农民，戴着竹笠，背着市篮离家，其实又从汕头乘船辗转到了海陆丰农民运动根据地，继续踏上革命的征途。

戴平万和洪灵菲在海陆丰参加了一个阶段的农民运动，后因农民起义失败，他们只得离开海陆丰经香港来到上海。戴平万在海陆丰革命根据地的时间虽然不长，但是火热的斗争生活却给他提供了丰富的创作题材。例如发表在《海风周报》上的短篇小说《山中》，写的就是农民们在官兵"清乡"时避难山中的情景，通过避难农民在山中的对话，揭露了地主、乡绅勾结官府镇压农民运动的罪恶，歌颂了农民赤卫队敢于斗争的精神，也表现了老一辈农民正在从保守、麻木、安于现状中觉醒。发表在《新流月报》上的短篇小说《母亲》，描写的是一位心地善良的农村妇女的儿子在白色恐怖下被无辜枪杀了，为了慰藉自己寂寞的心灵，她收养了一个品行不端的流浪儿童阿幸，像亲生儿子一样爱护他。但是不久，阿幸也被反动军队打死，这一切使这位善良的母亲的心彻底破碎，真实地再现了在白色恐怖下劳动人民的苦难生活。在《新流月报》上发表的另一短篇小说《春泉》，以一位年迈的农妇为主人公，描写了白色恐怖猖獗时期农民的生活，讲述了她寻找被官府捉去的儿子的故事。作品一方面揭露反动派对老百姓的残酷迫害；另一方面暗示只有坚持斗争，砸烂旧世界，才能解放千千万万的贫苦农民。这些作品都直接或间接地反映了海陆丰一带农民的生活和斗争，许多人物的对话也是从当地农民的口语提炼出来的，具有浓郁的生活气息和鲜明的地方色彩。

"太阳社""我们社" 的主要成员

上海社科院编写的《上海出版志》记载，"我们，1928 年 5 月 20 日创刊于上海。月刊。32 开本。编辑者我们社。主编洪灵菲，发行者晓山书店。同年 8 月 30 日出版第 3 号后停刊。共出版 3 期。我们社由太阳社主要成员洪灵菲、林伯修（杜国庠）、戴平万等组成。"这一记载表明了戴平万既是"太阳社"的主要成员，又是"我们社"的创始人之一。

1927 年冬，戴平万和洪灵菲来到上海。因为工作的关系，他们认识了潮安老乡杨邨人和蒋光慈、钱杏邨、孟超等人。1928 年 1 月，蒋光慈、钱杏邨、杨邨人、孟超等发起，在上海成立"太阳社"，出版《太阳月刊》，创办春野书店，提倡无产阶级革命文学运动。这时，杜国庠也从香港逃难到了上海，他们一起参加"太阳社"，都是"太阳社"的主要成员。同年 5 月，洪灵菲、杜国庠、戴平万等成立"我们社"，创办晓山书店，出版《我们》。1928 年 1 月至 7 月，戴平万先后在《太阳月刊》和《我们》上发表了 6 部短篇小说和两篇译作。在《太阳月刊》上发表的有《小丰》《恐怖》《小叫卖》，在《我们》上发表的有《激怒》《树胶园》《献给伟大的革命》和译作《如飞的奥式》《美国人》。这些作品除《树胶园》是描写华侨工人在南洋橡胶园的苦难生活和不幸遭遇外，其余的都是描写革命斗争生活的。《小丰》取材于 1925 年 6 月 23 日发生在广州的"沙基惨案"，描写一个铁路工人的儿子、工人夜校的学生小丰，为了抗议帝国主义的罪行，参加广州纪念"五卅"惨案死难烈士的群众大会和示威游行。作品通过小丰的所见所闻，表现了人民群众同仇敌忾反对帝国主义的精神，揭露了帝国主义开枪屠杀示威群众的滔天罪行，寄托着作者对未来的理想和愿望。作品发表时，《太阳月刊》五月号的《编后记》曾经着重地介绍说："平万的《小丰》是一篇很有力量很有成就的作品，内容充实，结构严密。"《激怒》描写的是放牛娃文生被地主李大宝无理殴打，从而激起了村里农民的义愤，群起反抗地主压迫的故事。《我们》第一期的《编后》介绍这篇作品时说"万叶的《激怒》有了新的描写方法和深入的解剖"，它把"农村的土豪的横暴和农民的不屈的精神很经济地表现出来"。戴平万满腔热情地把人民的觉醒与反抗压迫的革命斗争通过他的作品表现出来。如《献给伟大的革命》描写在白色恐怖弥漫的情况下，女孩侠姑毅然走上斗争的前线，表现了她坚定的意志和革命的勇气；《恐怖》写农民赤卫队坚持武装斗争，逮住了镇压农民运动的反动县长，给予他们严厉制裁的故事，从一个侧面反映了农民运动虽然被镇压下去，但农民的武装斗争却并没有停止。在文学创作的同时，戴平万还翻译外国进步文学作品。如《如飞的奥式》和《美国人》，都是苏联早期的作品。前者揭露了白匪的残酷，歌颂革命人民的伟大灵魂；后者讲述布尔什维克的军队如何对待和教育俘虏，使他们接受革命思想的影响。这一年，戴平万的第一部短篇小说集《出路》出版，共收《出路》《三弦》《在旅馆中》《上海之秋》《流氓馆》等5个短篇。这些作品题材各异，但矛头都指向旧世界的黑暗现实。

　　1929年4月，"太阳社"出版《新流月报》。戴平万是撰稿人之一，先后在《新流月报》《拓荒者》这两个刊物上发表了4部短篇小说《山中》《都市之夜》《母亲》《春泉》和一篇论文《约翰·李特的生平及其著作》。这些作品多数写的是农村题材，只有《都市之夜》是反映城市生活的，它通过描写一个被遗弃的女人的变态心理和行动，揭露了旧社会都市生活的腐朽和黑暗。论文《约翰·李特的生平及其著作》主要介绍和评价美国革命作家约翰·李特为无产阶级的自由和自立而战斗的一生。这一年，戴平万的中篇小说《前夜》和短篇小说集《都市之夜》出版，后者共收入《都市之夜》《烟丝》《疑惑》《小丰》《山中》《激怒》《树胶园》《流浪人》《朱校长》等9篇作品。1929年2月出版的《拓荒者》第二期上，发表了钱杏邨的《关于〈都市之夜〉及其他》一文，对戴平万这一时期的创作作了全面的介绍和评价。文中指出：戴平万的短篇"是比较有成就的，像他这样的作家，在最近我们只有少数""若果根据社会的条件以及作家的本身的两方面来考察，我敢说戴平万的短篇，在目前，是比较能令我们满意的了"。可见，在"左联"成立之前，戴平万的作品在文坛上已经有了一定的影响。

"左联" 重要的发起者和领导人

1929 年 10 月中旬的一天，中共"文委"书记潘汉年主持召开了"左联"第一次筹备会议，商讨"左联"发起人名单与起草"左联"纲领事宜。在这次筹备会议上，最终确定"左联"筹委会成员为 12 人，分别是"创造社"郑伯奇、冯乃超、阳翰笙、彭康；"太阳社"钱杏邨、蒋光慈、洪灵菲、戴平万；其他方面鲁迅、冯雪峰、柔石、夏衍。这是一个平衡各方力量的名单。这 12 人亦即"左联"发起人，冯雪峰称作"基本构成员"。其中除鲁迅、郑伯奇外，都是中共党员。

据夏衍在《"左联"成立前后》一文中的回忆，戴平万是"左联"筹备小组的成员之一（见《文学评论》1980 年第 2 期）。在同一篇文章里，夏衍还谈到，1930 年 3 月 2 日，戴平万出席了在上海中华艺术大学召开的"左联"成立大会。此前，戴平万曾陪同潘汉年等同志视察"左联"成立大会会场。1935 年春，阳翰笙被捕，原"左联"党团书记周扬被任命为中共上海中央局文委书记，"左联"成立后，原由蒋光慈主编的《拓荒者》转为"左联"的机关刊物，戴平万是主要撰稿人之一。"左联"成立后不久，文艺界展开了关于文艺大众化问题的讨论。戴平万积极探索和实践"文艺大众化"问题。他在《拓荒者》上发表了三篇小说：《陆阿六》《村中的早晨》和《新生》。1930 年 5 月，戴平万的短篇小说集《陆阿六》由上海现代书局出版，为《拓荒丛书》之一。

这几篇作品都取材于大革命时期的农村生活，表现了被组织起来的农民自觉的斗争，充满着革命的激情和反抗的精神，在艺术上也比早期的作品更加成熟。其中《陆阿六》是"左联"时期影响较大的作品。它的主人公陆阿六是一个出身贫苦的青年农民，在大革命浪潮中，投身于农民运动，站在斗争的前列。大革命失败后，他没有被白色恐怖所吓倒，而是继续坚持斗争，参加了农民武装，逐步成长为一个有明确意识的勇敢的革命战士。作品通过这一新兴农民形象的塑造，表现了普通农民的觉醒和对革命坚强的信心。当时的评论界认为这篇作品反映了"农民运动的另一时代，即农民因觉醒而组织起来了"，"作品已经脱离了抽象的革命描写，而以素朴的农家生活构成了土地革命的形象，这样我才可以从艺术中理解革命，更可理解革命之必然"（冯乃超语）。

《村中的早晨》写农民老魏怀着忧愤的心情，到 30 里外的山头村探望离家参加革命的儿子阿荣。当老魏来到山头村时，刚好反动派的侦缉队来袭击，他的儿子阿荣正忙着部署战斗，无暇顾及远道而来的父亲，但他接触到的武装农民都是纯朴、正直、能吃苦的老实人，他亲眼看到儿子为了贫苦农民不受反动派的蹂躏而操劳的情景，于是逐渐懂得了儿子所从事的革命事业的意义。作品反映了老一代农民思想认识的转变，也表现了阿荣等人为了劳动人民的解放愿意付出一切代价的忘我精神。

《新生》写大革命时期一个建立了工农兵政权的农村召开祝捷大会和庆祝"三八"节的故事。作品描述了主人公革命知识分子阿玉回到自己的家乡做妇女的发动工作的故事。作品涉及现实斗争中一些实质性的问题，如土地问题、妇女解放问题等。

1931 年 8 月以后，国民党反动派加紧文化"围剿"，白色恐怖日益严重。戴平万按党组织的指示，转入地下工作。1933 年 4 月，戴平万翻译的长篇小说《求真者》（辛克莱著）和他编著的《俄罗斯的文学》一书先后由上海亚东图书馆出版。

东北抗日联军创始人之一

1928 年 12 月 24 日，满州省委书记陈为人等 14 人在沈阳举行满洲省委扩大会议时被捕。1929 年，党组织派刘少奇担任满洲省委书记，1931 年秋，任中共中央职工部部长、全国总工会党团书记。1930 年至 1934 年间，戴平万被党组织派往东北从事抗日救亡活动，曾任满洲省委书记刘少奇的秘书。

1931 年秋，戴平万任哈尔滨地下总工会（中共满洲省委）宣传部部长，与时任中共满洲省委书记兼组织部部长罗登贤、省委女工部部长赵一曼共同领导东北地区的工人运动和反日罢工，并共同创建东北抗日联军。戴平万是中国工人运动的领导者和先驱者之一，为东北抗日武装的创建和发展作出了重要贡献。

1931 年 12 月临危受命的满洲省委书记罗登贤系广东顺德人，为中共六届中央政治局候补委员。戴平万和罗登贤同为广东老乡，又同是中共早期党员、参加过省港大罢工的老战友，两人关于在东北地区领导工人反日罢工运动及创立东北抗日联军的观点不谋而合，他们揭开了东北地区在全国抗日"最早、最长、最艰苦"的光辉一页。

在罗登贤和戴平万的主导下，满洲省委在东北各地组织抗日义勇军，并把它们组织成统一的抗日联军。满洲省委还以省委书记罗登贤的名义任命杨靖宇、赵尚志、冯仲云、李兆麟等数位共产党员为东北抗日联军各路军的领导人，抗日联军的士兵不分出身，也不分国民党员、共产党员，只要他们愿意为解放民族而战，就可以被收编入军队。像邓铁梅这样虽是国民党人但也拉起军队抗日的也被任命为领导人。有了独立的领导人，东北抗日联军就有了坚实的生命力。

罗登贤、戴平万、赵一曼等满洲省委领导不光领导组织抗日义勇军对敌作战，他们自己也和义勇军一起并肩作战。罗登贤在他牺牲前最后驳斥法庭的讲演中提到他和抗日义勇军并肩作战。戴平万也和周扬等同志提到他在东北和抗日义勇军一起并肩作战。罗登贤于 1932 年 12 月被王明"左"倾冒险主义领导逼迫离开东北，1933 年 3 月遭国民党逮捕并于同年 8 月牺牲于南京雨花台。戴平万在罗登贤离职后，坚持留在东北继续领导抗日。

虽然满洲省委领导机关屡遭敌人的破坏，但东北抗日联军却顽强地存活下来，并在抗日战争中越战越勇。从 1931 年到 1945 年的 14 年里，赵尚志、杨靖宇、周保中、赵一曼、李兆麟、冯仲云等抗日将领领导着无数抗日健儿，用鲜血和生命在中华抗日战争史上写下了耀眼的一页。东北地区工人运动的开展和东北抗日联军的创立，开创了我国抗日斗争的先河。

1934 年满洲省委机关遭受巨大破坏，戴平万在哈尔滨遭日本人驱逐，返回上海，处境十分困难。他先隐匿在柯柏年家里，后寄住在法大马路的广泰纸庄，因一时未能接上组织关系，不能外出活动，只得把主要精力放在文学创作上。他以自己在满洲时的生活经历，写了一些散文和短篇小说，如《霜花》《在海上》《万泉河》《"亲爱的先生"》《沈阳之旅》《满洲琐记》《裕兴馆》等，反映东北同胞在敌人铁蹄蹂躏下的痛苦生活，表现广大人民群众内心深处的爱国主义精神。不久，组织关系接上了，他又紧张地投入左翼文艺运动和学生救亡运动的工作中。

1936 年 6 月 7 日，中国文艺家协会成立，戴平万是该协会的发起人之一。6 月 18 日，伟大的无产阶级作家高尔基逝世，戴平万在《文学界》出版了《高尔基逝世纪念特辑》，发表短文《我们的唁词》，高度评价"高尔基是国际的，他是'觉醒的人类之良心的呼声'"。10 月 19 日，鲁迅在上海逝世，戴平万无比痛心地送别鲁迅，在《光明》半月刊上发表《他的精神活着》一文，赞颂鲁迅的战斗精神和他在文学史上不朽的地位，对鲁迅的逝世表示沉痛的哀悼。

"孤岛" 坚持抗日的杰出文艺战士

1937 年 7 月 7 日，日本帝国主义悍然发动了卢沟桥事变，妄图用武力吞并全中国。上海文化界在原来全国救国会的基础上，组成上海文化界救亡协会（"文救"），一些左翼作家分别参加"文救"各个部门的实际工作。据于伶回忆，戴平万当时被派在组织部工作。"八一三"淞沪战争爆发后，各阶层人民纷纷投入抗战洪流，全国抗日救亡运动蓬勃开展。"文救"在这期间做了几件大事，如召开欢迎郭沫若回国和"七君子"出狱大会、筹备纪念鲁迅先生逝世一周年大会、出版《救亡日报》等，戴平万都直接参与这些活动的组织筹备工作。同年 10 月，上海地下党组织成立中共文化工作委员会（"文委"），这是党在上海文艺界的领导机构。书记是孙冶方，副书记是顾准和曹荻秋，领导还有戴平万、王任叔、姜椿芳、林淡秋等人。11 月 12 日，上海失守，除英、美、法租界外都被日寇占领，原在上海参加救亡运动的文艺工作者，有的撤退到内地，有的去了抗日根据地，一部分则继续留在受日寇包围的租界——"孤岛"里坚持斗争。戴平万是留在"孤岛"坚持斗争的文艺战士之一，为上海"孤岛"时期的文艺活动作出了很大的贡献。

上海失守后，地下党在"孤岛"办起的第一个刊物是《上海人报》，但只出了一段短期间就迫停刊了。地下党为了冲破敌伪的文化封锁，利用英美与日帝的矛盾，以英商的名义出版了四开的小型《译报》，刊登外国通讯社有进步意义的新闻和文章。半年以后，改出大张的《每日译报》，除发表翻译的新闻和文章外，还办有文艺副刊。戴平万不仅参加报纸的筹备和组织工作，并且负责《每日译报》的本埠消息版。这些报刊深受群众欢迎，对于扩大党和八路军、新四军的政治影响起了很好的作用。

1938 年春，上海地下党在学生和青年职工中发起文艺通讯员运动，以培养年轻的文艺爱好者，具体负责这一工作的是钟望阳和王元化，据他们说，戴平万也参与了这一运动的组织和发动工作。当时"文委"为了进一步推动这一群众性文艺活动的开展，决定举行一次全市性的征文，以纪念"八一三"抗战一周年，征文形式仿效茅盾主编的《中国的一日》，定名为"上海一日"，由梅益担任主编，戴平万、林淡秋、钱坤任编委。编委会按文章内容将其分为四部分：《火线上》《苦难》《在火山上》《漩涡里》，四个人每人负责一部分，戴平万负责第二部分《苦难》的编辑和修改工作。

《上海一日》于 1938 年 12 月出版。该书的出版给我们留下了一幅描述从 1937 年 8 月到 1938 年 8 月上海军民战斗和生活的有声有色、有血有肉的画卷，同时也促进了文艺通讯员运动的发展。

1938 年夏，上海暨南大学的几位进步学生在地下党的支持下，打破了

"孤岛"文艺界的沉寂,办起一个文艺刊物——《文艺》。戴平万十分关心和支持这个刊物,不仅为这个刊物撰稿,还与《文艺》的编者保持经常的联系,邀请他们参加地下党组织的文艺座谈会。《文艺》一卷六期发表了《关于抗战文艺的形式》座谈会纪录,这个座谈会就是戴平万主持的。他在会上先后作了四次发言,并就新形式的创造问题谈了自己精辟的见解。在《文艺》二卷三期,他还发表了论文《报告文学者应有的认识》,文中对报告文学者提出了"必须和一切的伪善者、说假话者、真理破坏者作斗争","报告文学者是为真理而斗争的战士",他提出报告文学者的写作态度,要具有爱真理的热情,要从一切表面的事件中看出其共通的利害来,要不违背历史发展的方向,要为促进历史的发展而斗争。

在"孤岛",戴平万还负责地下党办的《新中国文艺丛刊》的编辑工作。《新中国文艺丛刊》于 1939 年 5 月出版第一辑,1940 年 11 月出版第四辑以后停刊,一共出了四辑,各期以不同的名称出现,即《钟》《高尔基与中国》《鲁迅纪念特辑》《鹰》。该刊物规模较大,在"孤岛"和内地文艺界都有过相当的影响。

戴平万一贯重视对文艺青年的引导、教育和培养,在"孤岛"时,无论是编辑《新中国文艺丛刊》还是《文艺新闻》,都十分注意年轻作者的来稿。1939 年 5 月,当《新中国文艺丛刊》第一辑《钟》出版的时候,他就在《编者的话》中写道:"我们希望每期能多登一些新人的作品。"在《文艺新闻》上,他也经常选登年轻的文艺通讯员的稿件,为了帮助青年学习,他还应邀为他们讲课。1939 年 5 月 7 日,戴平万应上海自学民众义务补习学校的邀请,在星期日周会中,作题为"自学的方法"的演讲,后由沙水根据听讲笔记整理成文,刊载于 1939 年 5 月 12 日出版的《文汇报》"学习周刊"第 14 期上。在这次的讲演中,他要求青年在艰苦的环境里刻苦努力,勤奋求学,以求得非常的学问来完成非常的事业。在戴平万的引导、教育和培养下,一批优秀的文艺人才脱颖而出,著名学者王元化(1920—2008)就是其中的杰出代表。

王元化的学术造诣可与钱锺书相媲美,是当代学术的参天大树。王元化在《王元化回忆戴平万》一文中深情地回忆了"孤岛"时期戴平万对他的关心和提携。1939 年 3 月，19 岁的王元化编辑出版《抗战文艺论集》，戴平万亲自作序。同年 10 月，《新中国文艺丛刊》第三辑《鲁迅纪念特辑》出版，他又在《编后》中着重指出"《鲁迅与尼采》的作者，还是一位 20 岁左右的青年；他以这样的年龄，而能有这么严正的精神来治学，真是可敬。虽然在这篇论文中，对于尼采的个性解放，在某一历史阶段上的革命性，估计尚不充分，多少有点机械的味儿，但对于鲁迅先生思想的分析，却非常的正确"，他总是给年轻作者以勉励。43 年以后，《鲁迅与尼采》的作者王元化回忆起这一切，仍有很深刻的记忆。"孤岛"时期，王元化参加了地下党文委的工作。他回忆说，"我所在的文学小组由戴平万、林淡秋分头领导"，"我是吸取地下党文委的精神乳汁长大成人的。文委中那些至今令我难忘的人，对我的思想的形成和人格的培养，曾经发生过巨大的影响"。

1939 年秋天，一些进步文艺报刊被迫停刊，参加文艺通讯员运动的文艺青年的稿件没有园地发表。地下党决定由戴平万、黄峰（邱韵铎）、蒋锡金三人合编一份偏于报道性质的《文艺新闻》，主要是报道文艺界的消息、作家和艺术家的动态，反映动乱时代的现实生活，尤其是"孤岛"上错综复杂的社会现实。《文艺新闻》于 1939 年 10 月 1 日创刊，一共出了十期。戴平万用"君博"的笔名先后在《文艺新闻》上发表了《买国旗》《说苦衷》《关于"为了生活"》《辨真伪》等随笔和文艺短论，还用"岳昭"的笔名参加影片《高尔基童年》的笔谈会，发表《欢迎〈高尔基童年〉》一文。这些文章多是针对时弊而发的，旨在帮助读者识别什么是真善美，什么是假丑恶，引导人们为正义的事业而斗争。《文艺新闻》作为"孤岛"时期地下党在文艺界的喉舌，它不但是当地的一面镜子，同时也给生活在"孤岛"的人们传播内地和根据地的文艺消息，所发挥的作用是不可低估的。

1939 年至 1940 年，戴平万还为南洋群岛华侨青年在上海编印的《文艺长城》撰稿。在于伶、林淡秋主编的戏剧界和文学界合办的《戏剧与文学》中，戴平万曾以"岳昭"的笔名在该刊一卷一期发表长篇文章《一年来的上海文艺界》，在文中他回顾了"孤岛"一年来的文艺运动，并作出了正确的评论，提出了今后努力的方向。这是一篇具有一定历史价值的著文。

在新四军从事文化教育工作

1940 年 11 月，党派戴平万到苏北根据地去。他先到苏北盐城新四军军部报到，由中共中央华中局派往鲁迅艺术学院华中分院，任文学系教授。1941 年 4 月，苏北文化协会在盐城鲁迅艺术学院华中分院开会，成立"文协"，选出第一届"文协"理事 25 人，戴平万为理事之一。5 月，华中局调戴平万到苏中区党委宣传部工作，负责主编苏中地区党委的机关报《抗敌报》。

据林淡秋夫人唐康回忆，戴平万是《抗敌报》的主要负责人。他平时说话不多，对工作抓得紧，但待人温和，对内地来的同志很关心，自己在生活上、工作上以身作则，报社的同志都很敬重他。有段时间，日军常来"扫荡"，为了保证出报，报社得经常转移。有一次，报社转移到东台县北边靠海的一个村子里，四处都是芦苇，还是跟老百姓借了一间屋子，大家挤在一起，有的睡在门板上，有的躺在芦苇堆里，条件十分艰苦，但《抗敌报》还是按时出版。为了避开敌人，每次转移都在晚上行动，而且不能大家一起走，得分散行动。这些戴平万都事先组织安排好，对女同志、年纪较大的或刚从内地来的同志特别安排照顾，所以每次转移都没有出什么事故。有时敌人夜里来"扫荡"，来不及转移，大家就一起藏进芦苇荡里。当时对敌斗争和报社的工作都十分紧张，生活条件很艰苦，但为了调节精神生活，在敌情不那么严重的时候，同志们会在一起开文娱晚会。戴平万还定期组织同志们学习，所以大家相处得很好，不但心情舒畅，斗志也十分昂扬。

1943 年，由于工作需要，华中局调戴平万到苏中区党校任副校长兼教务主任，主持党校的日常工作。他为学员讲授《中国革命与中国共产党》等理论课程。1944 年春，按照延安整风精神，党组织抽调大批干部到党校学习，华中局先后增派钟民、周林、刘季平三位同志到党校担任领导职务，戴平万仍是党校的领导成员之一，分工负责教务工作。

1945 年春，戴平万在党校所在地兴化县鹤儿渣村的水塘里不幸溺水身亡，便葬在当地，享年 42 岁。林淡秋为其写了"作家戴平万之墓"的墓碑。

戴平万短短的一生，是在血与火的斗争中度过的。他那文韬武略的革命家形象，永远铭刻在人们心中。

冯　铿

○
○
○
○
○
○
○
○

一

　　1931 年 2 月 7 日深夜，风雪弥漫。在上海龙华警备司令部的刑场上，一位戴着深度近视眼镜，身穿蓝色毛背心的年轻女子和她的战友们，面对着国民党军警的枪口，在悲壮的《国际歌》的歌声和高昂的"打倒蒋介石！""中国共产党万岁！"的口号声中，先后倒了下去。她身中 7 弹，壮烈牺牲。她，就是著名的"左联五烈士"中唯一的女性——冯铿。她牺牲时年仅 24 岁。

　　1907 年 11 月 15 日（农历十月初十），在广东潮州城郊云步村的冯家生下了第八个孩子，是个女婴。她大哥根据唐诗"四时不变江头草，十月先开岭上梅"之句，给她起了个颇有诗意的名字——"岭梅"，这就是冯铿的原名。后来，她立足文坛，曾用岭梅女士、绿萼、冯占春、雷若、冯铿等笔名发表作品。

　　冯岭梅出生在一个书香门第的家族，原籍浙江杭州，她的祖先因到潮州做官而迁居至此，后在汕头定居。她的父、母、兄都曾是教员，比她长十岁的姐姐又工于诗文，岭梅自幼受到家学熏陶，酷爱文学，她八九岁起，便阅读《水浒传》《三国演义》等古典文学名著和欧美的译著。

岭梅浓眉大眼，貌似男子，不喜修饰，又爱辩论。她自小就对社会上一切不平等现象深恶痛绝，常说："敢打老虎的才是武松，欺侮弱小的不算好汉。"家庭中，姐姐素秋的婚事对她影响最深。素秋当年为反抗包办婚姻，被锁在小房间里，却誓不屈服，一反平日的腼腆温柔，迸发出反抗的怒号，曾惊动了古老的潮州城。之后，姐姐自由恋爱虽获成功，但因找不到新生之路，最终郁郁而死。这在岭梅幼小的心灵里留下了深刻的印记。她曾愤愤不平地问姐姐：为什么不学书里的剑侠飞仙，斩尽世间仇人？她对病危中的姐姐说，要学女中豪杰秋瑾。她决心独立生活，走自己的路。

二

中学时代，岭梅曾在汕头友联中学就读。友联中学是具有革命传统的学校，课余的文学艺术活动也搞得较有生气。岭梅在这里开始成长。

1925 年，是中国革命史上一个振奋人心的年头。这一年，广东革命形势迅猛发展，革命军进行了两次东征。上海"五卅"运动影响全国各地，工农革命浪潮日益高涨，使潮汕地区反动军阀统治摇摇欲坠，也使岭梅心潮澎湃，从熊熊的革命烈焰中看到了自己前进的方向。由于她热忱参加各项革命活动，被选为友联中学学生会执行委员、学艺部出版科长，主编《友联期刊》，还被选为岭东学生联合会代表。她认为，学生应肩负起改造社会的神圣职责。她还参加了妇女会的工作。从早到晚，她总是提着一只藤织的小提篮，里面尽是书稿等物。她除上课外，便是写文章、印传单、出刊物，还自编、自导、自演话剧，欢迎和欢送东征军。东征军第一次抵汕时，她组织学生慰劳小队，到郊区金砂乡慰问；东征军第二次抵汕时，她又参加了"庆祝十月革命节暨军民联欢大会"，并见到了周恩来和苏联顾问加仑同志，她兴奋得把一方手帕撕成了碎片。1926 年，她会见过彭湃、李春涛、杜国庠等潮汕地区的领袖人物。

她主张恋爱自由、妇女解放。她认为"所谓'爱',如果建立在报应、买卖、条件上面,那么这种爱便无价值了"。当时她不顾父母要把她许配给有钱人家的主张,而与许美勋(即许峨,是她父亲的高足)热恋,决心走自己的路。

参加革命活动的锻炼使岭梅的反帝爱国民主思想逐步形成,同时,她的文艺创作之路也渐渐开拓发展。中学时代她读了不少中外名著,尤其是苏俄作家的作品,因而便有"大作家"的美称。她16岁便开始在许峨主编的汕头《时报》副刊上发表文艺作品,主要是白话小诗和散文小品。在校内,她是《友中月刊》社的骨干。《友中月刊》曾寄赠鲁迅求教,得到鼓励和赞许。她的前期(1927年春以前)作品大都发表在《友联期刊》、《岭东民国日报》副刊和《火焰》周刊上,署名冯岭梅。作品反映她对美好生活的向往,揭露封建礼教宗法势力的罪恶,抒发忧国情怀,歌颂自然、友情、爱情等。当然,这时她的理想还是朦胧的,思想境界大体上还没有逾越个人的狭隘天地。她还写了一些尖锐的讽刺短文,其中一篇就是针对《平报》主编钱热储这个反动文人,文章痛快淋漓地直斥:"你这个热心储钱的人,爱钱不爱脸,将来总有一天,有钱也买不了你的命。"这些作品虽属稚嫩,但表现了作者强烈的爱憎,也展露了作者的文艺才华。

三

岭梅在友联中学高中毕业时,刚好20岁。翌年——1927年春,她与许峨离开汕头,到潮安县彩塘乡间一所小学当教员。那里农民运动蓬勃发展,他们农会办了夜校识字班。课余,她抓紧时间学习和写作,立志要成为作家。但不久,蒋介石叛变革命,广州"四一五"反革命大屠杀开始了,不少革命同志被逮捕并遭残杀。岭梅乔装男子,与许峨假称兄弟,藏匿桑浦乡间,几经风险,幸获农友的掩护帮助,后又潜回白色恐怖笼罩下的汕头。她天天目睹囚车,日日耳闻枪声,眼见亲友、师长有失踪、被捕、牺牲的,也有逃跑、叛变的。她不禁感慨万端,深沉思索:为什么白色恐怖一来,他们会有如此不同表现？这更激发了她对中国共产党领导的壮烈斗争的向往。

1928年春，岭梅与许峨到澄海县当县立小学教员，她又到县立女校兼课。她教学认真，爱护学生，深受学生爱戴。但女校校长诬告她"赤化""捣乱"，撤去她的教职。女校学生集体请愿挽留无效，不少学生便转学至县立小学，但当局不准县立小学收容，并撤了县立小学校长的职。两校的师生员工为此联合举行了示威游行，以示强烈抗议。但当局仍一意孤行，撤了岭梅和许峨及许多同事的职，岭梅只得回到汕头。在这次斗争中，她更感受到群众的力量，她说："潮汕青年就如同这韩江的怒潮，结果一定会把古老的反动制度冲掉！"

这年5月，他们回到汕头后，幸获友人热情相助，在庵埠镇郊找到一座废弃的名为"亦园"的书斋。他们住在楼上，岭梅利用友人的藏书，日夜苦读、勤写。在那里，她的创作进入了中期，她的思想也发展到了一个新的阶段。

从1927年夏至1928年底，岭梅的作品有诗歌、散文、剧本、小说。这期间她作品的思想内容开始向纵深发展，题材也比以前广阔得多，并开始触及社会矛盾和人物内心世界的冲突。如诗《晨光辐辏的曙天时分》，赞颂了劳工力量，鼓动斗争，格调高昂。中篇小说《最后的出路》，全篇28章，7万多字，是她创作中最长的作品（发表了前6章，署名冯占春）。小说以大革命时期潮汕地区为背景，描写了出身于封建家庭的女主人公郑若莲的学习、恋爱生活，表现了她的苦闷、沉沦、振作，最后以逃婚出奔作为她的出路。作品控诉了"社会的一切剥削制度"，喊出了"为自己为群众努力奋斗"的妇女解放的呼声。小说结尾这样描写女主人公坚决摆脱封建羁绊的决心：她"匆促地、和平时不同的毫无装束地向大门外跳出去"。这也正反映了作者岭梅自己的坚定决心：要走向新的生活。

四

俗话说，岁寒然后知松柏之后凋。1929年是共产党最困难的时期，就在这年的元宵节，岭梅与许峨甘冒生命危险，前往当时被称为东方莫斯科的上海，毅然地投奔共产党。

到上海的第二天，岭梅不顾旅途颠簸的劳累，不管栖身之处还没有安顿好，就满怀激情地来到南京路"五卅"惨案的遗址凭吊。她又设法寻找地下党组织，与原潮汕地区著名的革命人物杜国庠取得联系，接到秘密出版的革命报刊。此时她似孤儿找到了母亲，倍感温暖。

初到上海时，她曾先后在持志大学和复旦大学攻读英语，后因经济拮据及工作需要而辍学。不久，在中共地下党组织领导下，她开始投入革命实际工作，当时受党内"左"倾路线影响，地下组织常举行飞行集会，也有散发传单、书写标语等活动。她毫不顾及暴露身份的危险，热忱地从事这些活动。她常在暮色苍茫的傍晚，在来去匆匆的行人中散发传单。有人拿到传单后，惊慌失措，她用简单的话语使他镇定；有人喜形于色，急着看，她用目光示意，使他警惕。她还常在深夜与几位同志一起在四川路一带用粉笔在电杆上书写标语。深度近视的她，书写时十分吃力，还不时要顾及周围的动静，但她总是认真勇敢地做。

经过一段时间的考验，在1929年5月，经杜国庠、柯柏年介绍，冯岭梅终于实现了自己多年的理想，加入了中国共产党。

革命斗争的实践使她更坚强、更成熟。和国民党侦探、巡警"捉迷藏""甩尾巴"，她毫不慌张，应付自如，遇到紧急情况，她机智勇敢，转危为安。有一次，她正夹着一大卷苏区课本插图的原稿要去制版，恰遇上巡警"抄靶子"（拦路搜身），她退避不及，灵机一动，索性装着若无其事的样子，挤在前面，以攻为守，安然脱身。

此时，她已经是一名职业革命者，以火一般的热情进行革命工作，而把对家庭、丈夫的爱蕴含在内心，显得更深沉。她初参加地下斗争时，未免要提心吊胆，每天早上与丈夫握手告别时，默默相对，担心晚上能否再见。有一个晚上，她因开会误时，急匆匆赶回家不见丈夫身影，联想到白天听到有三处机关遭敌破坏的消息，不禁忧心如焚，忙赶到别处去寻找。其实，丈夫也为她的安全担心，正在到处找她，两人闹到半夜终于相逢。此时，她一下子颓然坐在楼梯上，庆幸彼此安然无恙。夫妇俩都忙于革命工作，非但不能朝夕相处，还时常一日半月相互不明去处。有一天，许峨深夜始归，发现书桌上放着一叠从内山书店买来的稿纸、一包糖果、两听牛奶罐头，罐头下压着一张她写的字条："H：今天是你的生日，我没有忘记，特地抽空赶来，但不能等。稿纸和食品我已拿走部分。F。"这就是他们的爱情生活。她利用乘电车的间隙，为丈夫编织了一件蓝色的羊毛背心。后来，许峨又把这件背心让给她穿，她牺牲时就穿着这件背心。新中国成立后在烈士牺牲的龙华旷地上曾发掘出一件边缘腐烂、颜色灰暗的毛背心，上面弹痕累累。后经许峨细加鉴认，这正是当年他俩互赠的那件浸渍着革命之爱的羊毛背心。

岭梅全身心投入革命工作之余，仍渴求学习，坚持创作。她虽辍学离校，但仍坚持自学英语和日语。她常在清晨或深夜翻阅外文报刊，尤喜把同一本小说的英、日、中文版本对照着阅读，觉得这是一种享受，认为多懂一门外语，就等于多打开一个崭新的天地。她还阅读党的文件，唯物主义哲学、革命文艺理论、苏俄文学作品等。她孜孜不倦地学习，如饥似渴地从中汲取各种知识。她利用有限的业余时间进行创作。1929 年冬，岭梅写了短篇小说《乐园的幻灭》和《突变》，开始用"冯铿"之名，次年发表在《拓荒者》月刊上。前者描写一位女小学教员在广州反革命大屠杀后，对反动军队赶走学生、强占校园、无礼侮辱她的种种暴行感到无比愤怒，决定要为维护自己的"乐园"而反抗、斗争。后者的女主人公阿娥饱受压迫，却虔诚信奉基督教，信仰梦幻里的天国，对于一切凌辱都逆来顺受。在一个圣诞节的前夜，她在贫富悬殊的残酷现实面前，终于发出了"我们的天国在哪里？"的疑问，领悟到"我应该参加进工友们的集团，和他们取得一致的行动"，准备去"找求世上现实的天国"。虽然阿娥的思想变化发生在她去做祈祷的路上，这转变未免突兀、浮浅，但它表明冯铿的创作思想有了飞跃，她的作品开始转向社会底层的工人、贫民，描写他们在沉重压迫下的觉醒。这两篇小说可以说是冯铿创作的转折点，她从此走上坚实的现实主义文学创作道路。

尽管冯铿的作品日臻成熟，但她从不自夸，毫不自满，而对别人的作品却常热情肯定，热情推荐。一次，她看了文学青年马宁的以海陆丰暴动和广州起义为背景的小说《铁恋》，大加称赞，并立即推荐给南强书局的经理，第二日便给稿酬，使正在贫病交加的作者及时住进医院得到治疗。马宁对此终生难忘，称冯铿是他的救命恩人。而冯铿对马宁说到自己时，却说："我是极少发表文章的。在《拓荒者》上发表一篇《突变》，也不好。"马宁后来回忆道，当时不知道冯铿就是冯岭梅，岭梅这个名字在1926年就活在他心里了。

五

1930年3月2日，中国左翼作家联盟在上海正式成立。"左联"是第二次国内革命战争时期反对敌人文化"围剿"的一面鲜红的战斗旗帜。在上海北四川路宝乐安路（今多沦路）中华艺术大学的一间教室里召开的"左联"成立大会上，给冯铿留下深刻印象的是革命文豪鲁迅先生的讲话。鲁迅说："在文学战线上的人还要'韧'。……要在文化上有成绩，则非韧不可。"鲁迅怕自己的绍兴普通话与会者听不清，就在黑板上又用粉笔写了一个大大的"韧"字，冯铿历来主张办事要讲效率，现在，她感到还要有一股韧劲。她知道，韧，就是坚持到底，锲而不舍。

参加"左联"以后，冯铿主要在工农工作部工作。她工作积极、活跃，当时"左联"地下活动的各种场合——公菲咖啡馆、三大公司附近的写字间、金神父路（今瑞金二路）丁玲和胡也频的家里，还有某教堂都不时出现冯铿的身影。她还经常参加"左联"领导下的各高等院校的读书会和文学小组会。当时，议论《士敏土》《爱的分野》等苏联小说常成为大学生们的话题。冯铿便与青年学生从形象的艺术作品入手，学习和讨论马克思主义文艺理论和社会科学。这些活动，对团结争取广大青年学生、引导他们走向革命道路起了一定的积极作用。

1930年5月，第一次全国苏维埃区域代表大会筹备会议在上海秘密召开。冯铿、柔石和胡也频作为"左联"代表参加了这次会议。会议是在租界的一幢洋楼里举行的，会场外布置了暗哨，会场内悬挂着马克思、列宁像，红旗鲜艳夺目。来自各革命根据地的赤卫队战士、工农代表，尤其是红军战士的激动人心的发言，使处在白色恐怖中的冯铿倍感亲切，激情满怀。冯铿还与一位农民妇女代表洪妹结下了深厚的情谊。尽管当时白色恐怖十分严重，但她仍冒着生命危险参加各项活动。这段日子里，冯铿与柔石的战斗友谊加深了，冯铿给柔石的信中说："我们大家都是好兄弟，好朋友，我们互相策勉，我们互相搀扶着走上创造和寻求真理的道路！"这年秋天，柔石在冯铿支持下决心写一部反映自己转变的长篇小说，后因被捕而未能遂愿。

参加"左联"后，冯铿创作欲望更强烈了，她利用一切业余时间，夜以继日地进行写作，有时几份稿子齐头并进或穿插进行。在她的创作后期，代表性的作品有中篇小说《重新起来》（手稿），短篇小说《贩卖婴儿的妇人》《小阿强》《红的日记》等。《重新起来》是冯铿的代表作，全篇13章，共4万多字，取材于她自己早年的革命经历、流徙山村生活的体验和到上海后的见闻。作品中的女主人公随着革命风云变幻，在革命和爱情发生冲突时，义无反顾地离开那思想沉沦的昔日情人，重新投身到伟大的工农群众运动中去。整部作品闪烁着强烈的思想光辉，堪称革命风云的时代画卷，是冯铿的压轴之作。《贩卖婴儿的妇人》也是冯铿的优秀作品。小说描写一个挣扎在生活中的劳动妇女饥寒交迫，不得不去给资本家做奶妈。为此，又忍痛将只有两个月的婴儿抱到小菜场去低价出卖，却被巡警以"贩卖人口"罪名逮捕。小说末尾，作者通过女主人公呼天抢地的控诉"我把我的儿子救活，你们不肯；一定要我和儿子都饿死，你们才称心吗！"愤怒诅咒了国民党统治，深刻描绘了人民的痛苦生活，无情地揭露了资产阶级人道主义的虚伪。这一作品情节跌宕有致，心理描写细腻真切，文字洗练，标志着冯铿作品思想性、艺术性的日趋成熟。《小阿强》讲述苏区一名少年在革命斗争中从放牛娃成长为少年先锋队队长的故事，是一篇出色的少年儿童文学作品。《红的日记》是根据马宁（当时化名为马英）等人讲述的苏区红军、赤卫队战斗生活有关材料写成的，作品塑造了女红军可敬可爱的形象。《小阿强》《红的日记》为中国文学史上直接反映和热烈讴歌革命根据地红军战斗事迹和工农群众生活的第一批作品。

正当冯铿才情焕发，创作日趋成熟的时候，中国的法西斯却向着这位"新进的稀少的妇女作家举起了屠刀"。

六

冯铿是1931年1月17日被捕的。那天傍晚，冯铿与柔石、胡也频、殷夫以及林育南等人，在上海公共租界三马路东方旅社（今汉口路613号）参加秘密会议，研究讨论有关反对王明在六届四中全会后推行"左"倾错误问题。突然，巡警们包围了旅社，逮捕了所有的与会者。19日，英租界地方法院开庭审讯后，他们被引渡到上海市公安局；23日，又被移解到龙华淞沪警备司令部军法处看守所。在狱中，冯铿仍坚持斗争，坚贞不屈。2月7日晚，冯铿和20多位战友被押赴刑场。他们一路上高呼"打倒蒋介石！""中国共产党万岁！"口号，英勇就义，用自己的鲜血和生命谱写了一曲最壮烈的乐章。

尽管刽子手们严密封锁消息，"左联"还是迅速向国内外发表了《为国民党屠杀大批革命作家宣言》《为国民党屠杀同志致各国革命文学和文化团体及一切为人类进步而工作的著作家思想家书》，还在机关刊物《前哨》上秘密编辑出版了《纪念战死者专号》，冯铿的遗作《红的日记》就发表在这一专号上。鲁迅在专号中发表了《中国无产阶级革命文学和前驱的血》一文。烈士们就义两周年时，鲁迅又满怀悲愤地写下《为了忘却的纪念》，并预言：将来总会有记起他们、再说他们的时候的。

现在已过去九十多个年头了，人民并没有忘记他们，果然再说起他们，纪念着他们。烈士们的精神光照千秋！

柯柏年

柯柏年是国内闻名的红色社会科学家，也是我国马克思主义著作著名翻译家和我党国际问题专家。中国共产党人早期阅读的马列著作，很多都是柯柏年翻译的。杨尚昆在回忆录中说："柯柏年是大革命时期很出名的老同志。"毛泽东在延安时期曾经说过，"翻译工作，要多请教柯柏年"。柯柏年主持并完成了《毛泽东选集》第五卷外文翻译工作。中共中央组织部原部长张全景曾在《求是》杂志上撰文指出，柯柏年是延安时期知名的马列著作翻译专家，"毛泽东对柯柏年的翻译工作给予了很高评价"。

柯柏年长期从事党和国家的外事、外交工作，抗日战争后期和解放战争时期就是中共中央外事组、中央军委外事组的重要成员，新中国成立后成为新中国著名的外交家。中国大百科出版社出版、何明编写的《共和国第一批外交官》所录 26 人中，周恩来排名第一，柯柏年排名第九。柯柏年参加了在朝鲜板门店签订《朝鲜停战协定》的谈判，后随周恩来总理出席日内瓦会议。1955 年 9 月，柯柏年任中国代表团副团长，参加了中美正式外交谈判，达成包括钱学森在内的平民回国协议。同时，他也为中美建交做出了重要的贡献。

选择了马克思主义

柯柏年，原名李春蕃，笔名马丽英、丽英、福英等，1904 年 5 月 26 日生于潮州市区刘察巷 15 号。祖父李毓贞，在潮州东平路开设"祥和糖行"，生有两个儿子。

大儿子李秀秾，子承父业，经营"祥和糖行"。李秀秾的原配朱氏，无子女。第二个妻子郑氏，生李春蕃，还有儿子李春霖、李春泽。

二儿子李秀升从事教育工作，育有儿子李春涛、李春鍏、李春秋（李伍）。李秀升在厦门参加同盟会，追随孙中山先生进行革命活动，并在家乡宣传三民主义，带头剪辫子。他和好友常聚集到刘察巷李家，讨论国家大事，使年幼的李春涛受到革命思想的影响。

其实，柯柏年这一辈的李家几个兄弟都投身革命，很有作为。李春涛烈士（1897—1927）是这个大家庭中的长子，比李春蕃大 7 岁，自幼酷爱读书。李春涛是家中培养的重点，家人希望他能够学有成就，报效国家。李春涛留学于日本东京早稻田大学，曾执教于中国大学、平民大学、法政大学和高等女师，任《岭东民国日报》社长，"四一二"反革命政变时被杀害。李春霖烈士（1910—1937）曾在上海参加左翼文化组织，先后任红四方面军政治部秘书长、西路军政治部秘书长（军级），1937 年春在河西走廊作战中牺牲。李春鍏早年参加革命，在上海加入"我们社"，在上海大学任学生会主席时，带领学生参加了周恩来、赵世炎领导的上海工人第三次武装起义，参加了"八一"南昌起义，后半生从事教育工作。李伍（1914—1980）1938 年 5 月到达延安，同年加入中国共产党。他考进了抗日军政大学，后转到新华社工作。新中国成立后他任中央广播事业局副局长。

因母亲缺奶，祖母将李春蕃交由婶母——李春涛的母亲喂养。李春蕃读书非常认真，他在进入小学之前，就在堂兄李春涛的指导下，读完了《三字经》、《千字文》、四书五经、《朱子家训》。李春蕃 6 岁进入潮州市城南小学读书，各科成绩均为甲等，深得校长、教师喜欢，也被同学和李家兄弟尊重。国文教师还专门为他选择教材，如王勃的《滕王阁序》、岳飞的《满江红》、文天祥的《正气歌》等。古人那种忧国忧民、精忠报国的博大胸怀深深地锲入了他幼小的心灵。

李春蕃自幼爱书，遇到自己喜欢的书，一定要设法弄到手，大人给的零花钱几乎全部拿去买了书。这个习惯一直延续到晚年，收藏书是他最大的嗜好。对《孙子兵法》《西游记》《水浒传》《红楼梦》《聊斋志异》等名著，他非常喜欢，特别对《三国演义》更是烂熟于心。高小时，他曾以《三国演义》的内容自拟题目"周瑜妙计安天下，赔了夫人又折兵"写了一篇作文，深得老师称道，并作为范文在校展览。

城南小学高小就开设英语课。英语老师教学耐心，使李春蕃自小对英语怀有浓厚兴趣。据他自己讲，那时的想法很简单，就是学好英语，将来到外地去"留学"（当时潮州学生把到广州、上海、北京等地读书都叫留学）。高小毕业后，他考上汕头礐石中学。这是所美国教会学校，学校的英语老师是一位中年美国小姐。李春蕃入学时就能讲一口流利英语，笔译能力也不错。他见到学校有美国人，就主动用英语与她对话，深得英语老师的喜欢，并叫他去自己家里玩，请他吃外国食品。李春蕃也从家中带些潮州特产送给美国老师。在老师的指导下，他读了许多英文小说，如《鲁滨孙漂流记》《加利弗游记》《金银岛》等。他喜欢数学、物理，爱解各种难题，但最出色的还是英语，每次考试都是第一。

在堂兄李春涛影响下，李春蕃了解了太平天国、戊戌变法等近代中国历史事件，接触到孙中山民主主义革命思想。李春涛读中学时购买了《说部丛书》一、二集，有两大木箱。李春蕃十多岁时，常常借他的《说部丛刊》来看，不仅看林琴南的翻译小说，还看了其中一些有关空想社会主义思想的翻译小说，如《回头看》等。可以说，从那时起他已不知不觉地开始受到社会主义思想影响。上中学时，他的人生目标基本就定下来了。

1919 年，五四运动爆发。在汕头读中学的李春蕃加入了声势浩大的学生运动。他参加各种集会，倾听演讲、辩论。他回忆说："五四前后，各种思想、主义，百家争鸣。经过一段时间学习、对比和研究，我终于选择了马克思主义。"

　　李春蕃的父亲要他留在家乡经商，他却希望到上海继续读书。在李春涛的帮助下，他于 1920 年搭乘英商太古公司的轮船直达上海，经学校办理转学，到沪江大学中学部学习。父亲不支持他到上海沪江大学读书，因此不给他学费和生活费，也不让亲属资助他。但李春蕃下定了决心就绝不会改变。他向学校申请勤工俭学，在教务处当抄写员，半工半读，维持学业，并自学俄语、德语。他白天读书，晚上为学校工作两小时，星期天工作半天，因而学校免收了他的学杂费。他利用业余时间翻译英语短篇故事，发表在报刊上，以解决自己的生活来源。从此，16 岁的少年李春蕃开始了漫长的翻译生涯，并因翻译马列原著而投身于中国革命，走上了拯救中华民族命运的光明之路。《新青年》杂志刊登了李大钊介绍马克思主义的文章，李春蕃看后深受感动，他找到一些英文版的进步文章，翻译出来后，发表在上海《民国日报》副刊上，在社会上引起了一定的反响。

　　1923 年他升入沪江大学社会学系学习，参加了青年进步组织非基督教同盟，并且在该组织认识了后来成为中国共产党早期重要领导人的瞿秋白、张太雷等人。他在这里阅读到了更多马克思列宁主义原著，思想在自由的天空中飞行。一面是真理的光芒，一面是现实的黑暗，李春蕃清醒了，立场更坚定了。

与瞿秋白、张太雷结下了深厚的友谊

　　1921 年 9 月 1 日，中共中央在上海成立了第一个出版机构——人民出版社。1923 年 11 月，中共中央又在上海成立了第二个出版发行机构——上海书店。上海书店还在各地建立发行机构，为建党初期马克思主义的传播作出了贡献。这时李春蕃就是上海书店出版的马克思主义著作的主要译者。他翻译的第一本马列原著是列宁的《帝国主义论》。在瞿秋白、张太雷的帮助下，《帝国主义论》由上海书店出版。李春蕃在上海书店出版马列著作译本，对宣传马列主义、唤醒和教育广大人民起到了积极的作用。但这也引起了校方的不满，他们取消了李春蕃勤工俭学的资格，不仅如此，学校还以李春蕃参加学生运动为由，开除了他的学籍。李春蕃在童年时期就已养成坚定勇敢、不屈不挠的性格，"你开除我，我照译不误！"他继而又翻译了列宁的《农业税的意义》和考茨基的《社会革命论》，陆续由上海书店出版。

在瞿秋白和张太雷的热情支持和帮助下，李春蕃转到革命气氛浓郁的上海大学社会学系学习。当时上海大学校址在上海英租界西摩路，瞿秋白、张太雷和施存统就住在上海大学附近的一幢楼房里，他们欢迎李春蕃与他们同住，这对李春蕃是极大的关怀和照顾。当时一间宿舍挤住数十名学生，李春蕃与张太雷同睡一张两层架子床。瞿秋白当时是上海大学社会学系主任，张太雷是上海大学兼课教授，他俩是留俄同学，英文、俄文都非常好，李春蕃经常向他俩请教，翻译水平不断提高。

1924 年 1 月，李春蕃在上海大学经同学杨之华（后来成为瞿秋白的夫人）介绍，加入中国共产党，后来当选为上海大学学生会执行委员，同时兼做非基督教同盟的工作。此时各种思想与政治势力不断涌入中国，孙中山在共产党的帮助下，提出了"联俄、联共、扶助农工"三大政策，一时间"以俄为师"渐成风气。为了解苏俄社会主义的思想和崭新社会制度，李春蕃决心学好俄语。

1924 年 9 月，李春蕃从上海到北平，找到了李春涛和杜国庠，住进了他们的红色小屋"赭庐"。兄弟一见面，李春蕃从包里拿出两本书，是自己翻译的《帝国主义论》，每人送一本。两人看了，十分高兴，情不自禁地交流起来。李春蕃告诉他们，自己已经加入共产党，为了学习俄语来到北平，并和北平的党组织取得了联系。他的所言所行给了两位兄长很大的影响，根据李春蕃的建议，杜国庠和李春涛在"赭庐"四合院里成立了北京"反对基督教同盟"，参加的共 8 人。一致推举杜国庠、李春涛为会长，李春蕃、李辞三（清华大学）、李典煌（北京工业大学）、黄雄（李辞三的外甥）、王洪声（朝阳大学）、李春锦 6 个学生为会员。与此同时，李春蕃用晚上时间在"赭庐"翻译恩格斯的著作《社会主义从空想到科学的发展》，这本书的翻译增加了"赭庐"的政治色彩。不久，这本书就由上海书店出版。

投身国民革命

1925年，瞿秋白、张太雷离开上海，到广东参加国民革命战争。杜国庠力邀李春蕃回澄海中学任教，一起办学。李、杜志同道合，观点一致，揭开了澄海中学校史崭新的一页。他与杜国庠、朱叟林等人积极开展革命宣传和组织工作，还亲自带领中学生20多人步行到海丰县学习农民运动的经验，这批学生后来多数成为共青团员。李春蕃一边帮助杜国庠改革学校的教学工作，一边用比较集中的时间翻译马克思的重要著作《哥达纲领批判》。据中央党史部门统计，《哥达纲领批判》于20世纪20年代在上海出版发行了三次，深受欢迎，供不应求；40年代在延安等解放区多次出版，大量发行，曾经被毛泽东主席定为党的领导干部必读之书。

1925年10月1日，国民革命军从广州出发第二次东征，追击军阀陈炯明，来到潮汕地区。经任苏联军事顾问加伦将军翻译的上海大学同学李炳祥介绍，李春蕃到周恩来领导的东征军总政治部任东江各属行政委员公署社会科副科长，负责农运、工运。他还被周恩来任命为东征军总政治部驻澄海特派员，负责指导澄海的国民革命运动。他配合东征军和当地革命干部，建立共青团澄海小组和支部，传播马克思主义。1925年11月初，黄埔军校潮州分校在潮州湘太马路（今中山路）李厝祠成立。兼任分校政治部主任的周恩来聘请李春涛、李春蕃等到校讲课。李春蕃还积极参与《岭东民国日报》和震东中学"社会科学院"的撰稿、译著、讲课。12月1日，在周恩来的倡议和主持下，汕头市各界代表成立"汕头市收回教育权委员会"，设总务、调查、文书三部，由杨嗣震、李春蕃等负责。这一运动经过斗争，将英教会学校华英中学收回自办并改名南强中学（现汕头一中），撤换了美教会学校礐石中学校长。邓颖超1925年12月发表文章《反基督教运动与中国教会及学校》，呼吁中国各地的教会及教会学校要效法汕头。

1926 年 1 月 21 日，澄海民众举行纪念列宁逝世两周年盛大集会，到会者有学生、工人、农民、士兵、警察等共数千人，许继慎主席宣布开会理由后，政治特派员李春蕃报告列宁一生奋斗的历史，金中校长杜国庠演讲《纪念列宁之意义》，蒋振南演讲《革命之国际性》，八连党代表演讲《我们为什么追悼列宁》。

1926 年夏，李春蕃被调到广州，任国民革命军第三军政治教官，并协助张太雷编辑中共两广区委机关刊物《人民周刊》。同年 2 月 25 日《岭东民国日报》被右派篡夺后，我党即派李春蕃、梁工甫等另办《岭东日日新闻》。李春蕃任副总编，办副刊《怎么干》，经常揭发《岭东民国日报》的荒谬言论。1927 年 1 月，李春蕃翻译的列宁的名著《国家与革命》在《岭东民国日报》副刊《革命》发表之后，就出了单行本。毛主席对这本书爱不释手，反复阅读。这本小册子伴随着毛主席万里长征，千里转战。

1927 年 1 月 10 日，上海《民国日报》被迫停刊。1927 年春，李春蕃回家奔父丧，抽空翻译了《1848 年 6 月巴黎无产阶级之失败》（即马克思《法兰西阶级斗争》第一章），刊登在《岭东民国日报》副刊《革命》上。1927 年 4 月 12 日，蒋介石在上海发动了反革命政变。乌云笼罩着广东大地，空气中弥漫着血腥的滋味，反动派大肆抓捕杀害共产党人和进步人士。4 月 14 日当夜，汕头的国民党反动派到岭东日日新闻社去抓人。李春蕃坐在报社里看书，突然，街上嘈杂的声音引起了他的警觉，他本能地站起身向门外走去，看到街上到处都在抓捕共产党人，他这会儿才意识到问题的严重性。当他往门外跑时被国民党兵抓住，问他是谁，他机智回答"送饭的"，死里逃生。国民党反动派搜查了《岭东日日新闻》报馆，巫丙熹被捕牺牲。《岭东日日新闻》也随之被国民党反动派扼杀。李春蕃跑到南强中学的对面，探头一望，没想到这里的军警更多，没等他转过神来，"共产党在那！"有人在远处指着他高喊，他被发现了。李春蕃掉头便跑，他跑进前面一个小胡同，一拐弯躲了进去，发现这是一条死胡同，李春蕃急了，他迅猛地把住墙头翻身一跃，跳进了旁边的院子里。这里恰巧是他的一个女学生黄若农的家，于是全家人把他隐藏起来。李春蕃躲过了死劫，而兄长李春涛惨遭杀害，尸沉大海。生死与共的经历，使他与黄若农原本的普通师生之情升华为纯真的爱情。不久，李春蕃和黄若农共结连理，并在家人的帮助下避难海外，投靠远在泰国的舅舅。

国内闻名的红色社会科学家

1929年，李春蕃携妻挈子辗转到上海，从此改名柯柏年。柯柏年这三个字还有一段鲜为人知的来历。"柯"取自卡尔·马克思的名字的第一个英文字母K，"柏"取自恩格斯的早期笔名佛瑞德里·班德尔中的B，"年"取自列宁名字中的N。取马、恩、列名字中各一个英文字母的译音，就成了柯柏年。

到上海接上组织关系后，柯柏年被编入江苏省委上海闸北区第三街道支部，任中共上海闸北区第三街道党委书记。同时，他加入了左翼文化组织中国社会科学家联盟（"社联"），与杜国庠并肩作战，同文化界的反动势力作斗争。柯柏年与杜国庠等合作编著了两部辞典，即《经济学辞典》和《新术语辞典》。不久，柯柏年认识了在上海大学读书的许涤新，并把许涤新介绍给杜国庠，杜国庠十分欣赏许涤新的才华，于是介绍许涤新加入"社联"和中国共产党。

1930年，左翼文化"八大联"相继成立，柯柏年积极参加"社联"的工作，直至1936年"八大联"停止活动。1931年，中共党内以王明为首的"左"倾冒险主义占了上风，使党的组织蒙受了巨大的损失，柯柏年因外出购书不在家而躲过了抓捕。同时，由于党内出现了叛徒，革命的队伍不断遭到破坏，柯柏年被安排到中共特科，直属陈云领导，担负起反间除奸、营救同志、搜索情报、保卫组织的危险而又艰巨的重任，一介书生拿起了复仇的钢枪。

政治形势的艰难直接导致共产党人生活上的艰苦。一年后，结发妻子黄若农患上肺炎，生活已经难以维持，哪里有钱治病？柯柏年学习修理录音机挣一点钱仍然于事无补，黄若农撒手人寰，柯柏年欲哭无泪。强忍丧妻之痛，柯柏年又投入马克思主义著作的翻译工作中去。1935 年，针对学习马克思主义遇到的问题，他翻译了在马克思和恩格斯帮助下成长起来的德国工人哲学家狄慈根的名著《辩证法的逻辑》，这是一部在辩证唯物主义，特别是在方法论方面有突出建树的理论著作，对于学习和认识马克思主义有极大的帮助。《辩证法的逻辑》由南强书局出版。

"左联"时期，柯柏年在上海编写和翻译了大量的社会科学书籍。我们已搜集到的篇目有：1929 年，柯柏年翻译了凯尼斯博士的《经济学方法论》，由南强书局出版；同年 9 月，他又翻译了狄慈根的《辩证法唯物论》，由上海联合书店出版。1930 年和 1933 年 10 月，柯柏年与吴念慈（杜国庠）、王慎名合编了《新术语辞典》《经济学辞典》，由南强书局出版。1932 年 4 月，柯柏年主编中国社会科学家联盟刊物《研究》。1933 年 8 月，柯柏年编写了《社会问题大纲》《怎样研究新兴社会科学》等新兴社会科学丛书，由南强书局出版。1936 年，柯柏年编译了《世界社会科学名著精要》，由南强书局出版。1937 年，柯柏年编写了《辩证法唯物论》，由张鑫山出版社出版。此后，他于 1945 年翻译了《纪念恩格斯》，1949 年 8 月主编出版了《美国手册》。新中国成立后，出版《介绍共产党宣言》，参加《印度对华战争》《列宁选集》的编译工作等。柯柏年在中国传播马克思主义和新兴社会科学作出了卓越贡献，早在 20 世纪 20 年代末就是国内闻名的红色社会科学家。

毛泽东给予很高评价的马列著作翻译家

中央文献研究室原主任、著名党史专家逄先知在《毛泽东读马列著作》中说，在大革命时期，马列著作翻译到中国来的还很少。列宁的《国家与革命》第一个中文全译本是柯柏年译的。"毛泽东用《国家与革命》的理论来说明中国的革命问题，指导中国的革命。"长征途中，毛泽东丢弃了许多东西，但《国家与革命》《法兰西阶级斗争》和《哥达纲领批判》几部马列著作一直带在身边。1947 年转战陕北时，虽然战事频仍，但他依然携带了这些马列著作。张闻天夫人、革命家刘英目睹了毛泽东读马列著作的感人情景：红军长征，他在马背上也读马列著作；到了毛儿盖，没有东西吃，肚子饿，但他读马列书仍不间断。他当时读的马列著作中，就有柯柏年译的列宁《国家与革命》《帝国主义论》等。

针对某些别有用心的人说"中国共产党许多领导人不重视马恩著作的学习，特别是没有读过恩格斯晚年的著作"、恩格斯晚年最重要的著作《法兰西阶级斗争》1956 年才在中国出版，中共中央组织部原部长张全景在 2007 年第 17 期《求是》上发表《中国共产党人历来重视学习马恩著作——从〈法兰西阶级斗争〉在中国的出版与传播谈起》一文，以柯柏年早年翻译大量马恩原著为主要例证和论据，予以驳斥。他指出："根据现在查到的资料，《法兰西阶级斗争》早在 1942 年 7 月就由延安的解放社出版，这比某些人说的 1956 年早了 14 年……1938 年到 1942 年，解放社出版了一套'马克思恩格斯丛书'，《法兰西阶级斗争》是其中的第十二本。这本书的封面书名为繁体字，从左向右横排，右下角标注'马恩丛书12，1942'字样。译者柯柏年，原名李春蕃（1904—1985），广东潮州人，1924 年加入中国共产党，1937 年赴延安，先后在中央马列学院、中央外事组等机关工作，新中国成立后主要从事外交工作。柯柏年是当时比较知名的马列著作翻译专家，除《法兰西阶级斗争》外，还翻译过《哥达纲领批判》《社会主义从空想到科学的发展》《拿破仑第三政变记》《德国的革命和反革命》《帝国主义论》等著作。毛泽东对柯柏年的翻译工作给予了很高评价。值得一提的是，早在 1926 年，柯柏年就翻译了《法兰西阶级斗争》中马克思的第一篇文章，当时的译名是《一八四八年六月巴黎无产阶级之失败》，刊登在汕头《岭东民国日报》的《革命》副刊上（作者张全景注：《革命》二字由周恩来题写）。"《法兰西阶级斗争》（含恩格斯《导言》）是一部马克思主义的光辉著作，该书早在 1942 年 7 月就由延安的解放社出版，并多次重印。

柯柏年中学生时代就开始翻译马克思主义著作。1937 年抗日战争全面爆发，柯柏年历尽坎坷辗转来到延安。1938 年 5 月 5 日，即马克思诞辰纪念日，中共中央在延安成立中央马列学院，柯柏年在该院担任西方革命史、国际问题研究室主任。在延安安静的窑洞里，他有充裕的时间。柯柏年从来没有像现在这样心情舒畅，翻译就是工作，理想将逐步实现。他把全部的精力都投入学习马列主义、翻译马列原著的实践中去。在这一时期，他翻译了大量马列主义原著，为中共中央和各级领导干部学习马列主义提供教材。1941年底，中共中央将马列学院改组为中央研究院，柯柏年继续担任国际问题研究室主任。

1942年，毛泽东召集柯柏年、张仲实、艾思奇等人在自己办公室讨论编写《马恩列斯思想方法论》一书，汇编马恩列斯有关论述，由解放社出版。这本书由毛泽东审定，列为"干部必读"书，作为整风的学习材料，成为当时破除教条主义束缚的锐利武器。《马恩列斯思想方法论》在延安整风时期颇有影响。不久，风向有了改变，康生把学习马列主义说成是教条主义，并组织开展对教条主义的批判。中央研究院被定为教条主义的大本营，柯柏年翻译水平高，翻译马列的原著多，被定为教条主义的"典型"而横遭批判。柯柏年想辩解也得不到机会。

整风对柯柏年的打击太大了，他既伤心又痛苦："难道批判教条主义就连马列主义也不要了吗？如果是这样，以后再也不翻译了。"后来毛主席出面强调，整风是为了弄清问题，分清是非，提高认识，不是追究个人责任，才把康生的风头压了下去。一天傍晚，柯柏年站在王家坪的一条小路上，远远地看见毛主席散步走来，他主动跟主席打招呼，毛主席问他："听说，你不搞翻译了？"柯柏年想到心中的委屈，苦笑着说："再也不搞翻译了。"毛主席认真地看了看柯柏年说："柏年，你还是要翻译啊。"

蜚声中外的著名外交家

柯柏年长期从事党和国家的外事、外交工作，早在抗日战争后期和解放战争时期，他就是中共中央外事组、中央军委外事组重要成员，新中国成立后主要从事外交工作。中国大百科出版社出版、何明编写的《共和国第一批外交官》所录26人中包括周恩来、王稼祥、李克农、章汉夫、伍修权、张闻天、王炳兰、宦乡、柯柏年，还有龚澎、乔冠华、耿飚、黄镇、韩念龙等。在共和国第一批外交官排名中，周恩来排第一，柯柏年排第九。

1943年，世界反法西斯战争进入了转折时期，美国、英国、苏联、中国等国家组成反法西斯同盟。美国总统罗斯福派出军事观察组进驻延安，中共中央热情欢迎并积极合作，中央领导多次与美方商谈交流中国抗日战场的情况，同时成立了中央军委外事组，组长是杨尚昆，柯柏年、黄华、马海德是主要成员。杨尚昆在谈及延安外事工作的开端时说："延安的外事组成立时，毛泽东、周恩来在（六届）七中全会的主席团会议上提议由我兼组长，王世英和金城为副组长。成员有柯柏年、陈家康、黄华、凌青等。黄华是朱总司令的秘书，柯柏年是大革命时期很出名的老同志。还有一个马海德同志。我对外以军委秘书长的身份出面。这个外事组实际上就是做接待美军观察组的工作。"

柯柏年等人陪同美国军事观察组和驻延安的外国记者东渡黄河，来到离恒阳五里远的一个山头上，观看八路军攻克日军据点的战斗，八路军战士冒着日军密集的火力封锁，以坑道为掩护，炸掉敌人据点，并将俘虏的日军带到观察组，让美国人亲身感受共产党、八路军抗日的决心和战果。柯柏年在工作中逐渐和美方人员建立了友谊，还和美国外交官谢伟思交上了朋友。谢伟思经过观察，对中国共产党充满信心。回国后，他在提交给美国国务院的报告中明确提出"最终赢得中国的必将是中国共产党"，建议美国调整对华政策，然而美国政府坚持扶蒋反共，后来谢伟思也长期遭到美国政府的迫害。谢伟思1971年访华时，正值尼克松总统访华前夕。由于谢伟思在中美交往中曾扮演过的特殊角色，他受到了中美两国政府的高度重视。柯柏年利用与谢伟思的朋友关系，为中美建交作出了特殊贡献。

1946年1月，国共两党签署避免军事冲突的协议后，为了执行协议，中央军委外事组升为中共中央外事组，叶剑英任组长。柯柏年、黄华随叶剑英参加北平军调处执行部，他俩是叶剑英主持的军调处执行部的两员干将。由于蒋介石素以共产党为敌，军调处工作一开始，就充满尖锐斗争。

一天，柯柏年陪同美国总统特使马歇尔到河南新乡永连视察，国民党有关人员无耻地上演了献鼎和请愿的闹剧，有七八个人自称人民代表高喊，"共产党破坏停战协议，杀人放火"，向马歇尔请愿。柯柏年上前厉声质问："你们根据什么说共产党杀人放火，你们到底是永连人民的代表还是国民党军政要人的代表？"当场揭穿了敌人的丑恶嘴脸。

随着形势的发展，人民解放战争势如破竹，全国解放指日可待。柯柏年认为一个独立的国家要和世界打交道，更是要和美国打交道。他痛感出版界尚没有一本如实地、全面地介绍美国真相的书可供大家研究美国时作翻阅查考之用，这对于中国共产党人认识世界形势、制定政策和策略存在诸多不便。在和美国人打交道的几年里，他自 1947 年起就广泛收集资料，认真筛选编写《美国手册》。终于在 1949 年 8 月，柯柏年主编的《美国手册》在北平出版。这本书中央政治局领导同志人手一册，也是中国新任外交官培训的重要教材。该书之后多次重版，供不应求。

新中国成立后，柯柏年被中央人民政府任命为外交部首任美洲澳洲司司长，还兼任中国人民政治法律学会副主席。1953 年，他参加了在朝鲜板门店签订《朝鲜停战协定》的谈判。1954 年，随周恩来总理出席中苏美英法五大国日内瓦会议。1955 年，被毛泽东主席任命为驻罗马尼亚人民共和国大使。1962 年，被任命为驻丹麦王国大使。

新中国成立不久，美国侵略者把战火烧到鸭绿江边。中国人民志愿军跨过鸭绿江，同朝鲜人民军并肩作战，抗击侵略。1951 年 6 月，抗美援朝大规模战役停止。双方战线基本稳定在"三八线"附近，此后再未爆发大规模战役，朝鲜半岛开始了战争和谈判纠缠的两年。1951 年 11 月 14 日，毛泽东致电李克农，并告金日成、彭德怀、乔冠华，他自己已经指派伍修权、柯柏年前往板门店，协助气喘病加重的李克农同美国和韩国谈判。

1952 年春，美国在侵朝战争中对朝鲜和中国平民使用细菌武器。对此，中国政府向国际有关组织提出指控。1952 年 3 月，国际民主法律工作者协会委托调查团开展调查。该团系由奥地利、意大利、英国、法国、中国、比利时、巴西、波兰 8 国 8 位法律工作者组成。柯柏年以法律工作者身份作为中国的唯一代表加入调查团。该团收集大量人证物证，以确凿证据揭露了美国飞机在我国东北地区大量投掷含有病菌和病毒的各种昆虫和其他物体的罪行，发表了《关于美国军队在中国领土上使用细菌武器的报告》。同年 4 月 3 日，柯柏年在政协全国委员会学习委员会上，报告了美帝国主义细菌战罪行调查的结果，控诉了美国罪恶的侵略行为、残杀人种行为和反人类的滔天罪行。为此，《人民日报》发表了《为击败美帝国主义细菌战而斗争到底》社论，让美国侵略者在全世界人民面前在道义上输了理，制止了他们妄图扩大细菌战的阴谋。

1955 年 9 月，中美之间开始大使级谈判，中方派出了以王炳南为团长、柯柏年为副团长的谈判代表团，瑞士日内瓦的花山别墅见证了中美两国之间正式的外交谈判。谈判取得了令人满意的结果，达成了包括钱学森在内的 130 位平民的回国协议。美国海军参谋长曾发誓决不能放走钱学森，但是，谈判取得了成功，钱学森回国。几年之后，中国成功地爆炸了第一颗原子弹。

1972 年，尼克松总统访华，中美正式建交。柯柏年和他美国老朋友谢伟思都做出了积极的努力。30 年后再相会，别有一番滋味在心头，终于又见面了，虽然重逢的日子确实晚了一些。受中国政府的邀请，谢伟思两次来华访问，柯柏年都全程陪同。1973 年，他被任命为中国人民外交学会副会长。1975 年，柯柏年担任《毛泽东选集》第五卷外文翻译领导小组组长，组织专家学者把毛选五卷翻译成英文、俄文、西班牙文、法文、日文等，于 1977 年出版发行。1981 年，被分别任命和聘为中华人民共和国外交史编辑委员会主任委员、国务院学位委员会法学组评议委员。

1985 年 8 月 9 日，一代马列著作翻译家、著名外交家、中国共产党的优秀党员柯柏年因胃出血在北京病故，享年 81 岁。9 月 5 日，英文《中国日报》发表题为《柯，外交家革命家，与世长辞》的文章，扼要地介绍了柯柏年的一生。柯柏年骨灰盒安放在八宝山革命公墓，上面覆盖着中国共产党党旗。

陈波儿

○
○
○
○
○
○
○
○

　　在著名的延安文艺座谈会和延安整风运动中，陈波儿令人瞩目。1942年5月23日，陈波儿参加党中央召开的延安文艺座谈会。在与会全体代表的合影中，陈波儿等两位艺术家坐在第一排中央，她俩的两旁分别是毛泽东主席和朱德总司令。陈波儿任主要导演的话剧《同志，你走错了路!》演出后，轰动整个陕甘宁边区。这出话剧被中央列为延安整风的辅助教材，开了艺术作品成为全党教材的先河。由于陈波儿在文艺上为革命作出了巨大贡献，她被评为陕甘宁边区甲等文教英雄、马列学院模范工作者、中央党校模范共产党员。

　　陈波儿是卓越的人民艺术家，优秀的电影演员和编导，新中国人民电影事业的创始人和领导者之一。她为左翼文艺运动和新中国人民电影事业的创建和发展作出了杰出贡献。同时，陈波儿也是一位具有献身精神的革命家和社会活动家。她与鲁迅等共同发起成立中国自由运动大同盟；她与宋庆龄等16人开展营救"七君子"斗争；她与史良、沈兹九、胡子婴等成立上海妇女界救国会；她发起并成立了上海妇女儿童慰劳团，奔赴绥远前线慰问抗日将士。1938年冬，中央决定由陈波儿率领战区妇女儿童考察团到华北敌后开展工作，她创造了两渡黄河、6次越过日寇封锁线的奇迹，被誉为抗日巾帼英雄。1949 年 9 月，陈波儿与蔡畅、邓颖超、帅孟奇等 15 人作为全国妇联正式代表出席第一届中国人民政治协商会议，并登上天安门城楼参加开国大典。

剪辫子起风波　只身远行求学

陈波儿于 1907 年 7 月 15 日（农历丁未年六月初六）出生在广东省海阳县（今潮安区）庵埠陈厝街一个华侨商人家庭。父亲陈湘波是做干果批发生意的商人，经常往来于香港、南洋与潮州。陈波儿的出生令陈湘波喜出望外，因为长子、长女均不幸夭折，陈波儿出生前只剩下一个儿子陈述猷。陈波儿原名陈舜华、陈佐芬，字棠秋，笔名小岑、幼虹、大乡里小姐、陈小姐等。波儿则是她 1928 年进入上海艺术大学读书时自取的名字，源于"布尔什维克"旧译名"波儿塞维克"的词头，以表示她的革命志向，也表示她对父亲陈湘波的崇敬。1912 年陈波儿在家乡读私塾，知道并崇敬韩愈，决心学习韩文公为人民做好事。1917 年，她随父亲和生母去香港，在香港"振华女子学堂"读了 4 年书。1921 年，祖母病逝，回原籍潮安庵埠继续读书。

在父亲那里，幼时的陈波儿被视为掌上明珠，但因为她的生母是偏房太太，经常受到祖母和正房的歧视和责骂。不公正的家庭际遇让陈波儿产生了反叛精神。同时，二哥陈述猷经常给她讲一些带有思想启蒙色彩的故事，促使她向往光明，追求真理。陈述猷跟父亲到过南洋和港澳，见多识广，受到进步思想的影响。他常常跟妹妹讲孙中山推翻清政府、讨伐袁世凯的故事，找一些国民革命军女兵的画报给她看。陈波儿喜欢女兵英姿飒爽的样子，就动员街坊学堂中的小姐妹一起剪掉大辫子。当时女孩子剪掉辫子被看作是伤风败俗的事情，家庭不容她，她的大妈不容她。1921 年 9 月，14 岁的陈波儿挣脱家庭束缚，只身远行，赴厦门集美女子师范学校读书，半年后因病停学返回原籍。1922 年 9 月，她考入南京江苏基督教摩氏中学，1925 年至 1927 年 4 月，转学到上海晏摩氏中学读高中。第一次国共合作时期，国民革命军两次东征来潮州并创办黄埔军校潮州分校，革命运动在潮州蓬勃开展，革命者常在这里活动。1927年"四一二"反革命政变后，陈波儿从上海回家乡，遇到在庵埠一带组织农民运动的彭湃，受其影响，向往革命，懂得了人生的意义就是要给穷苦百姓办好事。同年秋天，黄埔军校第6期学员、革命青年梅公毅、任泊生也来到庵埠，陈波儿与他们逐渐熟悉起来，从他们那里学到更多的革命道理。三人相约到上海继续读书。

戏剧界崭露头角

1928年，陈波儿、任泊生、梅公毅先后到上海，同时作为插班生考入上海艺术大学文学系。在上海艺术大学，陈波儿碰到庵埠同乡、远房亲戚杨邨人。杨邨人1925年在武昌高师（武汉大学前身）读书时就在董必武的监督下加入中国共产党，是"太阳社"的主要创建人之一，担任过中国左翼戏剧家联盟首任党团书记及中央"文委"的工作。上海艺术大学是一所革命文艺大学，学校很多教员、教授是革命家、文学家，其中不少人是共产党员。许多青年学生慕名前来求学。在杨邨人帮助下，陈波儿接触和认识了郑伯奇、冯乃超等进步教授，参加了进步学生组织的一些革命活动。这使陈波儿的思想产生了质的飞跃，更加接近革命，以至后来走上革命道路。

后来，上海艺术大学被当局封闭了。根据党组织的指示，在上海艺术大学读书的共产党员、共青团员和进步学生全部转移到党领导的另一所学校——华南大学（后改名为中国公学）。在中国公学，陈波儿读政治经济系，还参加了另一个党的外围组织"社会科学研究会"。

1929年10月，陈波儿又毅然加入了中国共产党在上海组织领导的革命团体"中国济难会"。它的主要领导人为恽代英、邓中夏、郭沫若、陈望道等。它的主要活动是给予一切因参加爱国运动和革命活动而死难、伤残或入狱者经济上、舆论上和法律上的支持并救济他们的家属。她，迈出了作为社会活动家的第一步。

1929 年秋，中国共产党直接领导的革命剧团——上海艺术剧社诞生了。这个剧社最早提出了无产阶级戏剧运动的口号，开展了左翼戏剧活动。陈波儿跟随郑伯奇、冯乃超、钱杏邨、杨邨人、孟超等加入剧社。她自小受新文化思潮的影响，喜爱新兴文艺形式——话剧。上海艺术剧社给了她用武之地，她在外国进步名剧《炭坑夫》《梁上君子》《爱与死的角逐》公演中担任主角，演出非常成功，博得了观众的赞扬。陈波儿成为中国革命戏剧最早的演员之一，迅速成为戏剧界的名人。上海艺术剧社的活动在社会上产生巨大影响，国民党当局十分害怕，于是逮捕剧社社员，查封了剧社。然而 1930 年 3 月 19 日，上海各剧团就成立了上海戏剧运动联合会。同年 8 月 1 日，该会改组为中国左翼剧团联盟，后改为中国左翼戏剧家联盟。陈波儿一直是其中活跃的一员。

在上海地下党领导人潘汉年的引导下，1930 年 2 月 13 日，陈波儿与鲁迅等共同发起成立中国自由运动大同盟，陈望道、郁达夫、田汉、郑伯奇、夏衍、柔石等参与发起。这个团体的宗旨是争取言论、出版、结社、集会等自由，反对国民党的专制统治。中国自由运动大同盟还发表宣言，出版《自由运动》刊物。由于该团体的矛头直指国民党专制统治，它成立不久即遭到国民党当局的取缔，被迫停止活动。1931 年陈波儿因此被列入国民党特务搜捕的黑名单，她不得不暂时离开上海，转移到香港。

耀眼的电影明星

陈波儿与任泊生在庵埠相识，一起到上海读书，参加革命活动，彼此感情日深。任泊生是广东东莞人，父亲是越南华侨商人，资产颇丰。陈波儿避居香港时，在钥智中学任英语教师，并于 1931 年 4 月 18 日同任泊生结婚。1932 年春陈波儿生长子任克，1933 年又生次子任干。要照顾两个孩子，陈波儿想为社会多做点事情就力不从心了，只好在家照顾孩子。任干两岁多因病夭折。在香港，陈波儿住了三年多。她非常怀念上海的斗争生活，感到老是当家庭主妇，一事无成，人生毫无意义。1934 年，梅公毅等在上海创办了一所外国语专科学校，邀请陈波儿到这所学校任教。她带着任克回潮安老家小住后，重新回到上海，应聘任这所学校的英语教师。学校因宣传革命，不久后被当局关闭了。陈波儿在这所学校待了不到一个月的时间就失业了。她靠写一些小品、杂文发表后挣点稿费维持生计。这样，她维持了三个月。

梅公毅建议陈波儿找在上海艺术大学读书时的教授郑伯奇从事电影事业。陈波儿也决定发挥自己的专长，以电影为阵地，开展革命工作。作为"左联"常委的郑伯奇与同是"左联"常委且负责明星公司编剧、顾问等工作的夏衍、钱杏邨商量后，就把陈波儿介绍给明星公司经理周剑云。1934 年 4 月，陈波儿正式加入明星公司，出演电影《青春线》女主角沈兰。电影《青春线》上映后，反响强烈，成了人们议论的热门话题，观众尤其对陈波儿的出色表演好评如潮。

与此同时，陈波儿又接受了电通公司的聘请，参与《桃李劫》的摄制工作，担任了该片中的女主角黎丽琳。《桃李劫》是中国第一部有声电影，它的编剧袁牧之饰男主角陶建平，主题歌《毕业歌》由田汉作词、聂耳作曲。1934 年 12 月 6 日，《桃李劫》在上海金城大戏院首映成功。陈波儿、袁牧之的名字家喻户晓，《毕业歌》在青年学生中迅速地流传开来。这时代的强音鼓舞着千百万青年奔赴抗日前线。《桃李劫》的成功，使陈波儿成为银幕上耀眼的明星。

陈波儿聪明好学，多才多艺。她能写一手好文章；能说一口标准的国语和流利的英语；她和袁牧之主唱的《毕业歌》不但风靡一时，而且久唱不衰。然而，她为人低调谦逊，从不涂脂抹粉，就连一瓶护肤的雪花膏也用了两年还多着。革命艺术家的风采令人肃然起敬。当时，女演员兼有作家头衔的同志寥寥无几，最出色的是陈波儿。陈波儿精明强干，思维敏捷，大学里学的是文学专业和政治经济，听过鲁迅和郑伯奇等进步教授的课，阅读过郭沫若、茅盾、夏衍、阳翰笙、田汉的作品，打下了深厚的文学功底。1934 年，是陈波儿大丰收的一年，她不仅成功出演了两部电影，而且发表了 23 篇政论或杂文，总字数约两万两千字。她高举抗日爱国旗帜，以笔当枪，抨击时弊，号召人们抗日救国，争取自由平等。她是一个名副其实的女作家。1936 年 8 月，陈波儿在明星公司二厂再度与袁牧之合作，饰演了《生死同心》女主角赵玉华，塑造了一个正直、爱国的小资产阶级女青年的鲜明形象，再次获好评。同时，她还发表了小说和多篇文章，被誉为"女明星作家"。

出色的社会活动家

在中国共产党的推动下，全国抗日救亡运动不断高涨，许多爱国救亡组织纷纷成立。1935 年，在宋庆龄、何香凝的支持下，陈波儿与史良、沈兹九、胡子婴 4 人发起成立上海妇女界救国会。这是全国最早成立的救国会组织之一。陈波儿作为知名电影演员，发挥了重要作用。

1936 年 5 月，沈钧儒、邹韬奋、李公朴、章乃器、王造时、史良和沙千里等著名人士在上海发起成立全国各界救国联合会，要求国民党停止内战，释放政治犯，并与中共谈判，建立统一的抗日政权等。对此，国民党竟以"危害民国"的罪名，逮捕了沈钧儒等 7 位救国会的领导人，这就是轰动一时的"七君子事件"。陈波儿与宋庆龄、何香凝等 16 人发起"救国入狱运动"，发表"救国入狱运动宣言"，向全世界庄严表示："中国人民决不是贪生怕死的懦夫，爱国的中国人民决不只是沈先生等 7 个，而有千千万万个。中国人心不死，中国永不会亡。"宋庆龄、陈波儿等 12 人于 1937 年 7 月 5 日乘坐上海开往苏州的火车，携带写给国民党苏州高等法院的文件，直赴苏州高等法院请求羁押入狱，与"七君子"一道坐牢，弄得国民党政府无可奈何，十分尴尬。最终，蒋介石通过江苏省高等法院以"家庭困难"为由，将"七君子"无罪释放。陈波儿在这场斗争中奋不顾身、一往无前、顽强果敢的斗争精神赢得了人们的钦佩。宋庆龄、何香凝赞扬陈波儿热情积极、果敢无私、才艺超群。

1936 年 11 月 24 日，绥远抗日前线传来了傅作义将军的部队一举攻克日军侵占的百灵庙的喜讯。陈波儿率先发起成立上海妇女儿童慰劳团，赴绥远慰问抗日将士。途中，陈波儿先后会见晋察冀政务委员会委员长、29军军长宋哲元，绥远省政府主席傅作义，13军军长汤恩伯等将领。陈波儿在百灵庙前亲自与著名演员崔嵬合演《放下你的鞭子》，受到前方将士的热烈欢迎。《放下你的鞭子》描写"九一八"事变以后，一对逃难入关的父女以卖艺为生，女儿饿得晕倒在地，老父用皮鞭抽打，迫她卖唱。观众十分气愤，有人夺下老父手中的鞭子，并加以指责。老父痛说当亡国奴的艰难岁月，全场感动。陈波儿首次把《放下你的鞭子》带到抗日前线，轰动全国，意义非同凡响。此后，全国各地进步文艺工作者纷纷将此剧搬到街头、前线，激发了军民对日本侵略者的仇恨，增强了军民的抗战信心。

百灵庙的慰问演出结束后，陈波儿带领上海妇女儿童慰劳团一行途经北平，应邀观看了刚刚从延安回来的斯诺举行的陕北红军摄影展。第一次看到革命圣地的陈波儿，被黄土高坡的活力吸引，"加入中国共产党""去延安"的愿望从那时起就深深扎根在了她的心中。回到上海后，她多次向党组织表达加入中国共产党的愿望。潘汉年告诉她，考虑到陈波儿知名人士的身份，党组织希望她留在党外，更有利于开展工作。

1937年7月7日，"卢沟桥事变"爆发，日本开始全面侵华。上海的影剧界人士紧急排演了话剧《保卫卢沟桥》。陈波儿、金山、赵丹、金焰、田方、崔嵬、周璇等人都参加了演出。《保卫卢沟桥》在上海蓬莱大戏院的演出场场爆满。这时，日寇对上海发起了"淞沪会战"，上海的形势已经越来越险恶，于是陈波儿带着自己4岁的儿子任克和袁牧之、钱筱璋一行4人离开了上海步行到南京，准备从那里去武汉。1937年8月，在南京，陈波儿根据上海党组织的安排，独自到八路军办事处，找李克农和叶剑英，履行入党手续，成为一名中共秘密党员。

随着国民政府迁移到武汉，大批电影文艺界进步人士也陆续转移到武汉。1938年3月，武汉八路军办事处成立党的文艺小组，陈波儿为成员之一，负责联系电影方面的工作。同时，她也参与慰问伤员的工作。1938年夏，陈波儿在武汉和袁牧之再次合作，主演电影《八百壮士》。该片取材自

"淞沪会战"日寇进攻上海，中国军队近八百名爱国官兵坚守阵地，抵抗日寇，坚守四行仓库，掩护主力撤退的真实事件。影片先后在菲律宾、缅甸、法国、瑞士及中国香港等国家和地区公映，鼓舞了全国军民抗战信心，向全世界揭露了日本帝国主义侵略中国的真相。电影里陈波儿扮演的女童子军杨慧敏渡河送旗那振奋人心的一幕，令人难以忘怀。

在电影《八百壮士》完成后不久，陈波儿接到了党组织的命令，要她经重庆北上延安。1938年11月陈波儿来到延安，参加袁牧之导演的话剧《延安生活三部曲》演出。不久，中央决定组成一个由陈波儿任团长的战区妇女儿童考察团，到华北敌后去开展工作。中共中央组织部副部长李富春找陈波儿谈话，肯定了她作为电影明星和知名人士，为党的统一战线做了许多工作，很有成绩，要求她继续做统一战线的工作，带队到华北敌后考察工作。她们的任务就是考察战区情况，深入调查，宣传群众，播撒抗日种子，了解社情民意，考察建立根据地等。1939年1月，考察团从延安出发，经山西、河北、河南，再回西安，最后到达重庆。考察团历时一年零三个月，跋山涉水，历尽艰辛，两渡黄河，6次跨越日寇封锁线，置个人生死于度外，出色完成了任务。她们所到之处，我军首长都亲自接见，部队官兵都特别注意保护她们的安全。她们在晋察冀军区司令部、在120师师部、在太行山八路军总部分别受到聂荣臻司令、贺龙师长、朱德总司令的接见。

1940年2月，完成了考察任务的陈波儿来到重庆，并出现在重庆大大小小各种抗日宣传集会上。她用自己一路考察下来的亲身经历，讲述了日军的野蛮侵略、人民的顽强反抗，广泛宣传八路军在战区和敌后抗敌及生活情况。陈波儿拍摄的战区照片在每一次集会上都引得人们争相传看。陈波儿和战区妇女儿童考察团一行人在重庆期间，住在八路军办事处附近的一所房子，这个地点是周恩来亲自安排的。1940年7月7日天还没亮，陈波儿的住所周围一片嘈杂，十几个国民党特务一下子就冲进了她们的住处。这一天陈波儿原本是应邀准备参加中国人民抗日战争纪念大会的。由于陈波儿的名气大，宣传的影响深，特务借口抓汉奸，要把陈波儿带回去审问。

这一刻，陈波儿做好了在重庆化龙桥牺牲的准备。八路军办事处主任钱之光得知此事，马上报告周恩来，他自己则急忙赶到陈波儿的住处。就在双方僵持不下的时候，周恩来和邓颖超来了，问特务们要干什么。特务说他们是来抓陈波儿等人的，她们是汉奸。周恩来说，她们是我请来的客人，她们是抗日的，你怎么能说是汉奸呢？特务们一看大人物来了，只好灰溜溜地走了。就这样，陈波儿躲过了一劫。

革命文艺的典范

陈波儿虽然脱险了，但这件事说明陈波儿的安全已经受到威胁。为此，周恩来指示，考察团尽快撤离重庆，返回延安。1940年8月考察团启程返延安。到延安之后，陈波儿到中央马列学院学习。为庆祝俄国十月革命23周年，中央马列学院决定排演一出话剧《马门教授》，这是德国一部以反法西斯斗争为主题的名剧。兼任中央马列学院院长的张闻天对此非常重视，指示要排好演好这出戏。学院把这个任务交给陈波儿负责。

陈波儿第一次担任话剧导演，她在中央马列学院学员中精心挑选演员，认真组织和指导排练，努力搞好舞台设计，花费了大量心血。1940年11月20日，这出话剧在延安演出了。陈波儿第一次导演的外国名剧获得巨大成功，显示了她高超的导演才能。1941年夏，陈波儿又应邀为延安文化俱乐部业余剧团导演了《新木马计》。1942年，陈波儿调入中央党校。中央党校三部排演了《俄罗斯人》，仍由陈波儿导演。她一次次出色完成导演任务。

陈波儿是上海乃至全国的电影明星，在延安从事文艺工作又取得了重大成就。1942年5月23日，陈波儿参加延安文艺座谈会，聆听毛主席的讲话并与毛主席合影。合照上，陈波儿等两位艺术家坐在第一排中央，她俩的两旁分别是毛泽东主席和朱德总司令。这既充分体现了毛主席、朱总司令尊重人才、礼贤下士的宽阔胸怀，也表明了陈波儿在延安文艺界的重要地位。

为贯彻延安文艺座谈会精神，反映我党领导下的抗日军民的斗争生活，坚持文艺"两为"方向，陈波儿与姚仲明合编，并担任主要导演，推出了多幕话剧《同志，你走错了路!》。中央党校校长彭真多次与陈波儿、姚仲明一起研究剧本，提炼主题。抗日军政大学副校长罗瑞卿、八路军太岳纵队司令员陈赓也对陈波儿的导演工作给予大力支持和鼓励。该剧根据山东纵队的真实故事改编而成，描写八路军某部联络部部长对国民党右派只讲联合不讲斗争，给革命事业造成了严重危害，多数八路军干部、战士予以抵制，与联络部部长展开斗争，在危急的关头挽救了党的事业，同时也挽救了联络部部长的生命的故事。陈波儿在编导的过程中充分走群众路线，大胆改革，精益求精。当时在延安中央党校学习的东北将领吕正操主动请缨，出演剧中国民党参谋长角色，由于他有过战斗经历，表演时惟妙惟肖，为该剧增色不少。该剧演出后轰动了整个陕甘宁边区。周恩来、陈云、彭真都亲自观看演出，并给予陈波儿不少鼓励，同时将该剧列为延安整风的辅助教材。该剧的演出，对全党同志形象生动地认清王明在统一战线问题上"一切联合，否认斗争"的错误路线的危害，起了很大的作用。

为此，周恩来给姚仲明、陈波儿写了亲笔信，肯定他们这一成功之作，并希望他们精益求精。同时，约请姚、陈带着剧本到周恩来住所杨家岭窑洞座谈。周恩来关心抱病工作的陈波儿，赞扬她这个作品上了一个新台阶，艺术上提高了一大步，工农兵化了，脱胎换骨了，对她的成就表示祝贺。周恩来鼓励她说，"希望再接再厉，导演出更多的好戏来"。《同志，你走错了路!》从延安解放出版社的单行本，到新中国成立后在北京、香港等地又陆续出版，一共出了十几个版本，还出版了英文和法文版。由于陈波儿在文艺上为革命作出了巨大贡献，1944年11月和1945年初，她先后被评为陕甘宁边区甲等文教英雄、马列学院模范工作者、中央党校模范共产党员。

人民电影事业的开创者

抗战胜利后，陈波儿向中央建议成立延安电影制片厂。1945年冬，中共中央宣传部部长陆定一亲自同陈波儿谈话，告诉她，中央同意她的建议。

该厂隶属中共中央西北局领导，并成立以习仲勋为首的董事会。党的第一个电影厂——延安电影制片厂，就是在陈波儿的奔波与呼吁之下建立的。其开山作《边区劳动英雄》，她是编剧，也是制片人。当时中央领导同志获悉这部作品的创作过程后，都给予热忱的支持和充分的肯定。后因胡宗南进攻延安，剧中主人公原型吴满有成为叛徒并公开污蔑共产党，影片无奈停拍。但该部作品成为解放区第一个电影剧本，陈波儿因成为我国第一位电影女编剧而载入史册。陈波儿还筹划组织了《保卫延安》等文献纪录片的拍摄，拍摄了党中央、毛主席转战陕北，指挥全国解放战争的镜头，这些都成为珍贵的历史资料。

1946 年 8 月中旬，陈波儿奉命来到东北兴山市（现黑龙江省鹤岗市），参加东北电影制片厂（长春电影制片厂的前身）组建工作，开辟电影红都。该厂是中国共产党组建的第一个正式电影制片厂。袁牧之任厂长，陈波儿任该厂党总支首任书记兼艺术处处长。在东北电影制片厂，她与袁牧之一起团结来自前线、解放区和国统区的艺术家，组织、策划、拍摄出《民主东北》《桥》等人民电影的第一批影片，开创了中国电影的红色经典时代。由陈波儿具体组织领导拍摄的大型系列纪录片《民主东北》，是我国电影新闻纪录片的划时代之作。它不仅是中国电影史上极为难得的精品，而且在世界电影史上也是空前的创举。从 1947 年 5 月到 1949 年 7 月，东北电影制片厂共拍摄了 30 多万英尺的新闻素材，剪辑成 17 辑影片。《民主东北》真实地记录了"四下江南""东满前线""收复四平""解放东北的最后战役""毛主席阅兵"的真实场面，反映了辽沈战役、平津战役的一些实况。这些充分显示了陈波儿的远见卓识和非凡的组织领导能力。毛泽东、朱德、周恩来等中央领导同志观看《民主东北》后，一致肯定影片很成功。她还编导了我国第一部以讽刺南京政府为主题的木偶片《皇帝梦》。在陈波儿和袁牧之领导下，东北电影制片厂摄制了人民电影第一部动画片《瓮中捉鳖》、第一部科教片《预防鼠疫》，译制了第一部苏联故事片《普通一兵》，制作了第一部故事片《桥》。这个时期，在陈波儿的领导下，东北电影制片厂完成了《桥》《回到自己队伍来》《中华女儿》《白衣战士》《光芒万丈》

《无形的战线》《内蒙春光》和《赵一曼》8 个剧本，后来都拍摄成有相当质量和影响力的故事片。东北电影制片厂被誉为"人民电影的摇篮"，为全国电影事业的发展培养了大批人才。

1949 年 3 月，陈波儿当选为全国妇联执行委员。同年 7 月，她当选为全国文联委员和中国电影工作协会常务委员。1949 年 9 月，陈波儿与蔡畅、邓颖超、帅孟奇等 15 人作为全国妇联正式代表出席第一届中国人民政治协商会议，并登上天安门城楼参加开国大典。会后，陈波儿正式到中央电影局报到，任中央电影局艺术委员会副主任兼艺术处处长。在她的组织领导下，仅一年中国即拍成了《白毛女》《赵一曼》《钢铁战士》《翠岗红旗》等 26 部故事片和一批新闻纪录片，显示了新中国革命文艺的旺盛生命力，奠定了人民电影事业的坚实基础，为中国电影赢得了国际声誉。陈波儿为建立和发展人民电影事业披荆斩棘，忘我工作，作出了卓越的贡献。

1950 年，我国第一次参加卡罗维发利国际电影节。在讨论参赛影片时，有权威人士反对《中华女儿》参赛，理由是：这"不是艺术片"。激辩中，陈波儿指出，人民电影是穿开裆裤的时候，虽然还不尽如人意，可这毕竟是拓荒之果。她说："《中华女儿》讲的是抗联战士'八女投江'的悲壮故事，再现中国人民气壮山河的抗日决心和视死如归的民族气节，这难道不真实、不感人吗？"最后她愤而说道："如果像《中华女儿》这样的影片都不准参赛，我们何以向党和人民交代，那我这个艺术处处长就只好辞职！"在陈波儿的力主之下，影片得以参赛。在电影节上，《中华女儿》大获好评，荣膺电影节"自由斗争奖"，此乃新中国电影在国际影坛摘得的第一顶桂冠。

新中国电影教育奠基人

陈波儿担任艺术处处长后，既高度重视眼前摄制高质量的革命影片，更谋划着新中国电影事业的未来和长远发展。上任伊始，她就一直思考着如何培养电影艺术人才的问题，并向中央建议办一所电影学校。在陈波儿的领导下，经谢铁骊、巴鸿、王赓尧等同志筹划，并经文化部、中宣部和周恩来总理同意，于 1950 年 6 月创建了中央文化部电影局表演艺术研究所，简称表演艺术研究所（北京电影学院前身），并于 7 月初在北京、南京、上海等地开始招生。1950 年 9 月 14 日，第一个大专三年制演员班的 38 名学生参加了隆重的开学典礼。

陈波儿兼任表演艺术研究所所长。在当时一无资料、二无经验、三无借鉴的情况下，陈波儿思路清晰，办学目标明确，工作严谨。从建立表演艺术研究所筹备组，到制定教学方针和教学计划，开展思想政治工作，招生，配备干部，聘任教师，聘请大批专家学者来所授课……陈波儿都认真负起领导责任，悉心指导乃至亲力亲为，从而形成了一支强有力的教学管理队伍，建立了教学、行政、思想、生活管理一整套制度。虽是初创阶段，但实施过程有条不紊。著名导演谢铁骊回忆说，那时，陈波儿正是在繁忙的工作中，带着严重的病痛，领导着他们创办表演艺术研究所的。她还尽可能地到研究所和同学们见面，讲课，巡考场。她在心脏病十分严重的情况下，还亲自为学生讲课。有一次她在讲课之前，嘱咐巴鸿待在窗下，当她冲他举手时，就把窗子打开。果然，讲课不久她就举起了手，巴鸿立即打开了窗子，让新鲜空气进来，使她的心脏舒服些。这真是令人终生难忘而又催人泪下的一课啊！陈波儿的敬业精神和奉献精神可见一斑。

1990 年 2 月，谢铁骊说："当我们回忆北京电影学院的最初历程时，波儿同志的形象，随着我们的笔触，不时出现在面前，已经 40 年了，但对她的思念反而越来越深了。那时她患有严重的心脏病，却一刻也不离开繁重艰辛的领导工作岗位。"北京电影学院以及中国电影界的老一辈电影人一致公认：陈波儿是北京电影学院的创始人，电影教育的一代宗师，伟大的电影教育家，新中国电影教育的奠基人。

陈波儿开创了中国电影事业的几个第一：她主演中国第一部有声电影《桃李劫》；她是中国第一位电影女编剧、女导演；她创办中国第一个人民电影制片厂；她是中国木偶片和动画片的开创者；她编导了中国第一部电影新闻纪录片《民主东北》；她参与创建新中国第一所电影学院；她为新中国电影赢得第一枚国际奖牌。

鞠躬尽瘁　风范长存

1951年11月，陈波儿到广州协调珠江电影制片厂建设的有关事宜，顺便回老家接阔别十七八载的母亲一同赴京。在火车途经上海时，她对妈妈说："从今以后，我不离开你。"11月9日晚，陈波儿在上海与专家会谈时突然心脏病发作，经抢救无效，于11月10日零时30分在上海同济医院逝世。那一年，她只有44岁。

根据电影局和袁牧之的意见，陈波儿的灵柩被运往北京。11月13日，首都电影院举行了陈波儿追悼会。周恩来、邓颖超等送了花圈。中华全国文学艺术界联合会副主席田汉主祭，丁玲、袁牧之陪祭。田汉、黄钢宣读了中共中央宣传部、中央人民政府文化部、军委总政治部、中华全国民主妇女联合会、中华全国文学艺术界联合会祭文，祭文中称陈波儿是"中国共产党的优秀党员"，"有着卓越才能的电影艺术家"，"站在民族解放运动和妇女解放运动的前列，奋斗一生"，"很好地运用了艺术的武器，为当时反帝、反封建的革命任务而奋斗"，"冒着困难和危险，到抗日战争前线"，"奋不顾身地为党为人民工作……"中宣部副部长胡乔木、文化部副部长周扬都在会上讲了话。全国妇联副主席邓颖超宣读《悼念陈波儿同志》的悼词："波儿同志，你的死讯带给我沉重的悲痛。你是一个优秀的电影艺术工作者。正当新中国的电影事业日益发展，我们正期待你作出更多更大的贡献的时候，亲爱的同志，你突然死去了，这是我们党的、人民的、妇女的一个损失！……你的音容笑貌时刻萦绕在我的脑际……"

上海、长春、沈阳、武汉、重庆和西安等地的各电影制片厂和发行部门，各有关文化部门，文艺界，戏剧界，电影界都分别举行了隆重的追悼会。

长期以来，为了革命，陈波儿东奔西忙，废寝忘食，忘我工作，费尽心力，终于积劳成疾。早在1943年，陈波儿导演话剧《同志，你走错了路！》时就已经发现患了心脏病，并且两次晕倒在排练场。1949年初，她把自己的真实病情告诉了老朋友梅公毅，称"我将不久于人世了！"1950年筹建表演艺术研究所时，她的身体更加糟糕了。然而，她一直抱病工作，与死神争时间，自加压力，顽强拼搏。

为了革命，陈波儿与丈夫任泊生离多聚少，长期两地分居。1938年底，陈波儿和任泊生一个北上到延安，一个南下到新四军，"皖南事变"发生后两人就断了音讯。1945年冬，在筹建延安电影制片厂过程中，陈波儿到重庆、上海购置摄影器材。在重庆，她得知任泊生已与他人结婚了，非常痛苦。在朋友的撮合下，1947年夏天，陈波儿与袁牧之结婚，在哈尔滨举行了婚礼。

为了革命，陈波儿没有工夫照料自己唯一的儿子任克，常让孩子一个人在家玩耍。1938年底，6岁的任克独自到重庆郊外，不小心掉进鱼塘里，差一点淹死，幸好被老乡救了起来。陈波儿对母亲说，她是个不孝的女儿。她本想将母亲接到北京，共享天伦之乐，可是她自己却带着遗憾走了。陈波儿逝世的消息，一直瞒着她老人家。周恩来和邓颖超代表着党，也代表着他们自己无微不至地关心、照料陈波儿的母亲和儿子。任克曾写了《敬爱的周总理关怀我们后代》文章，深切怀念周总理和邓妈妈。

陈波儿不为名，不为利，敬业奉献。1950年，为配合"镇压反革命运动"，毛泽东主席交办拍一部电影，揭露反动会道门"一贯道"的罪恶，让人民群众擦亮眼睛。"一贯道"是帝国主义与国民党反动派掌握和利用的工具，是欺骗与陷害落后群众的封建迷信组织。周总理向陈波儿传达毛主席指示。编剧的任务落在著名作家、女编剧颜一烟的身上，颜一烟感到完成任务有困难，陈波儿便奋不顾身，身体力行，尽心竭力帮助颜一烟编写剧本，带病陪颜一烟参观"一贯道罪行"展览，陪她到公安部门采访相关人员，旁听提审案犯，掌握素材，与颜一烟一同研究资料，一起研究提纲，商议人物，谋篇布局，共同完成了剧本《一贯害人道》。可最后，她执意不肯署自己的名字。颜一烟坚决不答应，无奈之下，陈波儿署了个"夏幼虹"的名字，但稿费分文不要。颜一烟只好将稿酬悉数捐献给了国家。许多编剧、导演和演员都和颜一烟有相同的经历和体会。陈波儿的革命精神和高尚人格令人钦佩。陈波儿为党为人民鞠躬尽瘁，风范长存！

　　1994 年 6 月，"左联"作家，中国当代著名作家、文艺评论家，文化部电影局原局长，文化部原副部长陈荒煤提出"应该拍摄一部陈波儿的传记故事片，让波儿同志这位世界上绝无仅有的'明星'，可尊敬、可爱的光辉形象闪耀在世界银幕上"。

　　陈波儿，潮州人民为你骄傲！家乡人民永远怀念你！1995 年元宵节，中国共产党的优秀党员、革命家、社会活动家、人民艺术家陈波儿终于"回到"潮州！陈波儿的汉白玉雕像在潮州西湖公园落成，雕像揭幕式暨纪念陈波儿从事革命文艺 65 周年活动举行。陈波儿雕像背后有一块大理石，正面刻着夏衍的题词："人民艺术家陈波儿同志不朽。"背面刻有阳翰笙撰写、吴南生行书的陈波儿生平事迹。陈波儿永远活在潮州人民心中，陈波儿的名字永载在中国革命史册上！

梅　益

○
○
○
○
○
○
○
○

　　2003 年 1 月 17 日春节前夕，中共中央政治局常委李长春代表党中央登门看望了梅益，同他亲切交谈了一个多小时。同年 3 月 18 日，梅益又以嘉宾的身份应邀在中央电视台《新闻夜话》节目纵论社会科学研究和宣传文化工作。他还表示，他虽然已经 91 岁了，年纪大了，但仍会保持比较健康的身体，继续把社会科学研究工作搞下去。

　　然而，不到半年便传来噩耗：中国共产党的优秀党员，久经考验的共产主义战士，著名宣传活动家、翻译家，原中共中央顾问委员会委员，中国社会科学院原党组第一书记梅益同志，因病于 2003 年 9 月 13 日 18 时 45 分在北京逝世。这位为党的新闻宣传出版事业贡献了毕生精力的学界泰斗走完了自己光辉的人生路程。20 世纪 30 年代活跃于"左联"文坛，后来成为我党新闻出版战线领导者的最后一颗巨星陨落了。胡锦涛、江泽民、吴邦国、温家宝、贾庆林、曾庆红、吴官正、李长春等领导同志分别以不同方式对梅益同志逝世表示哀悼。

　　9 月 25 日，八宝山革命公墓礼堂庄严肃穆，哀乐低回。在黑底白字"梅益同志永垂不朽"的横幅下，悬挂着梅益的遗像，而在遗像下方摆放着梅益翻译的《钢铁是怎样炼成的》中的一段名言："人的一生应当这样度过：当回忆往事的时候，他不会因为虚度年华而悔恨，也不会因为碌碌无为而羞愧；在临死的时候，他能够说：'我的整个生命和全部精力，都已经献给了世界上最壮丽的事业——为人类的解放而斗争。'"这段曾经被几代人传颂的警句，就是梅益光辉一生的真实写照。

杜校长免收学费改变了人生道路

梅益原名陈少卿，笔名梅雨，1914 年 1 月 9 日（农历癸丑年十二月十四日）生于广东潮安县城（今潮州市湘桥区）一个普通市民家庭。其故居坐落在潮州城打银街小卞厝巷内。父亲陈彦生在韩江当船工，后经营小本生意，买卖旧衣和日用品。不久，他和城里一位银匠的女儿王氏结婚，改行批发《申报》。他们生育了四男一女，女儿排行第二，梅益排行第三，第五个孩子过早夭亡。梅益天资聪颖，精力过人，身材高大。

1926 年，梅益 13 岁在潮州城南小学毕业，同年考上了省立四中，即潮州金山中学。由于家庭人口多，收入有限，家里一直很穷。梅益的哥哥小学毕业后就到药铺记账。他的父亲希望梅益像哥哥一样，早点出来打工，当学徒或干别的差事。学校开学已经半个多月了，有一天他在路上碰到了小学的黄老师，问他上中学哪个班，学得怎么样。梅益回答说，家里穷，没上学。黄老师说："哎！太可惜了!"回家后梅益哭了一个晚上，母亲也很难过，就给他三块银洋，说："先交一部分，要是不够了，那就没办法了，家里实在拿不出钱。"哥哥的同学龚文河带着梅益去找校长杜国庠，杜校长爱惜人才，对交不起学费的梅益十分同情，收下了他当学生，并摸着他的头说："以后要是在期考得了前三名，免你的学费。"就这样，梅益借了别人学过的课本上学了。梅益非常珍惜学校生活，学习很用功，进步也很快，课外还阅读了不少书刊。直到晚年，回想起杜国庠等人的帮助，梅益仍充满感激之情，感谢他们"改变了一个本该当学徒的人的人生道路"。

杜国庠任金山中学校长时，正是国民革命军第二次东征到潮州的时候。杜国庠锐意刷新校政，引导学生参加实际斗争，培养了不少革命人才，被当时反动势力视为眼中钉和"准共产党"。梅益感激和崇敬杜校长，受杜校长进步思想的影响，向往革命。当时潮州国民革命的烈火在燃烧；他哥哥也参与其中。进步组织利用梅益父亲陈彦生批发《申报》的场所办了一个青年通讯社，宣传和报道潮州的国民革命活动。在学校和家庭的影响下，梅益对革命有了初步认识。

加入北方左翼作家联盟

因为参加地下革命工作，哥哥被捕，龚文河牺牲，杜校长被迫辞职，这些都给梅益极大的刺激，使他产生了离开潮州的愿望。1929 年高一下学期，梅益班里有 3 位同学要到上海读大学，要他一起去。于是，他们 4 个人一起到了上海。梅益考入了由胡适和马君武先后担任校长的中国公学。可梅益连吃饭都没钱，哪能交上高昂的学费，不久又害了伤寒。曾在中国公学读书的潮州人洪应堃老师给他找到一个回城南小学教书的机会，做纸张生意的郑雪痕先生给了他 30 元路费。就这样，梅益又回到潮州，在城南小学任教，当上了五、六年级的语文教员，月薪 27 块银圆。教了一年半书，积下 130 元。

1932 年夏天，梅益又燃起读大学的愿望，便独自由潮州经上海到达北平求学。经过同乡介绍，他来到了中国大学，因为交不起学费，他只能在该校旁听课程。他挤在一间较大的学生宿舍里，宿舍里有几位潮州籍学生，他与姓王的同学共用一张床铺。1933 年冬天，校方不允许非正式学生在校内借宿，梅益便搬到了宣武门外丞相胡同的北平潮州会馆。会馆老板的女儿杨志珍与住在会馆的文化青年来往很多，梅益当时衣食无着，生活窘迫，杨志珍不但没有嫌弃他，反而待他很好。两人相识相爱，后来在上海结婚。

潮州会馆在清朝年间购置了一批田产，每年收益汇到北平，北平的每个潮籍大学生每半年可得到三五块大洋的资助。当时的大学生多数是富家子弟，不在乎这点钱，便把领钱图章给梅益去领钱，他在北平的基本生活就解决了。梅益在中国大学日语补习班学日语，不到一个月因学费太高而退学，他又改为自学英语，并搬到北平图书馆附近的民居，图书馆便成了他获取知识的主要源泉。从那时起，梅益常常一早起来就怀揣两个烧饼，直奔图书馆自学英语，中午找点开水，配上两个烧饼就是午餐了。他身上带着很多卡片，一面是英文，一面是中文，随时随地背单词。他几乎是焚膏继晷、悬头刺股地努力学习，追求新知。从 1934 年开始，他试译短篇文章，第一篇是美国女作家赛珍珠的《王龙回家了》，登在北平《晨报》的《学园》副刊上，自此开始了他的文字生涯。他在北平的《晨报》、天津的《庸报》、上海的《申报》等副刊和一些刊物发表散文和译作，靠稿费度日。同时，他在北平广结朋友，寻找进步组织。1935 年初梅益参加了北方左翼作家联盟。不久，国民党特务到处搜捕进步作家，很多作家被捕被害，梅益也被列入黑名单。在危急关头，幸得到朋友帮助，他逃到了上海。

在日寇的眼皮底下办抗日报纸

1935 年秋，梅益在上海一民办中学教书，可是很快因为他让班上的学生参加示威游行而被学校开除。不久，他和上海的中国左翼作家联盟（"左联"）取得了联系。1936 年，梅益与"左联"作家何家槐等共同负责编辑出版"左联"的机关刊物《每周文学》。又与徐懋庸、周扬、周立波等创办《文学界》月刊。留意"左联"活动的人，大多知道有位叫梅雨的作家，梅益正是用这个笔名发表了大量文章。上海沦陷后，在党的领导下，梅益等人在日寇的眼皮底下办抗日报纸，先后创办了《译报》《每日译报》，主编《华美周刊》《求知文丛》等刊物。

1937 年 8 月，梅益在上海加入了中国共产党。"八一三"淞沪会战爆发，上海成了"孤岛"。除了一份汉奸报纸外，所有的中文报纸都被勒令停刊。为了突破日伪的新闻封锁，党组织要求梅益与夏衍着手筹办、出版自己的日报。梅益发起创办了中国抗战时期沦陷区第一份爱国的、独立自主的中文日报《译报》。梅益的老战友林林曾回忆说，《译报》的出现非常有意义，因为那时候在上海是听不到党的声音的，听到的只是敌伪、亲日派和亡国派们所叫喊的"亡国论"的声音，为了让敌占区的人民了解全国的抗日情况，非常需要一份能传达共产党所领导的抗日队伍的声音的报纸。当年 12 月 9 日，《译报》出刊，有人称之为"世界新闻史上的创举"。取名《译报》目的在于方便出版发行。那时在租界内只有外国报纸才能出版，而《译报》刊登的报道、文章全部是翻译而来，只有采取这个办法才能得到租界当局的出版许可证。南京大屠杀和八路军平型关大捷的消息，都是上海这家中文报纸首先向国内报道的。但办报不到一个月，《译报》就被日寇取缔了。

后来，梅益等人巧妙地高薪聘请一个英国人当发行人，由他去和日本人交涉，申请登记。就这样，《译报》改名为《每日译报》，梅益任总编辑，又恢复出版了，并且发表的内容也不限于译文。从 1938 年 8 月 23 日起，该报曾全文连载毛泽东的《论持久战》，还刊登过中共六届六中全会通过的《告全国同胞、全体将士和国共两党同志书》、周恩来的《论抗战新阶段与侵略者新政策》等文件和演讲。《每日译报》的社论文章文风犀利，这多半出自梅益的手笔。直到太平洋战争爆发，日军占领租界，《每日译报》才被迫停刊。

这期间，梅益还做了一件颇有意义的事情。为纪念"八一三"淞沪会战一周年，以他主编的《华美周刊》的名义，发起"上海一日"征文活动，要求记录沦陷时期每个人一天的遭遇。征文得到了社会各阶层的热烈响应，投稿的有年逾花甲的老人，也有十三四岁的少年，更多的是青年学生和工人。一共收到 2 000 余篇稿件，逾 400 万字。梅益身为主编，不辞辛劳地与戴平万、林淡秋、钱坤三位编委一道，在 3 个多月的时间里从来稿中选出 100 万字编辑出版。全书分"火线上""苦难""在火山上""漩涡里"四个部分，不仅忠实记录了淞沪会战爆发后的社会景象，更控诉了日本侵略者的暴行，激发了人民的抗日热情。

1938 年，梅益与他人合译了斯诺的《西行漫记》（《红星照耀中国》），翻译了史沫特莱的《红军在前进》；1939 年与他人合译了斯诺夫人威尔斯的《续西行漫记》；1940 年翻译了《对马》《尼特鲁自传》《列强军备论》。

尤其是《西行漫记》的翻译出版，意义重大。1936 年 6 月，斯诺在宋庆龄、张学良的帮助下，秘密进入陕北。在为期四个月的采访中，他同毛泽东、朱德、周恩来、彭德怀、贺龙等进行了多次谈话，搜集到不少二万五千里长征的第一手资料，还深入考察了苏区军民的实际生活和民情风俗，写了 14 本采访笔记。1937 年 10 月，英文名为《红星照耀中国》的报告文学在伦敦出版。不久，斯诺在上海收到了由英国寄来的《红星照耀中国》样书。他的老朋友胡愈之读后，萌生了将此书译成中文的想法。于是，胡愈之通过其胞弟胡仲持，邀请梅益等人翻译此书。斯诺还为中译本写了序。中译本《西行漫记》一经面世，便引起轰动，几个月内就重版发行了多次，印数累计数万册之多。许多进步青年就是因为读了《西行漫记》，纷纷奔赴革命圣地——延安，走上革命道路的。当时周恩来任中共中央南方局书记，分管上海的工作，对梅益的工作给予了充分的肯定。

钢铁般的意志翻译《钢铁是怎样炼成的》

1938 年，八路军驻上海办事处主要负责人刘少文将一本纽约国际出版社出版的英文版长篇小说《钢铁是怎样炼成的》交给梅益，说："这本书是外国友人送的，若把它翻译为中文出版，肯定对中国青年大有教育作用，能让更多的人投身于中国革命。因此，办事处决定把翻译任务交给你。"梅益在极端艰苦条件下锲而不舍地开展翻译工作。

梅益从没进过英语学校，也没有留学背景，他主要靠在北平自学和在翻译实践中提高外语水平。他既要参加地下革命活动，又要主编《每日译报》《华美周刊》等报刊，非常忙碌，得空才译书。妻子杨志珍患病，梅益还要帮助料理家务，照顾孩子。他常常一手抱着孩子，一手拿笔翻译。翻译工作是在上海的一个"亭子间"（上海楼房顶棚的小房间）里进行的。梅益曾经说过："我在翻译的过程中碰到过一些难题，要不断地查字典，往往通宵达旦。译出来以后，又把一些章节送给懂俄文的同志帮助对照、核对。""《钢铁是怎样炼成的》译得很苦，那时编刊物、筹资金，还要完成组织上临时交办的任务，一天忙到晚，只能挤睡觉的时间，睡一两个小时就不错了，有时候把稿纸一铺开，就趴在上面睡着了，所以译了好几年……"

就在译作即将完成之际，他遭遇了人生中最悲惨的命运，他两个可爱的儿子及年轻贤淑的妻子在40多天里都因贫病交加死于非命。他平常翻译的稿费微薄，还常常拿出一部分接济在海外漂泊的革命者的家属，因此自己一家人常常断炊。1941年寒冬，他的小儿子得了肺炎，无钱求医，就在母亲怀里夭折了。不久他的妻子也因心脏病发作而离开了人世。为了译好《钢铁是怎样炼成的》，梅益忍痛把4岁的大儿子送到教会孤儿院去，不料当他译完《钢铁是怎样炼成的》，并把译稿送出去打印纸型，拿了一斤粽子糖去孤儿院领孩子时，却被告知孩子已在前两天因感染脑膜炎而夭折了。他急忙抱起儿子的遗体，糖撒了一地也全然不知。

他忍住泪水悄悄回到家中，得悉书的纸型已经打好，就又投入了新的战斗。他安排工人将纸型运到印刷厂去开印，谁知纸型在运输过程中被日寇查获，日寇发现这是一部革命书籍，就逮捕了工人。工人宁死不屈，纸型被烧毁，工人被枪杀。梅益又忍住悲愤，重新安排打了一份纸型。《钢铁是怎样炼成的》就是在经过这样的血泪与曲折之后，终于在1942年1月由上海新知书店出版了。新知书店首版印3 000册，发行于上海、桂林、重庆。不久，大连、张家口等地也出版了这本书。

虽然该书有多位译者先后从日文、英文、俄文翻译而来的多种译本，主人公名字的音译也各不相同，但还是梅益的译本被公认为质量最佳而流传最广。1950年，梅益到苏联访问，见到苏联人翻译的该书英文版，便买回国阅读，觉得它比英国人译得更详尽，故对自己的译本再修改，当年由人民文学出版社出版。结果非常畅销，成为中国城乡青年必读之书。

《钢铁是怎样炼成的》一版再版，其中，《人的一生应当如何度过?》《筑路》等被列入中学语文课本。进入21世纪，梅益翻译的《钢铁是怎样炼成的》一书被教育部列入初中语文新课标必读丛书。该书总计出版17次，印500余万册，在中国发行史上是空前的。它是20世纪中文译作中发行量、影响力最大的。这本书自翻译成中文以来，影响和教育了中国几代人。

传播保尔精神的梅益，在自己的一生中自始至终自觉地以保尔为榜样，顽强地工作，无私地奉献。新中国成立初期，稿酬较高。1951 年，在抗美援朝中，梅益一次性捐赠了 5 亿元（旧币）购买了一架飞机支援前线。

在南京留守到最后

《钢铁是怎样炼成的》书译成了，但家毁了。1941 年 12 月 7 日，日本海空军突然袭击珍珠港，太平洋战争爆发，梅益主编的刊物被迫停刊了。1941 年冬，梅益译完后，交由上海新知书店排印出版。此时，党组织安排梅益撤离上海。梅益孑然一身，带着国仇家恨，投奔陈毅领导的新四军，来到抗日救亡前线。他先后在中共华东局宣传部工作，在安徽参加创办新四军江淮大学和建设大学等。当他第一次见到自己的译作时，已是一年后了。1942 年底，梅益到洪泽湖西岸小镇半城新四军第四师师部看望师长彭雪枫，见彭雪枫在读一本书，正是上海新知书店出版的《钢铁是怎样炼成的》。那天，彭雪枫断言："这是一部可以影响几代人的书！" 1942—1944 年，梅益任新四军江淮大学党委书记。1945 年 4 月，由建设大学校长张劲夫主婚，梅益和江苏江阴籍原江淮大学学生尹绮华结婚。婚后他被调入华中新华社工作。

日寇投降后，梅益又受党组织的指派，到上海筹办《新华日报》上海版，并担任中共上海文委委员、书记。国民党政府于 1946 年 5 月还都南京，为了继续进行和平谈判，以周恩来为团长的中共代表团人员也分批迁往南京。新成立的新华社南京分社在梅园新村 17 号院内办公。南京分社先后有三位社长：宋平、范长江和梅益。宋平调往东北解放区后，范长江从苏北解放区调到南京继任代表团发言人和分社社长，不久调回延安。6 月底，梅益被从上海调到南京分社，接替范长江的工作。在他们三人中，担任中共驻南京代表团新闻处处长、南京分社社长时间最长的是梅益。在南京期间，国共和谈随时可能破裂，中共代表团和南京分社人员随时可能出现危险，他们分批撤离南京。梅益"把脑袋掖在裤腰带上闹革命"，作好了被国民党当局抓起来坐牢、杀头的最坏准备，随董必武于 1947 年 3 月 7 日最后一批撤离南京飞往延安。

新中国广播电视事业的奠基人和开创者

梅益于 1947 年 3 月回到延安，周恩来提名梅益任新华社副总编辑，主管广播工作。那时，广播只是新华社的一个部门。除了《对国民党军广播》这个节目外，其余全都依靠新华社的文字电讯稿改成口语来广播。此后的 20 年时间里，梅益把一生中的黄金岁月毫无保留地献给了中国广播电视事业。有人说，梅益在 20 世纪 40—60 年代的经历，就是一部中国广播电视事业的创业史。

1947 年 3 月 11 日，敌机轰炸延安，梅益的广播工作就是在轰炸声中开始的。3 月 22 日，他受命东渡黄河，到晋绥、晋察冀、晋冀鲁豫三个解放区去设法筹办接替陕北台的战备广播电台，以保证延安的广播不会中断。1948 年 5 月，延安新华广播电台迁入河北平山。1949 年 3 月迁入北平，改名为北平新华广播电台。

1949 年 10 月 1 日，政务院决定将原来的中央广播事业管理处改组为广播事业局。当年 12 月 6 日，政务院任命梅益为广播事业局副局长，分管宣传业务工作，同时兼任中央人民广播电台总编辑。

1952 年 9 月 19 日，梅益任中央广播事业局局长、党组书记。1957 年当选为中国新闻工作者协会副主席。广播事业工作线长面广，梅益坚持科学决策，重大事项集体讨论，自己跟踪进展，狠抓落实。在宣传业务方面，他不仅办好了对国内的广播，还发展了对国外的广播。在此期间，他根据刘少奇要发展电视的指示，带领广播事业局的科研技术人员经过不懈的努力，在物质条件有限的情况下于 1958 年建成了我国第一个电视台，1959 年录播了国庆 10 周年的实况。同年，梅益任国家广播电影电视总局局长。他任这一职务直到 1966 年 8 月。

梅益虽然事务繁多，但是凡属重大报道，他都要主持拟订报道计划、审阅稿件。在关键时刻，梅益总是身体力行，亲临现场指挥。1949年10月1日"开国大典"的实况广播工作，要提前发出预告，通知各省、市电台联播，这是中国人民广播史上第一次全国规模的实况广播，该如何措辞？梅益和语言广播部主任温济泽商量，认为是"在现场对实际情况的广播"，于是就定名为"实况广播"了，这个业务名词从此沿用下来。到了10月1日当天，梅益到天安门城楼上亲自指挥播音员齐越和丁一岚以及机务工作。后来担任中央人民广播电台台长的杨兆麟参加了当年实况广播稿的采访、编写工作。据他回忆，每当临时需要对稿件进行补充，就由杨兆麟当场写出一小段，经梅益看过以后，再交给播音员。此后，每年的"五一""十一"和全国人民代表大会、全国政协会议，以及党的"八大"，从开始筹备到现场工作都是梅益主持，这都让杨兆麟感受到梅益强烈的事业心和认真负责的工作作风。

在领导广播工作期间，梅益每晚要听了零点的新闻广播后才回家休息，每天上午8点多又来到办公室，下午深入各部组研究工作，长年如此。他经常在自己办公室里一张小木桌前吃晚饭，饭菜是工作人员从食堂用饭盒打来的，他一边吃饭一边看文件。桌子旁边放着一张单人木板床，加班时他就睡在这里，很多个星期日都是在办公室度过的。用"日夜操劳""殚精竭虑"来形容他的工作状态是丝毫不过分的。他这种不知疲倦的敬业精神，受到中央广播事业局干部职工的普遍尊敬。

梅益重视广播电视人才的发现和培养。我党的第一位男播音员齐越就是梅益亲手培养而成长为著名播音员的。1948年，当新华总社从太行搬到西柏坡时，梅益就为迎接全国的解放选拔和扩大播音员队伍。当解放军横渡长江，南京即将解放之时，梅益坐在话筒前指挥齐越，利用广播向南京国民党中央台喊话通话，取得对方的归顺和帮助，这对顺利接管敌台起了很大作用。梅益很重视干部人才工作，重视从各种渠道选拔人才，包括创办了北京广播学院，通过专业院校培养人才；发掘侯宝林等一批民间人才，发展新中国广播文艺事业；从归国华侨青年中选拔人才作为外语广播的基本队伍；选派理工科大学毕业生到苏联、民主德国和捷克深造，培养我国广播电视事业的技术领导和骨干，从而培养出了一大批政治思想好、业务技术精的播音员和专业技术人才，使中国的播音走上了一条具有中国特色、中国风格、中国气派的道路。梅益率先垂范，撰写业务论文，开展业务研究，经常到局里各部门参加座谈会，听取建议。每年召开的全国广播工作会议上，他都要作报告或总结。他总是自己动手，部署总结，从来不让别人代拟讲稿，照着念。熟知当年情况的老同志说，梅益非常重视人才，爱惜人才，有胆识，有远见。他善于团结容纳各种人来为新中国广播事业服务，所以那时节人才辈出，事业兴旺发达。

在任期间，梅益重视对外交流与合作，频繁参加同行的国际活动。1953 年 4 月，他在捷克布拉格举行的一次国际广播组织主席会议上当选为国际广播组织主席。他十余年来先后率团访问过匈牙利、捷克、苏联、波兰、古巴、朝鲜、越南、阿尔巴尼亚、英国、瑞士、巴西、智利、阿根廷、厄瓜多尔、印度尼西亚等国，为中国与世界广播事业的交流作出了卓越的贡献，并利用中小国家的人才和先进设备冲破大国的封锁，服务中国广播事业。

梅益是新中国广播事业的奠基人以及电视事业的开创者，他领导创建了中国第一家电视台和国际广播电台，创办了中国第一所培养广播电视人才的中国传媒大学。新中国成立初期，我国广播事业获得长足发展，电视事业从无到有，初具规模，建立了新中国广播电视网络体系。梅益带领广播电视人在全国广大农村地区建立和普及有线广播网，使得身居农村尤其是与外界近乎隔绝的偏远农村有条件了解到外部世界；建立并初步完善中国对外广播系统，对宣传新中国的形象起到了很大的作用；开创了新中国电视事业发展的格局，建成中国第一家电视台；有力地宣传党的路线方针政策，推动国家的经济建设、政治建设和文化建设向前发展。这些工作不仅具有开创性，而且具有长远意义。"文革"前 17 年，国家广播电视事业的工作受到毛泽东、刘少奇、周恩来、朱德等党和国家领导人的充分肯定。

社会科学、百科出版工作的杰出领导人

1977 年 5 月，中国社会科学院创建，第一任院长胡乔木。在胡乔木的建议下，梅益被调到中国社会科学院参加筹建工作，历任副秘书长、秘书长、副院长、党组副书记、党组第一书记、顾问。曾兼任中国社会科学院院长的李铁映同志充分肯定梅益在筹建社科院、繁荣发展哲学社会科学事业方面的卓越贡献。他说："从 1977 年到 1986 年，梅益在中国社会科学院工作了近 10 年。这 10 年，正是新时期我国哲学社会科学不断发展的 10 年。他坚持马克思主义，贯彻党在新时期的基本路线和党的知识分子政策，虚心向各个学科的专家学者求教，做他们的知心朋友；积极组织领导理论学术活动，为繁荣和发展哲学社会科学事业，做出了不可磨灭的历史性贡献。"（李铁映：《八十年来家国——梅益纪念文集》序言）

1986 年初，梅益以 72 岁高龄调任《中国大百科全书》总编委副主任（主任为胡乔木）兼中国大百科全书出版社社长、总编辑，接替已干了 8 年而双目失明的姜椿芳的工作，同时保留社科院顾问的职务。其实，这时的梅益已由社科院党组书记改任顾问，处于"半退"状态。他本想集中时间或疗养身体，或翻译几部译作，或撰写回忆录……然而，当姜椿芳以恳切的语气发出邀请的时候，他毫不犹疑地答应下来，因为梅益分明感受到了姜椿芳对他的那种炙热而殷切的期待。"责任重大，自当黾勉以赴。"

梅益表示，"为'大百科'早日出齐，就是拼上一条老命，也不足惜！"梅益胸怀这样的雄心壮志，高擎"大百科"旗帜，义无反顾地率队实施"大百科"宏大的系统工程。为了确保《中国大百科全书》内容上准确无误，学术上客观公正，政治上万无一失，文字上简洁练达，梅益从每个条目的论证、确立、撰写，到编辑、发排、印刷，都亲力亲为，身体力行，从不敢有半点儿懈怠，一些"特别条目"甚至都经党和国家领导人亲自审定，用他的话说，就是"每个条目都得经得起历史的检验"。

"宝剑锋从磨砺出，梅花香自苦寒来。"1993 年 8 月，凝结着数十个学科、2 万余名专家学者心血的《中国大百科全书》全部出齐。面对这部多达 74 卷，内容包括哲学、社会科学、文学艺术、文化教育、自然科学、工程技术等 66 个学科和领域，77 859 个条目，约合 1.27 亿字，并附有近 5 万幅图片的鸿篇巨制，梅老感慨万千。是年，梅老 80 岁。

《中国大百科全书》是中国第一部大型综合性百科全书，也是世界上规模较大的几部百科全书之一。它是东方文化傲立于世界文化之林的重要象征。

1986 年 4 月召开的中国老年学学会成立大会上，梅益被选为会长。梅益是我国当之无愧的老年学奠基人。他带领学会的同志，4 年召开了 3 次全国学术研讨会，分别对我国人口老龄化的现状与发展趋势、老年学研究的对象和范围进行了全方位的探索，为我国老年学的研究和发展作了组织准备和理论准备，为建立有中国特色的老年学体系奠定了基础，为国家制定老龄政策提供了科学依据，在国际老年学界也产生了重大的影响。梅益还是中共十二大代表，中共中央顾问委员会委员，第一、二、三、六届全国人大代表，第六届全国人大常务委员，全国政协第一、五届委员。

李铁映指出，"梅益同志是中国共产党的优秀党员，是党在新闻广播、社会科学、百科出版战线上的杰出战士和组织者，是著名的文学翻译家和学者。他所翻译的《钢铁是怎样炼成的》曾经影响了几代人"。"他的坚强党性，严谨学风，缜密思维和活到老、学到老的精神，给我留下了深刻的印象。他为党和人民的事业奋斗了一生，他的思想业绩、道德文章，历史不会忘记，人民不会忘记。"梅益把自己的一生献给了人类最壮丽的事业，党和人民将永远铭记他的功绩。

余登仁

余登仁是中共饶和埔诏县委领导人之一。第二次国内革命战争时期，他与饶和埔诏苏区人民同患难、共甘苦，进行了艰苦卓绝的斗争。纵横一百二十里的苏区，数百个村寨都留下了他的足迹。他的一生为无产阶级解放事业鞠躬尽瘁。

余登仁，原名余登瀛，字大白，1903 年 6 月 15 日出生于饶平九村陂墩。九村一带的乡村人多地少，村民世代以陶瓷为业。余家于九村创建"桂玉碗窑"，并在大埔高陂开设"富有碗栈"，颇富裕。余登仁七岁时，父亲去世，母子相依，靠叔父余浩、余有文经营碗窑瓷业持家。

他天资聪颖，幼时深为叔辈疼爱。八岁时就读于乡中私塾，后转读于饶城琴峰书院。1919 年春，余登仁考入汕头华英中学。不久，五四运动爆发，他从这场反帝反封建的革命运动中，看到帝国主义列强瓜分中国、政府腐败无能的严酷现实，感慨万千。5 月 14 日，他参加了潮汕学运领导人杨石魂等发起组织的岭东学生联合会的成立大会和示威游行，并参与了烧毁日货的反帝斗争。

1922 年，余登仁考进上海国民大学。在上海求学期间，他与共产党人及爱国人士广泛接触，受到了革命思想的熏陶，认识到只有进行无产阶级革命才能救中国，毅然投身各种进步的政治活动中。1925年"五卅"惨案发生后，余登仁目睹帝国主义者屠杀中国工人和学生的血腥事实，义愤填膺，决心投入无产阶级的解放事业。是年冬，他在上海国民大学加入中国共产党。

1926年下半年，余登仁大学毕业后到饶平县第二初级中学任教。这一年，是国民革命军北伐节节胜利、饶平县工农运动蓬勃发展的一年。余登仁到二中后，与该校高小部主任杨沛霖密切合作，培养了一批青年学生，先后到仙春、霞绕等乡村建立农民协会，协助黄冈轮渡、锡箔等工会开展活动。

1927年4月15日，广东的反动派继蒋介石发动反革命政变后，在全省进行大屠杀，潮梅地区处于白色恐怖之中。这时，饶平党组织成员转移到上饶，并在丁坑召开党团干部会议，决定举行武装暴动。5月5日，余登仁协助杜式哲领导饶平农军第一次攻打饶城。这次的暴动取得胜利，国民党饶平县县长蔡奋初仓皇逃命。

6月上旬，蔡奋初亲率饶平军警"进剿"新丰、九村、水口，以报复手段烧毁了上饶区农会会址和林逸响、詹宗鲁、余登仁的房屋。余家财物被洗劫一空，三间房子被付之一炬，苦心经营的碗窑也被捣毁了。面对着劫后的断壁残垣，余登仁沉痛地抚慰恸哭的家人，更加坚定了与反动派斗争到底的决心。

7月，中共饶平县委正式成立，县委书记杜式哲，余登仁当选为县委委员，后又兼任县委宣传部部长。

10月下旬，饶平县委根据上级的指示，以上饶农军为基础建立工农革命军东路第十四团，张碧光任团长，杜式哲任党代表，余登仁任参谋长。

1928年1月28日（农历正月初六日），县长毛琦率军警配合各乡民团近千人"进剿"上饶赤色乡村，饶平县委所在地大陂楼及九村坑子里、陂墩一带乡村遭敌洗劫，我十四团被迫暂时解散。余登仁家中老幼由叔父余浩扶携，举家迁至浮山区长教乡斗厝村避难。这时，有些农军提出将红旗降下，余登仁对群众解释说："红旗不能降下，斗争要以革命的名义才有力量，才能得到群众的支持。"2月中旬，余登仁在省派来的军事干部徐光英的帮助下，集合原十四团一部分人员，补充一批赤卫队员，于上饶柏子桥重建了武装队伍。队伍成立后，支援了震动福建的"平和暴动"；5月下旬，又抗击饶城军警对石井的进攻，保卫了根据地。

1928年8月10日，饶平发生"温子良惨案"，敌军包围中共饶平县委机关所在地——温子良村，县委书记林逸响等十八人被捕牺牲。随后，敌人到处搜捕我区乡干部，饶平县委机关撤至诏安县秀篆老虎坑；部分区乡干部转移到秀篆、官陂一带，以砌石、木匠、打锡、理发等职业作掩护，分散隐蔽下来。此后，县委和上级党组织失去联系，饶平的革命斗争走向低潮。在革命力量遭受严重损失，队伍内部情绪消沉的严重形势下，余登仁受县委的派遣，冒着生命危险只身赴漳州等地寻找中共福建省委，汇报饶平县的斗争情况。不久，由福建省委派到平和县的大溪、小溪工作。余登仁与平和县委委员朱赞襄深入大溪、官陂广回等乡村建立党组织，扩大了赤色区域，打破了敌人的封锁。

1929年9月，余登仁奉调东江特委工作。第二年11月，东江特委辖下的中共潮澄澳县工委成立，余调任县工委委员。1931年2月，交通员陈癞鲎被捕叛变，引敌破坏我地下党组织多处。4月12日，敌人包围驻澄海县鸿沟的中共潮澄澳县工委机关，余登仁等六人被捕，囚禁于潮州监狱。

余登仁虽然身陷囹圄，但仍积极开展斗争，以革命大义感化监狱看守人员，使其提供方便；他又趁挚友余剪先探监机会，委托他向樟东地下党密传信息。之后，樟东地下党多方设法买通看守人员，偷偷地将锯锉、绳子、木棍藏进牢房中，余登仁等时刻做好越狱准备。经过多次窥探情况、打听动静，余登仁、余胜、马作仁等人在5月下旬一天夜里，果敢行动，挣脱镣铐，锯开铁窗，越狱逃走。他们乘着地下党准备好的木船，驶向饶平西澳岛。

越狱后，潮州、澄海等县县城实行戒严，四处搜查行人。第三天，悬城通衢要道，张贴出通缉布告："共产党匪首余登仁（即大白）聚众越狱，凡将其缉拿归案者，赏银圆一千，知其下落引拿者，赏银圆三百。"

正当敌人悬榜通缉"共产党匪首"时，余登仁早从西澳安全转移到诏安的秀篆石下，在饶和埔诏边区与县委负责人刘锡三、谢卓元重逢。此后，他参加了饶和埔诏县委的领导工作。

是年11月，余登仁代表饶和埔诏县委赴江西瑞金出席中华苏维埃共和国第一次工农兵代表大会。中央苏区轰轰烈烈的革命斗争和深刻的社会变革使他深受鼓舞。

1932年6月，饶和埔诏县苏维埃政府在诏安石下成立，余登仁当选为县苏维埃主席。饶和埔诏县苏维埃政府成立后，周围白区反动派虎视眈眈，阴谋消灭革命力量。8月下旬，国民党四十九师黄南鸿团驻扎官陂、下葛，步步进逼苏区。

大敌当前，饶和埔诏县委决定坚壁清野，迎击敌人。干部分头动员群众将牲畜、粮食、财物疏散到龙伞崇大树林里，县委机关迁到石下山的礤头坷。

余登仁负责指挥马坑的防御工作。他带领马坑群众在山上备滚石、制松柏炮，在各条路口筑工事、设陷阱、布竹签。9月3日，余登仁率饶和埔诏第三连和常备赤卫队员打退了敌人的第一次进攻。9月14日，敌黄南鸿部和张贞部集结十三个连的兵力，纠合官陂、下葛、青山民团共二三千人，分三路向石下、马坑革命根据地发起全面进攻。因敌我力量悬殊，根据地全面防线被攻破，第三连和赤常队被打散。敌人进村后，大肆烧、抢、杀，石下、马坑一带被烧毁房屋六百多间，龙伞崇树林大火冲天，粮食、衣物化为灰烬，牲畜散失，群众损失空前惨重。

根据地被洗劫后，县委委员余登仁、谢卓元、张崇一面率领群众搭寮安家，一面在石下、马坑收集第三连人员，改编为游击队，绕到敌后打游击。饶和埔诏游击队在余登仁、张崇带领下，开到西岩山天上崇、下葛方田洋等地秘密活动。1933年4月，游击队攻打石寮溪民团，缴枪十多支。7月，游击队又奇袭下葛楼林水吕民团，火烧民团部，林水吕仓皇逃命。由于革命形势有了新的转机，县委便发动石下、马坑群众进行分田。

1933年是余登仁肩负重任的一年。这年春夏间，县委书记刘锡三肺病复发，往大埔后又转到饶平浮山长教治疗。9 月，刘遭敌追捕不幸中弹牺牲。之后，上级党委派赖洪祥任中共饶和埔诏县委书记，不久，赖又患重病。这样，县委的主要工作就落在余登仁肩上。这期间，他日间不能饱餐一顿，夜晚不能安睡三更，为革命事业日日夜夜在饶和埔诏苏区的游击走廊上奔忙。

1934 年，敌人对饶和埔诏苏区实行严密的经济封锁，在苏区边界筑炮楼、设关卡，不准粮、油、盐和日用品运入根据地，并张贴告示，杀气腾腾地写着"济匪窝匪者杀！""供匪粮食者杀！""资匪不报者杀！"等十条杀规。敌人封锁以后，苏区给养十分困难。为了解决部队和群众生活上的困难，余登仁、张崇等在马坑发动群众集资办起消费合作社，通过攀亲交友的方式，到云霄县购买食盐、棉布、电池、煤油、毛巾等物品，在夜间秘密运入苏区。

这时候，敌人的"围剿"步步逼紧，游击战士过着"十日吃九餐，一夜三搬家"的艰苦生活。在艰苦岁月里，余登仁经常教育鼓励大家顶住严酷斗争环境的考验，将革命进行到底。同时，他再次冒险穿山越岭去找厦门市委，后又折回靖和浦边，找漳州中心县委请求援助。

1934 年 8 月，中共闽粤边区特委正式成立，余登仁当选为特委委员。特委成立后，派特委委员许其伟到饶和埔诏县委任组织部部长（后任县委书记）。许其伟进入饶和埔诏苏区，看到游击队粮食奇缺，战士们衣衫褴褛，没有鞋穿，连御寒的棉被也没有，非常感动地说："这是何等艰苦的环境，这是何等好的战士啊！"

是年冬，余登仁的家庭惨遭敌人的蹂躏。他的妻子刘鲫鱼被保长逼奸，走投无路，悬梁自尽。母亲孤苦无依，由赤卫队员余龙章秘密带到福建诏安赤竹坪寻找余登仁，要取些钱银回家度日。听余龙章诉说家庭的不幸，余登仁悲愤交集，思绪万千，要不要会见母亲的想法使他陷入极端痛苦的思索中。多少战士离乡别井，多少战士毁家纾难，在艰难日子里，不能以自我的伤情而动摇军心呵！最后，他忍痛向余龙章说："龙章兄，请你转告我母亲，就说登仁外出未回，无法会面。现在党有困难，剩下一点钱要作革命费用，家中有困难就请亲戚朋友帮助，革命成功后我一定回去看望她老人家。"然后，拿出几毫钱给余龙章和母亲作路费。

母亲寻不着儿子，噙着眼泪默默地踏上归途。一路上，经余龙章耐心说服教育，母亲终于想通了。她为有这样一个一心为穷人着想、立志干一番大事业的孩子而感到自豪。从此，每年除夕，她在饭桌上多放一副碗筷，表示母子团聚，并祷祝革命成功，儿子早日归来。

1934年至1935年间，余登仁为打通饶诏边境、促使潮澄饶凤凰山革命力量向闽粤边转移，为闽西苏区与闽粤边苏区的联系，作出了一定的贡献。1934年，饶和埔诏革命武装为打通饶诏边境，曾两度攻打黄牛山反动据点，不克。黄牛山位于饶诏边境的诏安东侧，扼住饶诏要道，是白扇会匪首沈之光的老巢。沈之光与官兵勾结，为害坪路、深湖、酒湖等乡村，对我革命活动威胁很大。1934年4月30日深夜，余登仁和张崇率领游击队一百多人，配合潮澄饶红三大队，由酒湖村群众带路，一举攻破黄牛山。匪首沈之光坠崖丧生，匪众如鸟兽散。从此，黄牛山这个军事要口被我占领，为以后党在这一带开展游击活动和潮澄饶红军转移扫除了障碍。1935年6月，闽西红九团奉闽西南军政委员会命令，为打通与闽粤边区的联系，由团长吴胜率军挺进闽南，6月下旬途经大埔、饶平上善进入饶和埔诏根据地。困居在大青山上的余登仁、张崇闻讯，带游击队下山迎接红九团，相见之下，战士们像亲人久别重逢一样，尽情握手、拥抱，欢喜得热泪盈眶。7月，余登仁长途跋涉，带红九团到靖和浦边与红三团会师。

1935年冬，饶和埔诏苏区面临比以前更加困难的局面：一方面，自中央红军长征后，闽粤边区特委与党中央失去联系一年多，得不到中央的指导和支持；另一方面，国民党集结了十几个师的兵力向闽西、闽粤赣、闽粤边区进行疯狂的"围剿"。进攻饶和埔诏苏区的敌军实行"剿抚兼施"的策略，强迫群众移民并村，欺骗群众"自新"；并强化保甲制度，实行"连坐法"。饶和埔诏县委机关所在地——赤竹坪群众被迫迁到山下并村，县委机关只好转移到秀篆的黄泥坑、尖崇仔。这期间，一批英勇的战士牺牲了，一些意志薄弱者动摇逃跑了，少数人变节"自新"了。县委派出去的交通员屡遭敌人的伏击，多数牺牲在送信的路上。县委曾三次向特委求援，要求派一个排的武装援助饶和埔诏，设法打开局面，但始终联系不上。最后，坚持斗争的只剩下余登仁等二十六人了。

余登仁为饶和埔诏革命根据地的巩固和发展进行了长期的、艰苦顽强的斗争，深受苏区人民的爱戴。但是，由于中央红军长征后，闽粤边一年多时间与中央失去联系，党内受王明"左"倾错误路线的影响仍然存在。闽粤边区特委主要负责人不顾客观事实，指责饶和埔诏县委"一贯来陷在机会主义的泥坑中"，把根据地失利的责任推在县委身上，给余登仁扣上了"一贯阶级模糊""机会主义者"的帽子，并以"托派和社会民主党的首魁"的罪名，把他开除出党。1935年12月，闽粤边区特委决定解散饶和埔诏县委；县委书记许其伟和县委委员张崇也受到了不应有的处分。

余登仁受到"左"倾机会主义路线的迫害，是非难辩，无处申诉，打击非常沉重。但是，他是受党教育多年的共产党员，是一个坚强的革命者。他忍辱负重，受党内处分后继续坚持革命斗争。他英勇地突破敌人的封锁线，只身奔赴饶诏边境去开辟新区，在诏安的搭桥、下半楼、深湖、陈厝寨等十多个乡村深入发动群众，秘密建立农会。他用坚毅的行动，实践了为共产主义奋斗终身的入党誓词，表现了一个无产阶级先锋战士的高尚品质。

1936年春，闽粤边区的云（云霄）和（平和）诏（诏安）县委继续推行王明的"左"倾错误路线，在革命队伍内搞肃反。"左"倾路线执行者在运动中大搞逼、供、信，制造冤假错案。因有人在刑讯下乱编口供，余登仁受到株连。为弄清问题，闽粤边区特委宣布扣留余登仁，由政治保卫队队长陈诏（俗呼"老诏"，1937年7月在"月港事件"中遇害）等押往乌山闽粤边区特委机关审查。当他们到水晶坪附近时，发现前面有敌情，慌乱中余登仁被误杀，时年三十三岁。

新中国成立后，余登仁的冤案得到昭雪。1957年，中华人民共和国最高人民检察院检察长张鼎丞在一个文件中批示："余登仁同志是革命烈士。"

余登仁永远活在人民心中。

黄秋富

○
○
○
○
○
○
○
○
○

　　凤凰山屹立在南海之滨，俯视广阔富饶的潮汕平原。山上凤凰圩后面的山坡上，庄严地矗立着一座纪念碑。碑的正面写着"黄秋富烈士纪念碑"，背面写着"黄秋富烈士事迹"；左右两面，一面写上"烈士牺牲可歌可泣"，一面写上"英雄事迹世代流传"。这是新中国成立初期，政府和人民为她建立的一座纪念碑。不管是朝霞似锦的清晨，还是夕阳如画的傍晚，不管是北风凛冽的寒冬，还是烈日如火的炎夏，都可以看到人们翻山越岭来到纪念碑前，敬瞻碑文，缅怀烈士。

一

　　1918年农历六月二十四日，黄秋富生于潮安县（今潮州市）凤凰山上的虎头村（也叫长埔美）。她自幼父母双亡，跟随堂嫂过着贫困的生活。

　　1932年，黄秋富已是一个十四岁的小姑娘，她身材俊俏、矫健，一条乌油油的大辫子垂到腰间，上山下坡就像春天的燕子在飞翔。她虽然生活贫苦，但终日笑嘻嘻的，村里村外常飘荡着她清脆动人的歌声。

　　巍巍凤凰山，属粤东莲花山系向东延伸的重要支脉。主峰海拔

1 497.8 米，是粤东第二高峰。它屹立于韩江中游东岸，俯瞰潮澄饶平原。山脉蜿蜒，东北遥接西岩山趋闽西，东通闽南乌山。外围地幅展开，东南延伸至小莲花山直奔平原，与南澳岛相望。这里山深脉长，层峦叠嶂，巉岩削壁，地形险要，是闽粤要道。由于山高雾重，多产茶而缺粮食，群众生活贫苦。

1932 年春，中共潮澄澳县委先后派陆盆、文锡响、叶淑兰和潮澄澳特务大队到浮凤区，在白湖、庵下、下埔等乡村先后建立了农会、妇女会、赤卫队等组织。翌年秋成立了中共浮凤区委，从此，革命火种便在凤凰山燃烧起来。

黄秋富的家乡虎头村属白区，但她有一个母舅文阿对是黄土坑村的贫苦农民，秘密参加了革命工作。黄秋富常到母舅家，有时也跟母舅到白水湖村去。在那里，她看到贫苦农民组织了农会、妇女会，抓恶霸、斗地主，土豪劣绅低头走路，农民兄弟吐气扬眉；亲耳听到农民叔伯婶姆笑谈红军狠打"白狗仔"（指国民党军）的故事。她兴奋地询问刚刚认识的浮凤区委委员黄来敬和县妇女干部叶淑兰："为什么这里的农民有这么大的法力？"黄来敬告诉她："因为有共产党的领导，有红军，有苏维埃政权。"叶淑兰对她说："妇女只有在共产党的领导下参加分田、'建苏'，打倒反动派，才能翻身求解放。"自此，黄秋富常来白水湖村，在黄来敬、叶淑兰等同志的经常教育下，黄秋富懂得了很多革命道理，思想觉悟提高很快。她常缠着黄来敬说："给我工作吧，我也要革命！"黄来敬对她说："圩上的白匪势力还大，革命要不怕杀头，你能吗？""我能！我不怕！"黄秋富握紧拳头，瞪着大眼睛回答，她的心里也这样准备着。由于她热情、可靠，黄来敬便逐渐交给她一些力所能及的工作。于是，黄秋富便经常来往于虎头村与白水湖村之间，送情报、送军鞋、贴标语、搞宣传。小姑娘变成了一个勇敢的小战士。

一天夜里，黄秋富和堂嫂挑炭到七八十华里外的潮州城去卖。刚走过凤凰圩，黄秋富假装肚痛走不动了，嫂嫂只好让她挑着一小担木炭回家。嫂嫂走远后，她便悄悄地把藏在木炭里的许多面小纸旗拿出来，插在凤凰圩前后的路旁，纸旗上面写着"列宁主义万岁！""红军万岁！""苏维埃万岁！""打倒土豪劣绅、封建地主！"……她还把两张写着"中国共产党万岁！""打倒国民党反动派！"的标语贴到了凤凰圩圩亭的石柱上。

黄秋富回到家里，天还没亮。她躺在床上，兴奋、激动，再也睡不着。天刚亮，她拿着一个竹篮到茶园采茶，一路上，她听见来往的人们在偷偷地议论着，有的高兴地说："看来'白狗仔'快要落锅了！"有人则说："乡长看见三角纸旗，又气又惊，听说正在认标语上的字迹，追查写标语的人呢！"黄秋富听后心里暗笑："认字迹，认死也查不出呀！"原来，当她主动要求在凤凰圩贴标语、插纸旗时，黄来敬就特别告诉她，要用左手执笔写字，不要给敌人留下笔迹。

虽然反动派认不出字是谁写的，可是他们放出风声说这字是小孩子写的，并扬言要抓插纸旗的人，但又查不出是谁干的，最后只好不了了之。

黄秋富看到革命宣传威力如此之大，很受鼓舞，更加努力工作。1933年5月，由黄来敬介绍，黄秋富在一个茶园里庄严宣誓参加中国共产主义青年团。

有了团组织的直接领导和教育，黄秋富更快地成长起来。她经常走家串户，向乡亲们宣传革命道理，介绍大山苏区人民闹翻身的情况，还教姑娘们唱红军歌。不久，乡亲们秘密组织起来了。妇女们深夜为红军做军鞋，小伙子们成立了地下赤卫队。黄秋富教姑娘们唱的一支红军歌是"日头出来满天红，手举红旗为农工，誓把蒋匪除干净，土地革命就成功"，另一支歌是"俺家虽有反抗力，无奈团结还未周，只有跟着共产党，才能解放得自由"。

黄秋富不仅是个出色的宣传员，而且是个机警的情报交通员。一天早晨，她在茶畲里采茶，忽然看到从饶平方向走来"白狗仔"的大队人马，心里着急起来。走在前面的几个国民党军发现了她，厉声斥问："干什么的？"黄秋富若无其事地回答："采茶的。"他们见是一个采茶的小姑娘，便不再注意，人马陆续向前走去。聪明的黄秋富情急智生，她两手采茶，暗中计算人马，以一个茶芽表示十个人，一片硕叶代表一匹马，一条茶枝当作一门炮。待匪军走后,她赶紧抄小路翻山赶回浮凤区委报信。由于情报准确及时,红军在狗头岭设下了埋伏,打了一次大胜仗。

二

1933 年农历十二月初一日下午,黄来敬从大山苏区悄悄地来到虎头村黄秋富家里。他是来通知有关人员当晚到许宅村开会的。许宅村离虎头村有三四里路,那里僻静,全村只有一两户人家。

夜,寒风冷雨,山野无人。黄来敬和黄秋富两人先后来到许宅村,在一间小房里等待来开会的人。这次会议是要由黄来敬传达浮凤区委对白区工作的指示,并确定赤卫队骨干及共青团、儿童团发展对象名单。

室外北风怒吼,室内灯光如豆,约定的时间快到了。突然,房子主人的孩子——一个在门外放哨的儿童团员仓皇进来报告:"'白狗仔'来了!"黄来敬闻声,一个箭步立即把门板闩紧,好让黄秋富把手里的名单烧掉。可是,"白军"已破门闯了进来,经过一场搏斗之后,黄来敬被几个"白军"五花大绑捆住了。黄秋富见名单来不及烧毁,便迅速吹熄小油灯,把名单揉碎塞进嘴里。有个"白军"用手电筒一照,发现后立即伸出魔爪捏住她的喉咙,但纸团已被黄秋富吞进肚里。那带队的家伙气急败坏,无可奈何地抽打她。这时机敏的黄秋富故意提高嗓门大喊:"为什么要抓我们?我们犯什么法呀?"黄来敬也连连大声抗争,他们的叫喊声飘荡在夜空,使正在赶来开会途中的同志闻声转移,免于遭难。

黄来敬和黄秋富等四人被捕后被押到凤凰圩,绑在圩边文祠里的金凤树下。这一夜,驻凤凰的国民党军邓龙光部的连长缺嘴罗(罗静涛)以为黄秋富这个小姑娘是最理想的突破口,连夜亲自审讯。可是,审了一夜,得到的只有一句话:"不知道。"缺嘴罗无可奈何,大声吼叱:"刑!""白军"用水把黄秋富的肚子灌得鼓鼓的,再用竹槌在肚上压,水从七孔喷射出来。可是黄秋富还是咬定回答说:"不知道!"接着,"白军"又绑着她的大辫子把她悬空吊了起来,用皮鞭、棍子把她打得死去活来,然后用冷水把她浇醒。缺嘴罗问："红军有多少？"她回答："红军千千万！"又问："共产党在哪里？"她回答："有工农就有共产党。"缺嘴罗怒吼了，拍得桌上的笔墨纸砚都跳起来，说："你不实说，我就杀了你！"他没有料到黄秋富竟然这样回答："要杀就杀，天下红军杀不完！"缺嘴罗跳了起来，用烧红的铁钳烙她的大腿、腹部。酷刑将黄秋富弄昏了。可是匪徒还是白费劲，经霜的红梅却开得更加鲜艳。

几天后，黄秋富等人被押送到饶平县大监（当时凤凰属饶平县管辖）。她每天倚着铁窗惦念：来敬同志不知被折磨得怎样了？她纯洁的心灵在暗中祝福：但愿组织不受破坏，同志们不出事……忽然，牢门打开了，两个满面横肉的彪形大汉闯进来，大声嘶叱："黄秋富，走！"黄秋富意识到这是要把她押赴刑场。她从容地理了理头发，把辫子向后一甩，昂首挺胸说："走！"她竟被带进一座宽敞的华丽书斋，客厅里早就坐着四个人。除了乡长林希甫和匪军连长缺嘴罗之外，还有两个未见过面的年轻人，一个西装革履，油头粉面，一个穿黄色军服，腰插手枪。他们见黄秋富进来，都堆起笑容，起来让座。黄秋富心里明白，敌人又要耍花招了。乡长林希甫假惺惺地对她说："只要你说出附近有多少共产党，黄来敬是什么人，就可恢复自由！"黄秋富不语。林希甫又说："秋富呀！你是云头正开，日头正上的人，来日方长呀，何必跟别人去受苦呢！"黄秋富仍不吭声。林希甫更加放肆地说："秋富，你人长得漂亮、伶俐，只要改过来，前途还远大哩！在座的都是连长、科长，你愿意选上哪一个都行。"缺嘴罗也咧着缺嘴说："是呀，勿错过时机！"这帮家伙你一言我一语，越说越肮脏，黄秋富怒火上升，蓦地拿起桌上的金鱼缸，朝他们狠狠地摔了过去。玻璃缸落在不远的地方摔碎了，几条金鱼在地上又跳又溜。缺嘴罗跳起来狂叫："拖出去，打！"黄秋富又被打得血肉模糊，昏了过去。

敌人的利诱又失败了，好些天也没有来提审她。黄秋富想：黄来敬同志说过，监狱就是战场，现在应该利用一切手段来和敌人作斗争。从此，每天清晨、傍晚，或趁难友放风的时刻，她倚着铁窗满怀激情地唱起红军歌来。歌声飞入难友的心坎，使他们充满信心和力量。因此，每当她歌唱时，难友们就倚窗倾听，时时报以"好呀！"的赞扬声。有的人还跟着哼唱起来："放开喉咙来唱歌，唱的都是翻身歌，分田分地斗恶霸，感谢红军恩情多。""满山红旗满山飘，团结起来再今朝，参加红军闹革命，不杀白匪恨难消。"歌声可把敌人气坏了，凶恶的狱卒常常闯进来把她打得满嘴流血。但只要她能开口，还是顽强地唱着。一天，黄秋富正倚窗唱歌，突然，一个狱卒凶神恶煞般闯进牢房，把黄秋富拖到两栏中间的空地，用刀搁在她的脖子上，向所有犯人宣布：上司有令，不准唱歌，违者砍头。黄秋富对着明晃晃的军刀毫无惧色，红军歌又从她的嘴里飞了出来："五更过后天拉朗，东方日出满天红，民众从红不从白，日夜想念共产党。"这充满激情的歌声，把刽子手吓呆了。他只好连推带拖把黄秋富关回牢房。看到"白军"如此狼狈，难友们不禁都哈哈大笑起来。

三

1934年农历正月十四日，黄秋富被捕已经四十三天了。这天天空阴阴沉沉，细雨蒙蒙。黄来敬、黄秋富和另外两位同志被押赴凤凰圩。黄秋富昂首挺胸、正气凛然。路经自己的家乡虎头村时，她停住脚步，深情地环视家乡的山山水水，遥望远方的大山苏区。"白军"的军号声呜咽凄厉，村里的乡亲闻声奔来，有喊的，有哭的，奔涌来到村口。黄秋富发现嫂嫂在人群中被搀扶着，哭得死去活来。她推开敌人向前迈开几步，安慰嫂嫂说："阿嫂，不要哭！红军是杀不完的。阿姑的血是不会白流的！"敌人恐慌了，赶忙把她拖走。黄秋富步履从容，视若等闲地伴着凄风苦雨走下虎头山。

那天是圩日，四乡六里跑来赶集的人很多，熙熙攘攘。"白军"把他们四人绑在树干上"示众"。怎知黄秋富一见周围的人多，又开口唱起红军歌来。"白军"把她打得嘴里流血，她啐了"白军"满脸。缺嘴罗不得不赶快下令：押至靶山。这靶山位于凤凰圩东北角，三面环山，一面临溪，遍山白骨嶙嶙，荒冢累累。这是"白军"屠杀革命志士和劳动人民的地方。

到了靶山，"白军"拉着强弓不发，让死亡折磨黄秋富。黄秋富口唱红军歌，若无其事地坐在地上。这小姑娘随意拾起五粒小石卵，像往日在门口教小侄儿"玩科"（一种儿童游戏）一样，从容地把小石卵一粒粒向上抛，一粒粒接在手上，再抛上，再接着。这样一上一下，一下一上，使群众看得发呆。这分明是个小女孩呵，有什么罪过要被枪毙？这分明是个顽强的战士啊，敢于如此蔑视死亡！尽管"白军"枪膛里的子弹就要飞射出来了，可是小姑娘根本不把它放在眼里。除了顽固的反动派之外，谁不为她这种勇于献身的精神所感动呢？

缺嘴罗狂叫，军号声撕人肺腑。黄来敬、黄秋富等人的口号声响彻长空："打倒国民党反动派！""中国共产党万岁！"枪声响了，唯有黄秋富仍然屹立不动。她转过头来怒叱："'白狗仔'，再开枪吧！"

缺嘴罗假惺惺地说："姑娘，你年轻漂亮，往后的日子还长呢，死了太可惜！现在摆在你面前的只有两条路，说就活，不说就死！"

"臭狗！"黄秋富呸了一口："要杀就杀，天下红军杀不完！"生的诱惑、死的威胁丝毫没有动摇黄秋富圣洁的心。为人民而死，为革命事业而死，这位优秀共青团员是心甘情愿的。她挺起胸膛，横眉怒视敌人，从容就义。

英勇的黄秋富牺牲了，当罪恶的子弹穿过这位年仅十六岁的姑娘的胸膛时，天空显得异常灰暗，细雨蒙蒙，仿佛老天也禁不住洒下了悲愤的泪水。

李沛群

李沛群（1908—1991），原名新恩，学名世统，1908 年 5 月 8 日出生于广东省饶平县海山岛黄隆乡溪头社（今隆西居委）一个贫民家庭。李沛群是中国共产党的优秀党员，广东大革命时期工人运动的先驱。他于 1926 年 2 月在广州芳村大涌口加入中国共产党，先后参加了省港大罢工、广州起义和红军二万五千里长征，长期担任党的地下秘密交通要职，在各个革命历史时期都出色地完成了党交给的各项交通工作重任。他在我党红色交通线上不畏艰险，作出了显著贡献，堪称"红色鸿雁""无名英雄"。

1927 年底，中共潮梅特委被破坏。1928 年 2 月中旬，广东省委派沈青、庞子谦两人去组织新的潮梅特委，同时派李沛群当翻译。特委建立后，李沛群担任省委与潮梅特委之间的地下交通员。1928 年 5 月，李沛群护送潮梅特委新任书记林道文到汕头，当时处境非常惊险。李带林抵达汕头后到特委机关接头，见贴有封条，觉得不妙，遂装成是过路客人。他又到市委机关，也见贴封条，更觉坏事了。到市团委机关，同样见有封条，深知问题严重。这时，林往别处去找人，但李所带一大包文件要处理，便到南商公所找石醉岩。以前那里的人对他十分客气有礼，但这次却很冷淡。李沛群问："石先生在吗？"大伙都板着脸孔。有人问他："你找他干什么？"

他假装为乡下人，是石的同乡，说："他家内托带一些东西，要交给他，同时有些话要对他说。"所内有一个人答道："你到公安局去找他吧！"李沛群联想起几个机关都贴了封条，肯定是出大事，应赶快离开，便说"他不在，我以后再来"，遂匆匆而去。后又到电话局找周勤汉，见门口有一工友，便问道："请问周勤汉先生在吗？"那人反问："你找他有什么事？""我是他的亲戚，有些话要同他讲。"这次不敢说是同乡，因为口音不同。那工友是好人，小声对他说："勤汉被公安局抓走了。"李问周为什么被抓，他说不知道。再问被抓多少天了，他答："将近10天了。"李沛群意识到这次市委机关被破坏得很严重，连基层的同志都被抓走了。三个机关都被破坏，熟人也没有了，旅店不能住，但李沛群想到胞弟李沛霖有一同乡同学，其姐夫在汕头开南北行，只好找他了。于是，李沛群找到同乡姐夫假称在香港接到家信，说父亲病了，要他回去看望，今来到汕头，不知何时有船开海山。同乡姐夫热情接待，让其在店里过夜。隔天，李沛群乘船回到海山老家，才把文件烧了，然后返回香港。

6月，李沛群在香港广东省委工作时，组织部部长陈郁找他谈话，说："中央来通知，准备召开党的六大，中央会有很多文件发到各省，中央外交科为此增加2名交通员（原有谢辉、李杰两人），在广东、上海各找一个，广东省委决定派你去。"当时，上海找的是肖桂昌，这是江苏省委决定的。自此至1929年底，李沛群任中央外交科交通员。该科由中央秘书长邓小平领导，分内交与外交。李负责外交，秘密来往于上海与香港，每月一两次，共跑了20多次。1930年初，李沛群又返省委任发行分配科科长，受中央与省委双重领导，除广东任务外，还通过海员，把文件送到安南、暹罗、吉隆坡3个特区。4月，李沛群到上海出席全国发行工作会议，会期10天，中央组织部副部长陈潭秋在会上作报告，讨论布置党的报刊发行工作。是年冬，任省委组织部发行分配科科长兼管交通科工作。

1931年1月，省委内部交通员莫叔宝被捕叛变，供出了地方所有认识者。省委组织遭大破坏，李沛群身份已暴露。省委通知他到中央接受工作分配，安排了海（海丰）、陆（陆丰）、惠（惠阳）、紫（紫金）四县合组的特委抽一人来接替其工作，但等了 2 个月左右，接替者还未到来。3 月底，省委代书记李富春到上海参加党的六届四中全会后回香港，即令李沛群马上离港赴沪，并告知中央交通局准备调他去主持闽西交通大站。于是，李沛群奔赴上海，接受新的任务。他到上海后，中央交通局局长吴德峰召集有关交通人员开了一个交通任务会议。会议内容是根据中央指示，做好护送干部来往工作，保证交通线的安全和畅通。会上宣布决定由李沛群任闽西交通大站站长，卢伟良负责大埔青溪中站工作。4 月间，卢伟良带李沛群、贺诚、梁广三人同行，由上海经汕头、潮安、大埔到永定县城，再转合溪到虎岗闽西特委所在地。卢回大埔就职，贺、梁往江西中央苏区，李留在虎岗负责闽西交通大站工作。

党的六届三中全会后，为了加强上海党中央和各苏区的联系，中共中央于 1930 年 10 月成立交通局，把军委交通总站和中央外交科归并交通局，直辖于中央政治局，由周恩来、向忠发、李立三、余泽鸣和吴德峰组成委员会。吴德峰为中央交通局局长，主要任务是打通苏区的交通线，布置严密的全国交通网。中央交通局成立后，从各省抽调强有力的干部，用三个月时间建立了从上海经香港、汕头、潮安、大埔进入闽西苏区长达数千里路的红色交通线。这条红色交通线的主要任务是沟通党中央和苏区的联系，运送苏区急需的物资和经费，护送党的领导干部进苏区。这是特定的历史时期赋予的一项特殊使命。1931 年 4 月，中央特科负责人顾顺章在武汉叛变投敌，给中央机关和各级党的机构及党员的生命安全造成严重的威胁。在军委书记周恩来的指挥下，党中央机关实行转移，停止以往一套秘密工作方法，并在几个月内将大部分干部转移到中央苏区。

李沛群在此时被选派到闽西担任交通工作要职，正值第二次反"围剿"开始和重要领导干部进入苏区的高峰期，交通工作十分频繁复杂。他凭着对党的革命事业无限忠诚的政治责任感和对革命工作的极端负责，以多年从事交通工作的丰富经验，紧密团结党内外干部群众，一次又一次地出色完成各项交通工作重任。

1931 年 11 月，中共闽粤赣苏区省委秘书长肖向荣调任永定县委书记。

省委代书记罗明把李沛群调去省委任秘书。11月底或12月初的一天，李沛群接到肖向荣来信，要求选两匹好马去永定县接人，并派两位精练马夫。他感到奇怪，为什么不在部队找马，而要在地方上找？但当时没有电话，无法问清楚，只得照办。原来，两匹马是接周恩来同志的。周恩来骑马从永定抵汀州，当晚与罗明、李明光（省委组织部部长）、郭滴人（省委宣传部部长）开碰头会。第二天，瑞金中心县委书记邓小平派人来到汀州市采购物资，并递上一封他所写之信给李沛群，叫其协助采购。李沛群在用毛笔写回信时，周恩来从住房出来，由其身后经过，便俯下头来，于左侧观看他写字，说："你的毛笔字，写得真快啊！"

当晚，周恩来在机关大会上作报告，从黄昏5时多的晚饭后讲到凌晨2时40分。罗明叫李沛群主持会议。第二天，周恩来召集罗明、李明光、肖桂昌和李沛群开个小会，对李沛群调任省委秘书提出异议，认为交通局当时决定李作为闽西交通大站的站长，是为配合抽调60%白区干部到苏区，也是为保证交通线的安全畅通。会上决定，要求李沛群立即移交秘书工作，调返交通大站，并把大站从虎岗搬到永定，因永定近边界而对交通工作更为有利，并决定用"工农通讯社"第一分社名义作掩护。

李沛群服从组织调动，用一天时间移交了工作，约在周恩来到达汀州后的第五天，与肖桂昌骑着周恩来用过的马出发，第二天中午在元亨（元坑）区苏维埃政府碰到何叔衡、刘伯承，便开玩笑地问："何老头，你们哪里去？"何答要去汀州，然后说笑道："你们两个小鬼，年轻力壮，我一个60多岁的老头，老刘也年纪大了，而且是半残废的（指刘伯承独眼，被人称为'独眼将军'），快下马，把马让给我们……"接着哈哈大笑。肖桂昌说："我们七八天路程，你们再走30里就到长汀县委，还怕找不到马骑吗？"说完，就和李沛群拍马走了。1933年，李沛群到瑞金中华苏维埃中央政府时，见到何叔衡。"何老头"还提起此事，风趣地说："哼，你和肖桂昌两个小鬼不照顾我们两个老头，连马都不给我们骑，要处分，要处分……"说完，大家哈哈大笑。12月31日，李、肖到达上杭县的太拔，刚好元旦。元月3日到达永定，肖回中央交通局，李沛群从此在永定大站负责交通工作。

1932年初，十九路军在上海对日抗战（"一·二八"事变）后，李沛群接到中央通知，说有些较重要领导干部要进入苏区，要他到汕头联系接送。当时为保密，通知时都不说清对方姓名、职务。他在一位先到闽西交通大站的汕头同志陪同下，到了汕头中站，在该站住了两夜。第三天晚上，站长陈彭年才带他到金陵旅店，会见要进苏区的同志。一见面，才知原来是邓颖超大姐。随邓大姐要进苏区的，还有项英之妹项德芬及其丈夫余长生。第二天上午8时，他们由汕头同志送到火车站，李则按约定在火车站迎接同往潮安县城。同行的还有汕头站派出的懂客家话、很机灵、年仅16岁的交通员小黄华。

邓大姐穿上普通老百姓衣服，化装成中年妇女模样，发上结一个髻，是城市平民客商内人的装束。李沛群也是生意人装扮，认邓大姐为表姐，因她懂广州话，称李为"细佬"，有人问到就以表姐弟相称，说是李要带她到客家地方去找其丈夫。

坐火车到潮安县城后，即改乘电船往大埔县（县城设在近河边）。到达后，因水势较大，大埔县青溪中站站长杨现邻派来迎接的小舢板停泊河边。有一警察过来问话，汕头交通员黄华用客家话应付过去。到了青溪，由武装手枪队掩护上岸后，他们到多宝坑小站休息。晚上，去伯公坳，李沛群拉着邓颖超的手登山。下山时，他们由于坡陡路滑失足，但幸好没有掉下深坑。就这样，他们在手枪队护送下安全到达了苏区。

国民党反动派在对苏区实行疯狂的军事围剿的同时，对根据地实行严密的经济封锁，使苏区的物质条件相当艰苦。党中央和周恩来同志对此十分重视。1930年成立工农通讯社，并在粤东和闽西沿途各县设立通讯社分支机构，后又成立中央办事处和分支机构，负责为苏区采购和运送物资。比如在永定，就争取了"源记号""万斗布庄""裕兴祥京果店"等商店为苏区采购了大量物资。在红色交通线沿途，有当地党组织开设的店铺，输送苏区所需物资。店铺的开设都经过精心策划，有些是周恩来亲自指导设立的。向苏区输送的物品有布匹、食盐、药品、纸张、电信器材、军械器材等。这些物资经过包装之后，由交通员化装携带，或利用社会关系托运到汕头再转潮州，在韩江河面上与大埔交通站派来的船交接。当年苏区在没收地主豪绅的财产时，除粮食衣物等分发给群众之外，还将黄金、白银、钞票集中送交中央。因此，到苏区提款也是中央红色交通线的一个重要任务。李沛群和他的战友们多次携带黄金，从中央苏区转送上海给党中央，一次都没失误。

1932 年 4 月 19 日凌晨约 2 点，大埔县青溪中站站长杨现邻专派 2 名武装人员和桃坑小站邹清仁送来紧急报告："广东军阀陈济棠属下第三军李扬敬部的黄质文师，已下令派两个团 3 000 多人，于明天向粤闽两省交界的项岗进发，准备进攻永定城。"李沛群马上乘夜跑去县委向谭震林急报。谭当时是红十二军政委，其部队刚好驻永定、上杭一带活动。谭看完报告后，只下令在湖雷的红十二军警卫营 300 多人开来永定城，而没有同时调动驻扎在一起的一个主力团，结果警卫营难以抵御十倍于我的军阀部队，忍痛把永定县城放弃。李沛群及其助手张发春和张鼎丞及其警卫员共 4 人最后才撤走。当他们登上城北门小山顶南望时，敌已过河，先锋正向南门跑步前进。

在闽西地下交通活动中，还有一事值得一提。1931 年 7 月，李沛群恰巧与海山岛老乡徐海（1907—1931）同路，从闽西往瑞金领取钱币、武器。徐海是海山岛石头乡人，1924 年入党，翌年任海山区党支书。1927 年 9 月，他撤往暹罗、安南，年末潜入南澳岛，以振云小学教师身份为掩护，发动渔民革命，培养云澳镇中柱人、振云小学毕业生郑则保等 3 人入党，1930 年 5 月 1 日至 12 日在八乡山参加东江工农兵代表大会，旋返南澳，参加领导了同年"九二五"渔民革命暴动。渔民暴动因汕头敌军乘舰进岛"围剿"而失败，后徐海往大南山找到红十一军军长古大存。

1931 年春，东江苏维埃失败时，红十一军 48 团团长李明光率领徐海等人，经饶（饶平）、和（和平）、埔（大埔）苏区到闽西。徐海抵闽西后，任闽粤赣军区军委秘书长，与李沛群同住福建永定虎岗。7 月，为扩大闽西苏区地方武装力量，苏区中央局通知闽西特委派人去江西领款和领武器，便由闽西特委书记兼闽粤赣军区军委主席邓发派李沛群和邓发的警卫员朱士华，往瑞金的中央革命军事委员会领款，并派徐海和另一警卫员王五保去领武器。4人同路，由永定虎岗去江西领取。途中，李沛群问徐海："那位南澳人郑则保，现在何处？"徐海悲伤地答道："郑则保在南澳岛渔民暴动中牺牲了。"接着说，郑则保于1930年秋，奉命返南澳岛参加指挥渔民暴动，有两三百名渔民攻下县城后，因敌强我弱，暴动失败，他从后宅坐船逃至汛洲后在战斗中牺牲。郑则保有一爱人（即南澳岛后宅人革命者章吟春）也被敌逮捕杀害了。李沛群为何认识郑则保？原来，在1928年6月（或5月），李沛群在返故乡胞弟李沛霖任教的海山黄隆乡刘厝祠小学内，巧遇徐海（时潜至南澳岛从事地下活动）和郑则保，因而与其认识。1930年初，李想打听徐、郑去向而无法探知，便在省委于香港所办的通过海员送往内地的《香港小日报》副刊"读者之园地"上，以笔名"慧星"发表《一封未寄的信》致"B君"，大意是："1928年会见后，我在省城长大，参加广州事变（指起义），不知君今近况，甚念……"郑则保竟然见报，遂通过李沛霖获悉其哥在港住址（一个工友家），一个月后给李沛群回信，大意是："看见了你报上文章，我很高兴。我和徐海，还在潮汕铁路、浮洋一带工作，请放心……"这次与徐重逢，李便探听郑之下落。

当时闽西与江西苏区尚未连成一片，李、徐及其警卫员共4人，顶着炎热，风餐露宿，历尽艰辛，时常一天要走60里路。他们过了江西瑞金、宁都，继续走向西北龙岗、东固。遇我军撤来，知敌开始第三次"围剿"，中革军委已撤走了，只得再经周折，走近月时间，才抵兴国县龙岗，见到了项英、任弼时、王稼祥、叶剑英、左权等同志，由总供给部部长杨至诚将款和枪、弹发给他们。李沛群领到几万元的金、银、铜币和大银圆（主要用于雇挑夫）。徐海领到1 000至1 500支长枪，每条长枪配一箱（500发）子弹，由当地县、区政府派民工挑运。

回闽西途中，他们巧遇中革军委秘书长欧阳钦，要往上海向党中央报告第二次反"围剿"和第三次反"围剿"战况，故一起走。时处立秋后（约8月上旬），天气酷热异常，徐海不幸患痢疾病倒，终日吐泻，至瑞金已不能走路了，只得雇民工用担架抬他走了两天路。他们到达福建四都，由欧阳钦与当地我军一家后方医院联系，留下徐海在医院治病，余者继续赶路，安全回归。可惜的是，徐海因缺药，住院约 10 天后就英年早逝了，年仅 24 岁。

从上海通向中央苏区还有几条秘密交通线：闽粤线、粤赣线、闽东北线、湘鄂西线和赣北线。在第四次反"围剿"之后，这些路线完全被敌切断。香港—汕头—潮安—大埔—闽西这条交通线自始至终不受破坏，成为摧不垮、打不掉的地下航线。从 1930 年到 1933 年党中央领导机关转移期间，共有两百多位领导干部经过红色交通线进入苏区，红色交通线完成了将百分之六十的重要领导干部护送转移到中央苏区的重任。

红色交通线是李沛群和他的战友们用双脚踩出来的，是用血汗浇出来的。战斗在这条秘密交通线上的广大交通员，以及一大批如大埔茶阳同天饭店、青溪永丰客栈、多宝坑邹日祥家等革命群众和堡垒户，为保守党的机密不惜流血牺牲，置生死于度外。他们是中国革命史上的无名英雄，为中国革命事业作出了卓越的贡献。

1933 年 3 月，李沛群被调到江西瑞金任中华苏维埃共和国中央政府最高法院秘书，院长是何叔衡（后董必武）。

1934 年 9 月下旬集合，10 月开始长征。李沛群担任中国工农红军中央第二纵队司令部直属干部连党支部组织干事。1934 年夏秋间，蒋介石进占赣东南重镇广昌县城后，直迫石城县。作为中共中央政府党团书记、中华苏维埃共和国中央政府人民委员会主席的洛甫（张闻天），于 1934 年 9 月 29 日在中央政府机关报《红色的中华》上，发表了题为《一切为了保护苏维埃》的文章。他指出敌人虽然穷凶极恶地向我们进攻，但我们有党的正确领导和工农群众的保卫……我们会胜利，我们能够胜利，我们无论如何要胜利！在当时这对大家起了坚决杀敌保卫苏区和扩大红军的鼓舞作用。

在长征出发之前，实际上大家都只知道将要进行总反攻，冲破国民党反动派的第五次"围剿"，集中力量打出去，创造新的苏区根据地，所以当时一直叫作"主力军西征"。队伍经由瑞金、会昌、寻邬、信丰、安远等地，昼宿夜行，避开敌机轰炸。在信丰时，红军总政治部设立总没收征发委员会，以林伯渠为主任。该委员会干部有李井泉、钱之光、吴确坚、李沛群等，专门负责没收土豪劣绅财富，维持红军给养和分些粮食、衣服给贫苦农民。冲过了信丰、汝城等封锁线，越过了江西、广东边境，到达湖南的宜章县后才白天走路，晚上休息。

又经过几天的行军，到了临武县他们才休息了一天。这时听说毛主席认为湘南一带过去斗争有基础，群众拥护我们，应该在这里打一仗，击破敌人的追剿。但因共产国际派来的军事顾问李德不同意，所以没有打仗，他们仍然急行向湘西南，转向广西边境进发。在轮渡湘江河时，敌人非常迫近，红军连夜奔波，队伍显得非常凌乱，损失不少。后来进入广西全县、兴安、龙胜等县，途经南岭的五岭山脉，由于山高路窄坡陡，行走极为艰难。第八军团在这里几乎全被敌人冲散了，担任后卫的第五军团最后一个师亦被敌隔绝。虽然情况如此危急，但大家仍然斗志昂扬，精神振奋地边行军边战斗。

这之后军队再由广西转入湘南，在到达湘西南的通道县时，部队休整了两天。恰逢1934年12月11日，广州起义的七周年，于是召开了"广州暴动七周年纪念会"，由原在江西瑞金担任中华苏维埃共和国中央执行委员会秘书长的谢觉哉作报告。这时传来毛主席指示，要大家找一本《左宗棠平苗记》的书给他。大家议论纷纷，有人推测可能要到湘鄂西苏区去和贺龙部队会合，有人则说会向贵州省进军，理由是毛主席要大家找这本书不会是没有原因的。后来，部队果然不是北行，而是向西走，直入贵州省的黎平县，之后经过剑河、瓮安等县，直抵乌江边。这时，由于敌人摸不准他们去向，情况略松。敌人虽仍调兵遣将，但红军却在乌江边的猴场过了1935年的元旦。

贵州省过去以"天无三日晴，地无三尺平，人无三分银"而闻名，当时统治贵州省的是王家烈、犹国才、侯之担等几个小军阀。他们的军队叫作"双枪将"，战斗力不强，但对人民的压迫剥削却极为凶猛，群众恨之入骨。所以，红军进入贵州后，人民群众甚表欢迎，不少人还要求参军。这对行进有很大便利。因此，在强渡乌江后不到几天，红军就占领了贵州省的第二、三大城市遵义和桐梓，并在遵义召开了著名的遵义会议。会议检讨总结了从江西、福建出发以来长征行军中总是我走敌追不予回击的问题，认为今后应该有一仗打一仗，见一仗打一仗。

1935年1月下旬，遵义会议后，李沛群随部队向川滇黔边进发。27日，部队在赤水县土城镇附近与敌人（川军郭勋祺部）进行了一场艰苦战斗。他们把敌人的三个旅误认为是三个团，以致敌我力量悬殊，加之川军先我进入有利阵地，形势十分危急。这时朱德总司令当机立断，抽调干部团、红五军团等加入战斗，并在打退敌人后主动撤出，第一次渡过赤水河，进入川南。

此后，李沛群随部队快速进兵云南扎西县（今威信县）。中央军委为适应运动战需要，决定在扎西缩编红军，在缩编命令中规定：选拔干部到地方活动，成立游击队。中央军委为此抽调了红三军团六师政委徐策、中央干部团上干队政委余泽鸿、红八军团民运部长戴元淮等同志组成中共川南特委，特委书记由徐策担任。同时，在国家保卫局第五连的基础上，在扎西石坎子正式成立了中国工农红军川南游击第一纵队。李沛群被指定担任该纵队秘书。

是年2月间，川南游击第一纵队和五龙山游击队合编，正式成立川南游击队。是年夏秋间，红军赤水河第二纵队（司令员陈洪）、红军黔北第三纵队（司令员张凤光）和川南游击队在叙永朱家山会师，改称中国工农红军川滇黔边区游击纵队，由刘干臣任司令员，徐策任政委，张凤光任副政委。李沛群仍担任秘书。

1935年秋冬间，红军主力部队过了金沙江和雪山、草地以后，长江以南敌人集中兵力举行川滇黔三省"会剿"，重兵合围我游击纵队，我方遭受严重损失。1936年春，三个纵队合编起来只有一百多人，由余泽鸿任代理司令员兼政委，继续打游击。最后队伍被打散时，李沛群和同志们躲在村里，敌人包围了整个村子。为了不连累掩护他们的老百姓，李沛群主动走出，毅然被捕。敌军捉到他，如获至宝，将他押到成都监狱邀功。他备受拷打，坚贞不屈，不久又被押解至重庆。

李沛群之胞弟李沛强闻兄入狱心急如焚，立即到香港设法营救。弟媳林逸冰变卖母亲遗留给她的金首饰凑足资金，李沛强以华侨护照和暹罗天主教给予的"贤士"证明辗转入川，通过神父求情及打通国民党官方关节，保释哥哥出狱，领回香港九龙蒲公村养伤。在此，李沛强夫妇借钱以开设开利鸡场作为掩护。开利鸡场后来逐渐发展为八路军地下联络点和护送革命青年到延安的中转站。

1936年冬，李沛群回到香港。他找了很久都没有找到党组织，后几经周折，才与吴华友、熊志华、饶彰风等人接上关系。1937年11月，省委书记张文彬来到香港，找李沛群谈话，了解他过去的斗争历史，恢复了组织关系，并随即分配他当交通员，负责省委与长江局的联系。

1938年初，博古曾找李沛群谈话及布置任务。此时李沛群以普通身份从香港到武汉，从武汉回广州则挂名武汉八路军办事处交通副官。他穿上军装携带文件找广州八路军办事处的云广英，放下应交的物件，然后又穿上便装回到香港。中央驻香港交通站的熊志华把文件、报刊交李沛群带给广州的云广英或带到长江局。此外，他还负责把华侨、青年、工人、医务人员及军用物资送到香港八路军办事处，再送往延安投入抗日战争中。

武汉沦陷后，中共长江局迁到重庆，在桂林设立南方局，周恩来任南方局书记。1938年秋，省委机关自香港迁到韶关。10月，李沛群任南方局交通员，直接与李克农、夏之栩联系，来往于桂林、韶关、香港之间。具体路线四条：香港—沙鱼涌—淡水—惠阳—老隆—韶关—衡阳—桂林；香港—汕头—潮安—大埔三河坝—松口—老隆—韶关—桂林；香港—湛江—遂溪—廉江—玉林—桂林；香港—海防—河内—同登—友谊关（镇南关）—南宁—柳州—桂林。

1941年7月，在香港交通站工作的李沛群被调到上海任地下机要、交通总负责人龚饮冰的秘书。上海设有几个地下电台，他所联系的电台设在拉都路（今襄阳南路）。因为电台是内部与延安党中央通报用的，大致每周发报一两次，先约通报时间，但不固定，故不易被发现。

1942 年 8、9 月，设在辣斐德路的电台被敌人破坏了。经中央决定，由周恩来通知江苏省委书记刘晓上海交通站从 10 月起暂停工作的消息。于是，龚饮冰布置李沛群到北京路浙江兴业银行找一职员商谈，准备在公共租界小沙渡路一带新建一电台。但情况发生变化，事未办成他们就准备撤退了。上海交通站人员分两路撤退，一路撤退至苏北，有李沛群胞妹李惠兰、曾昌明夫妇、王阿林夫妇及机要人员等；另一路往西走，有龚饮冰夫妇和李沛群等八九人。龚、李等一路人，经武汉、沙市，偷渡洪湖，走监利，渡长江，经华容、南县，横越洞庭湖，经长沙、衡阳，抵达桂林。龚饮冰等留在桂林，李沛群单人跑柳州，经独山、都匀，抵贵阳，再达重庆。年底，李沛群到南方局报告，与肖桂昌共同负责南方局交通处工作。

1944 年 9、10 月间，李沛群调任在重庆的南方局招待所所长，接待革命同志。在重庆谈判"双十协定"时，周恩来将李沛群介绍给毛泽东，毛泽东与他亲切握手和问候。

1946 年 5、6 月间，李沛群随八路军驻重庆办事处迁至南京。在梅园新村住约一周后，调至上海市马斯南路周公馆（周恩来办公地方）工作，这是他第五次进上海。没多久，董必武、范长江来传达中央批示，指出蒋介石阴谋发动全面内战，办事处结束，人员分撤延安、香港，他撤至香港交通站，以纶兴公司老板的身份为掩护，负责国际线（主要是美国和加拿大）的交通工作，通过海员秘密从事交通往来。

李沛群是广东省 63 名参加长征的革命前辈之一，也是饶平县唯一参加长征的勇士。他是海山人民的骄傲，也是饶平人民的骄傲。1996 年 12 月，家乡人民在李沛群童年读书的隆西村李氏宗祠建立"长征干部李沛群纪念馆"，馆内展出省政协原主席吴南生同志所书"革命鸿雁，海山英豪"题词及社会有关人士所赠的书画，李沛群生平事迹、照片、回忆录等，其内容丰富，生动感人，是饶平县革命文物的珍贵收藏和开展革命传统教育的重要课堂。海山籍汕头市政协原副主席、岭海诗社社长、革命前辈陈谦同志所撰《赞长征老干部李沛群同志》一诗，高度概括了李沛群同志光荣的一生。

故乡浮海上，世乱岛穷荒。历历悲伤事，深深自不忘。
生当为俊杰，莫负少年郎。立志寻真理，红旗启导航。
风雷融本性，初试见锋芒。省工大罢工，投身斗志昂。
羊城挥义帜，精神凛雪霜。万里长征路，艰危若寻常。
潜通凭智勇，意志比钢强。国界常跨越，随时涉远洋。
丹心系一线，安全达中央。护送精英辈，履险保安康。
无私又无畏，周密善思量。沛群人中杰，千秋永颂扬。

历史车轮滚滚向前，革命事业永无止境。"斯人已去，高山仰止"，李沛群同志永远活在人们的心中。

李梨英

回顾过去的革命年代，潮汕地区和闽南一带的许多干部、群众都不会忘记一位革命老妈妈。她就是被人们誉为"革命母亲""红军阿姆"，新中国成立后曾担任汕头市政协副主席的李梨英同志。

李梨英从 1932 年在家乡加入农会，到参加红军，上凤凰山，转战乌山，之后又从事党的地下隐蔽斗争，掩护党的领导机关直至潮汕解放，从一个普通的农村妇女转变为一个坚强的共产主义战士。潮汕、闽南的革命老一辈都给予李梨英很高的评价。广东省政协原主席吴南生就曾以报告文学的形式，为李梨英写过《松柏长青》一书，记下了李梨英参加革命斗争的感人事迹。1961 年，李梨英逝世时，中侨委党组书记、副主任方方痛切悼念，写过一副挽联：

十年游击战，十年地下工，匪特、汉奸、日寇，哪在你眼中，堪称智勇；

为党献一生，为国献三子，挫折、伤亡、失败，信心永不摇，无愧忠贞。

这副对联，概括了李梨英革命的一生，展现了一个忠贞、坚强、勇敢、机智的革命母亲的崇高形象。

一

李梨英是广东省潮州市湘桥区磷溪镇西坑村人，她于1888年11月25日出生于一个贫苦的农民家庭。父亲曾在戏班唱戏，母亲是一个勤劳善良的农家妇女。李梨英13岁时，父亲为生活所迫，离家随戏班到新加坡。之后，父亲只寄来过一封平安信，就再也没有音讯了。同年适遇饥荒，米价暴涨，一块光洋还买不到半斗米，广大农民濒于饿死边缘。地主乡绅们巧借名目，敲诈、勒索，用迁祖坟、打官司、盖"老爷宫"、"壮地龙"等名目逼李家还40块光洋，还派出狗腿子挨家挨户强行派款，抄家抓畜当作抵押。李梨英的母亲为使家中免遭迫害，无可奈何托媒婆把李梨英聘了出去，换得聘金40块光洋，用于还清这笔罪恶的派款。

灾难迭生，不久，李梨英的母亲和哥哥梨贵先后病逝。这时，16岁的李梨英面对着亲人尽丧的悲惨变故，陷入了举目无亲、生活无着的困境。于是，李梨英只好过门来到大坑村的夫家。丈夫林再发也是一个勤劳老实的农民。夫妇一起劳动，勤俭持家，盼望靠自己的双手过上好日子。

很快，挨过了苦难的二十几个年头，李梨英已是一个有6个子女的母亲了。像旧社会千千万万农民一样，她也无法逃脱贫困悲惨的命运。丈夫林再发因劳累过度，一病不起，丢下一家人去世了；大儿子离家外出谋生当石匠；丈夫死后一年，她的二儿子又因打死地主养的一只狗，被迫奔逃他乡，漂洋过海，一去无踪。在悲惨的命运面前，李梨英没有屈服，仍坚强刻苦，含辛茹苦地养育子女，祈望着能过上好日子。

二

大坑村是潮、澄、饶三县交界的山地小村，位于凤凰山脉，紧靠闽粤边境。中共党组织决定以这里作为重要立足点，建立浮凤根据地，打通闽粤边，让其和中央苏区连成一片，在这一带积极开展革命活动。李梨英的大儿子林松泉、大女婿刘金城都参加了革命工作。在这样的环境中，李梨英受到了革命的熏陶，明白了农民翻身闹革命的道理，一步一步地走上了革命的道路。

李梨英在家里常听松泉谈论什么"南军""北军""东征军""北伐军""红派""白军"，听起来弄不明白，有一次她问松泉："什么是白军？"松泉告诉她："就是那些常常到乡里收税银的。"出自切身的经历，她对这些抓人、欺压人的"白军"自然产生了深深的憎恨。什么是"红派"？松泉简要地回答："红派就是农会。"提起农会，引起了李梨英一段深刻的回忆。

那是几年前中秋的时节，松泉回家，告诉母亲说："娘！山外边乡村都建立了农会，树起农会红旗！"李梨英笑着说："不管自己打石，却管人家挂旗，人家挂的是什么旗？"

松泉兴奋地说："农会旗，是红红的。上面有一把牛犁。听说，这面红旗是共产党造的，是彭湃从海陆丰传过来的。山外边的种田人可高兴，成千上万人掮着大红旗，抬着犁、耙、水车往城里游行，说是建起农会，种地不交租，不用还债了。"李梨英听着松泉讲山外的奇事，引起她无限的向往。经受被压迫被剥削切身之苦的她，很自然地激起翻身的祈望。

这一年的旧历年前，李梨英忙着买盐腌菜，但盐商囤积居奇，到处买不到盐。李梨英走了40多里路来到澄海县东里镇，看到在韩江出口处，沿江停泊着大大小小的货船，成千的人正汇成一股人流往江边汹涌而去。突然，人群中发出喊声："要买盐的跟着农会走！"

人群跟着涌到沿江边的一座大盐库前，一面农会的红旗高高飘扬，一个青年人站在椅子上，挥手高声喊着："海边人吃不到盐，这成什么世界！这么多的盐是我们盐民一天天曝着太阳晒成的，白白放在这里，就是不卖给我们！大家说，该怎么办？"

话音刚停，人群中迸发出一片愤慨的回声："分掉它！分掉它！"

分盐的紧张场景李梨英看在眼里。她挤到人群前面找到那个青年人要求买盐。他笑着说："阿姆是哪一乡的？"李梨英回答说："大坑村，我走了40多里路，家里的萝卜快烂掉了，急死人！"

年轻人向站在前面的人说："让一让，让山里的阿姆先挑，好让她赶回家。"他把白盐倒进了她的竹箩筐里。

东里镇农会领导农民开盐仓平买的情景，那农会红旗，那青年人的形象，深深地印记在李梨英的心坎里，终生难忘。从此之后，她总是想着这红旗，爱着这红旗，想着这带头的年轻人。但她不知道，那个青年人就是当时任隆都区农会特派员，后来成为中共澄海县委书记，1928年2月25日参加在汕头市乾泰厝内召开的党的领导人秘密会议时被敌人围捕，后惨遭杀害，壮烈牺牲的詹天锡。

这年春节，松泉从外地回家团聚。每逢回家，松泉总是喜欢坐在灶前帮着母亲煮饭，给母亲讲讲山外妇女翻身闹革命的故事，还教弟妹唱革命妇女歌。他从"正月锣鼓闹猜猜"一直唱到"十二月年又终，举起红旗打先锋，妇女革命求解放，夺得政权归工农！"松泉唱的革命歌谣，讲的革命道理，都深深地感染着李梨英，起着启蒙的作用，开始诱发她向着革命道路迈进。

1932年党派彭莫、傅尚江等到大坑村开展工作。李梨英在他们的引导下，走上了革命道路，成为大坑村秘密组织农会、妇女会的积极分子。就在这一年的夏天，一场革命的风暴正在秋溪区的西坑、大坑酝酿着。李梨英接受了秘密缝制农会红旗的任务。这时正是夏收季节，村子里的人们正忙着收割，李梨英却夜夜在灯下缝制红旗，按彭莫所画的图样，缝上牛犁。

霹雳一声雷响，一场农民翻身闹革命的风暴终于爆发了。大坑一带山村的农会、赤卫队纷纷成立，劳动童子团拿着木棍在村边放哨，大坑村的上空飘扬着李梨英缝制的红旗。

随着革命形势的发展，中共潮澄澳县委把大坑村一带作为发展潮澄饶革命根据地的一个重要立足点。根据中共东江特委的指示，1932年冬，在秋溪区西坑大涵埔成立了中国工农红军东江独立师第二团第三连（简称红三连），并进行扩军运动。

李梨英的第三子松才当时是大坑村的赤卫队班长，他要求参加红军。李梨英毫不犹豫地对儿子松泉、松才说："你们两人放心为革命，家里的活，我自己来。"第二天，李梨英亲自送松才到下坑村红军营地，成了大坑村第一个送子参加红军的母亲，受到了红三连全体红军战士的欢迎。

当时红军编印的油墨印刷的《红潮报》用红色的大字标题写着"革命母亲送儿当红军"。这是李梨英第一次以"革命母亲"的崇高称号出现在革命大家庭之中。

李梨英的大儿子松泉在革命道路上不断成长，这时已是大坑村农会执委，担负着大坑村农会工作。女婿刘金城是中共秋溪区委委员。在这场席卷凤凰山村的土地革命浪潮中，李梨英一家都投入革命洪流，成为革命之家。李梨英就是这个家的革命好妈妈。

三

大坑村成立农会后，李梨英成为农会的积极分子。她不管刮风下雨，白天黑夜，替红军探敌情、送情报、看护伤病员……只要是党交给她的任务，她都拼尽全力去完成。

李梨英在革命斗争的严格考验中，展现了坚定、忠贞的革命品德和机智、勇敢的战斗精神，具备了一个共产党员的素质。1933 年，李梨英终于光荣地参加了中国共产党。在入党宣誓时，詹如炳向支部的同志说："她是一个平凡的妇女，像我们所有的母亲一样平凡，但是，她又是妇女们的模范，她用自己的行动，实践着她自己说过的话：'党要我做什么，我就一定去做。'"

李梨英是一位平凡的农村妇女。但是，她在革命征途上所表现的革命气质却是那么不平凡，那么高尚。一个接一个严峻考验的完美完成就是有力的证明。

从 1933 年开始，南方革命形势逐步恶化，浮凤革命根据地的斗争接连受到挫折，革命面临着严重的困难。国民党军队采用"碉堡政策""保甲制度"，封锁浮凤苏区，又用尽办法收买叛徒，纠集流氓、地主和土匪，不断袭击大坑村等几个村庄，到处杀人放火，无恶不作，大坑村的环境越来越险恶。李梨英的大女婿刘金城不幸被捕，1933年7月5日在潮州城壮烈就义；大女儿松花也被捕入狱，外孙儿都流离失散了；大儿子松泉和三儿子松才在保卫根据地的战斗中相继牺牲；曾同李梨英一起战斗的不少同志也倒在血泊里。失败、艰险、悲痛反而增强了李梨英的革命信心，她对同志们说："不要为我难过，我明白，不流血牺牲，革命是不能成功的。"这是何等豪迈、忠贞、坚定、高昂的革命英雄气概！

1935年夏，革命形势进一步恶化。国民党邓龙光部更加疯狂地"围剿"秋溪区，使秋溪区又一次遭到严重的摧残。为了保存革命力量，区委安排一些党员、干部转移至浮凤根据地。区委考虑到李梨英已40多岁，且有两个10多岁的儿女，因而劝说她暂时远离家乡到南洋（现东南亚）去，免遭反动派的毒手。李梨英却坚定地说："我出家不入家，我走的是革命的路，绝不走南洋路。"尽管区委再三劝说，她仍坚定地说："不要为我担心，我不能打仗，但做别的事还能够，一天走百把里路也不要紧，不会拖累别人。我是参加革命的，有一天要死的时候，也一定要死在革命的队伍里。"这种坚强的革命意志和真挚的革命感情，感人肺腑。区委终于同意让她跟着同志们前往浮凤根据地。

从区委回家后，李梨英便妥善安排家事，把15岁的女儿托远亲寄养，身边带着年仅12岁的小儿子松森一起到队伍。到区委报告时，她拿着一个红布包——里面是她多年积蓄下来的20块光洋——交给区革委詹如炳，说："我把它交给党，不要笑我，人老了还是老习惯。封红包，取个吉利。"

当詹如炳劝说着交还她时，李梨英说："用不着，如果要去南洋就用得着，但我走的是山路，不是海路。"

四

李梨英随着同志们，日夜行军；队伍来到凤凰山，又遭到国民党第九师的围攻。根据中共闽粤边区特委的指示，队伍迅速开赴福建，改编为独立营，和红三团紧靠一起，开辟乌山根据地。李梨英也随队伍来到了乌山，接受党分配的任务，担负起伤兵站工作的重担。

乌山峰峦起伏，长年笼罩蒙蒙白雾，山上黑黝黝一片，到处是大石峥嵘兀立，羊肠小径穿梭，山上有不少石洞，村落棋布山间。伤兵站就设在距离进水乡8里地的乌山深处的石洞里，建站的工作是极其艰巨的，李梨英带着伤兵站人员湖兰、慧兰和她带上山的小儿子松森斩树、砍竹、割芒草，在洞里搭起了床铺，搬来石块垒砌了炉灶，让从火线下来的伤病战士有一个能够养病的环境。没有药品，她就到深山丛林采集草药给战士治病医伤；又蹲浸在冰冷的山洞流水中给战士洗血衣。她像母亲对待儿子一样，慈爱地护理这些革命战士，盼望他们早日恢复健康，一批批伤病战士从前线来到她的身边，又一批批康复了的战士怀着无限感激的心情告别了她回到前线去。战士们都亲切地叫她为"阿姆"，把她当作自己的母亲。

乌山伤兵站从1935年底到1937年底，经历了艰苦的两年多时间，先后接过伤病员二三百人。在伤兵站治疗的伤病员最多时有五六十人，少时也有十多人。在两年多的时间里，为了防备敌人的袭击，伤兵站先后迁徙到福建诏安和云霄间的北蔗、竹林、十八间、进水、坑心等地的深坑山洞。李梨英还专门安排张水贵等战士在离站有一段距离的地方秘密接收伤病员到站。为了适应战争环境变化，她又将伤病员编成小组，三五人安置一处，分散于各个山洞中。在石洞外边，还设有岗哨。当洞外放哨同志发现敌情，李梨英便立即组织伤病员，轻伤的扶着重伤的，有的自己拄着拐棍、背着被单，还挑着番薯、咸菜，有的扛着枪在后面掩护，往深山转移。

伤兵站的战士虽负伤患病，心里却充满血海深仇的革命激情，期望着早日康复回前线，杀敌报仇。

曾有一次，几个负伤战士听到国民党军队血洗凤凰山一带乡村的消息时，愤恨至极，拿起枪便冲出石洞，想奔回家乡为亲人报仇。

这时，李梨英跟着追出石洞，拉着他们的手走回洞里，严肃地对大家说："不能这样呀！革命为的是天下工农，哪能天天想念一个凤凰山。家有家规，乡有乡约，红军战士要守纪律，党叫走，谁也不能留；党不让走，一个也不能离开……"

就这样，李梨英以那像乌山劲松般的气概、毅力和母亲般的亲切关怀，影响和感动着战士们，把他们的思想引向崇高的境界，鼓励他们更坚定地沿着革命的道路前进。

敌人的不断"围剿"，使伤兵站的处境十分艰难，既无药物治疗，又缺乏粮食，饥饿和死亡天天威胁着伤病员们。为了使战士们能够生存下去并且养好伤，李梨英费尽心血。她上山采药，又四处找被敌人"围剿"逃进山洞里的群众。她和伤兵站红军战士列兴一起终于在一个石洞里找到了进水乡的进水伯等10多人。乡亲们见到李梨英这位"红军阿姆"，又是高兴，又是伤心。他们是多么盼望红军能够帮他们将敌人赶走啊！

李梨英找到一个石洞里的乡亲，接着又找到其他石洞里的乡亲。找到了乡亲，也就找到了依靠，找到了救星。

五

1936年后，中国革命形势起了新的变化。由于日本帝国主义的入侵，中华民族处于生死存亡的紧急关头，中国共产党提出了建立抗日民族统一战线，实现国共合作、团结抗日的正确主张。"西安事变"后，蒋介石被迫停止内战。1937年7月7日，日军大举侵华，促成了以国共两党合作为基础的全民族抗战。驻闽南的国民党157师也唱抗日高调。中共闽粤边区特委响应中央号召，主动与157师谈判合作抗日问题。1937年6月26日，闽粤边区特委与157师签订了合作抗日的政治协定，根据协定，原红三团和独立营改编为国民革命军福建省保安独立大队。但是国民党157师的领导人仍没有放弃其反共立场。当时闽粤边区特委领导人何鸣对敌人的罪恶阴谋丧失警惕，没有识破敌人所谓改编开赴前线抗日的阴谋，错误地把红军游击队集中于福建漳浦县城孔庙。1937年7月16日这一天，敌人以极其卑劣的手段，乘我无备，突击包围，800多名红军全被缴械；同一天，敌人又袭击诏安县月港村中共闽粤边区特委领导机关，逮捕了正在开会的特委和县、区领导（后全部被害），制造了震撼全国的"漳浦事件"和"月港惨案"。霎时间，革命形势急剧变化，800多人的游击队被解除了武装，党的领导机关遭破坏，党内联系一时中断。这时，李梨英所负责的伤兵站仍留驻乌山根据地，全部20多名伤病员和根据地群众得知红军遭害、特委领导遇难的消息，震动极大，有的愤慨万分，有的悲观失望。在这突然袭来的风暴面前，李梨英面对着伤兵站的同志，强压下涌上心头的万端悲愤，激动而又庄严地说："大家不会忘记，五年前，独立营还没有成立的时候，只有12人，在大坑村的祠堂前立起了第一面红旗。这一面红旗，从凤凰山插到乌山，永远也不能让它倒下去，要一代一代传给我们的儿孙！"这些话有力地激发起伤病员的革命热情，增强了他们的革命信心。在这尖锐复杂的斗争环境中，李梨英挑起了多么复杂艰难的担子。她不仅要做伤病员的思想工作，还要负责一系列生活、治疗等事务。她实际上充当着政治指导员、司务长、医生、护士，日夜为伤病员解决思想、吃饭、治疗等问题。他们顽强地度过了艰难的岁月。这时，在"漳浦事件"中突围出来的原独立营营长卢胜重建了红三团，部队重上乌山革命根据地，找到了李梨英，伤兵站的战士重新编入卢胜领导的红三团，后编入新四军，开赴苏皖前线抗日。

六

闽南游击队编入新四军开赴抗日前线后，李梨英离开伤兵站，随中共云和诏县委在乌山进水村一带做群众工作。1938年春，李梨英告别了战斗两年多的乌山，辞别了同甘共苦、战斗在一起的乌山人民，调到平和县大芹山中共漳州中心县委（后叫闽南特委）机关。从此，她就在党的领导机关工作，从中共漳州中心县委（闽南特委）、中共南方工作委员会到中共潮汕特委秘密机关，从山村到平原、到热闹城市，多次转移，一直从事掩护党的领导机关工作，历时十一年，出色地完成了党交给她的任务。

1941年6月，李梨英调到中共南方工作委员会（简称"南委"）工作。

"南委"负责领导粤北、粤南、江西、广西4个省委和潮梅、琼崖、闽西、闽南、湘南5个特委及闽粤边特委等10多个地区的党组织,直接受中共中央南方局领导,同延安党中央有电台联系。李梨英就在设于大埔百侯的"南委"直属电台做掩护工作。按照党组织的安排,在电台工作的同志按"家庭"组织起来,李梨英就是这个家庭的老母亲,大媳妇肖敏,二儿子王强,女儿方文。当时,"南委"书记方方扮为商人,作为李梨英的弟弟,也常来常往。

1942年6月,由于叛徒出卖,"南委"机关遭敌人破坏,机关的一些领导人被捕并遭杀害。这就是当时震动南方几省的严重的"南委事件"。这时,南方几省革命形势处于严重艰难时刻,面临严峻困境。为了遵循中央关于"隐蔽精干,长期埋伏,积蓄力量,以待时机"的方针,保护革命力量,根据中共中央南方局的指示,组织暂时停止活动,关系中断,分别转移,以待时机。

"南委事件"后,敌人继续在"南委"机关驻地周围乡村、城镇、交通要地进行搜捕。李梨英在王强的带领下,同方文和方方的孩子方超一起,从百侯脱险经梅县松口,历尽艰险,终于按组织的指示,于同年8月转移到潮汕惠来县城方文的家。

1942年底,"南委"书记方方也历尽艰险来到潮汕,由吴南生负责掩护隐蔽于揭阳城内。按照组织的安排,李梨英又从惠来调到揭阳,从事掩护方方的工作,为隐蔽斗争的需要,一个新的"家庭"又组成了。李梨英作为吴南生的亲戚、方方的嫂嫂,挑起掩护工作的重担。这时,方方隐蔽在家,不能外出,方方的爱人生病了也不能外出。李梨英既承担了生活上的各种担子,有时还要从事交通联络工作,做好睦邻工作。

1943年5月,中共中央南方局指示方方转移到重庆,由王达泉陪同,两人装扮成财主、伙计一路同行。吴南生护送他们到汤坑。方方安全到达重庆,见到周恩来,并和他一起回到延安。吴南生根据方方离汕前的部署,负责韩江西部党的工作,并受委托处理"南委事件"后一些问题。方方离开潮汕后,李梨英仍继续在吴南生的直接领导下从事交通联络工作。吴南生离开汕头，李梨英又在潮澄饶党组织负责人周礼平的领导下，担负政治交通员任务。

李梨英，一个近60岁高龄的老妈妈，以她那令人难以想象的毅力，坚定、忠贞、机智地担负起党交给她的交通联络责任，总是来往于游击区、国民党统治区、日军占领地沦陷区之间，经历重重的封锁线，有时一天跑八九十里路，一次又一次出色地完成了任务。

在枪决叛徒姚铎的斗争中，她往返于揭阳榕城至潮安余厝州之间，路程相距近百里，不辞艰险，安全地传递情报，以利领导及时决策指挥，促使枪决叛徒姚铎的斗争胜利。

每当她完成任务回到"家"里，同志们是多么高兴地听着她讲述经过白区、沦陷区封锁线的"历险记"：日军搜查、打过她；国民党的军队搜查、打过她；汪精卫的伪军以为她是媒婆，恐吓她下一次来的时候一定要带一个姑娘来，不然就要打断她的腿；国民党的军队以为她是贩卖大烟的，要她拿出烟土才让她过哨卡。就在这样艰苦的斗争中，她历尽艰险，临危不惧，锻炼成了一个勇敢、机智的优秀地下工作者。

七

1945年底，李梨英又服从党组织的调动来到汕头市，扮成当时潮汕特委秘密机关这个"家"的母亲，掩护从事地下对敌斗争的同志。

这个"家"有儿子吴健民（潮汕特委宣传部部长）、媳妇方蓝、女儿张明、外甥女陈锦。后来，曾广（潮汕特委书记）、高梧清也以大儿子、媳妇等亲属身份来到机关。郑瑁于1948年从泰国回汕，作为义女也常来这个"家"。这个"家"的成员，随着革命斗争的发展而不断变化着。

李梨英不负党的重托，出色地从事掩护工作。她善于从所处环境的特点出发，机警地注视周围的环境、人物，严守机密，不露一点痕迹，建立良好的睦邻关系，使机关一直安然无恙，显示了一个地下工作者的优秀素质和才能。

李梨英掩护"南委"百侯电台，就是扮成从潮汕沦陷区逃难来的一户善良小康人家。她来自乡村，熟悉农村，话也谈得投机，邻舍人家对她十分有好感，还让出空地给她种植蔬菜和养鸡。

到了城市，她又很快适应了城市的环境，扮成一个殷实商人之家的老妈妈。

在长期秘密斗争的艰难日子里，李梨英像母亲一样，将自己的爱全部倾注在这个"家"中，对每个同志都时时处处无微不至地关怀，使同志们像在自家一样，感受到母亲慈爱的温暖。

在中共漳州中心县委时，特委副书记朱曼平哮喘病发作，病情十分严重。李梨英日夜守护在他身边，连续好几个月，细心地护理他，一直到他康复。朱曼平一直没有忘记"阿姆"对他的母亲般的这段革命深情。

1941年在"南委"机关电台工作时，"家庭成员"大的20岁，小的才17岁。夜间工作天气炎热，李梨英为他们打扇扇风，还给他们做夜宵吃。在潮汕特委秘密机关，陈锦得了伤寒，她操尽了心。机关里的同志外出时间稍久些，她总是记挂在心，怕出意外，关心着每个同志的安危。

李梨英还为掩护同志的子女倾注她深情的母爱。1942年"南委"机关遭破坏，她与电台干部王强、方文一起带着方方两周岁的儿子转移到惠来县方文的家中抚养。1945年，潮汕特委领导人周礼平牺牲，她无限悲痛，但是又未敢将消息告知礼平的爱人张明。她偷偷地为礼平的牺牲而落泪，又强压住悲痛情感加倍地照料张明和刚生下的"孙儿"。有不少老一辈革命同志子女的养育成人中就凝聚着李梨英的一份心血。

李梨英的关怀，使得与她一起工作的同志倍感这个家庭的温暖。曾是当年潮汕特委汕头秘密机关领导人的吴健民，在回忆与李梨英一起生活的那段日子时，深情地写道："自从我同阿姆一起生活在'家庭'里，觉得'家庭'除了严肃、团结的革命气氛之外，还强烈地输入一股来自她老人家的母爱的暖流，使人在紧张的战斗生活中回到机关，常常沐浴在纯朴真挚的老母亲爱儿女的感情之中。"这充满着对李梨英敬仰、怀念的纯朴真挚的感情，也道出了众多同志敬仰"阿姆"的心声。

李梨英掩护的潮汕特委机关，处在敌人严密控制、特务遍布的白色恐怖的残酷环境中，坚持着艰难的秘密斗争。这个"家"在当时革命斗争中起着多么重要的作用！是它使潮汕地下党组织保持同中共中央华南分局的联系，通过它传递了多少重要情报，接送了多少来往于香港与潮汕革命根据地之间的党领导同志。这个"家"为潮汕解放事业所作出的种种贡献，其中也有着李梨英的一份功绩。

1949年10月1日，中华人民共和国诞生了。同年10月24日，汕头市也解放了。此时李梨英已是61岁的老妈妈。她终于看到了革命胜利，她为之终生奋斗的革命理想终于实现了。

八

新中国成立后，李梨英一生难忘的时刻是1951年国庆节的大喜日子。她作为南方根据地代表团成员到北京参加国庆观礼。她站在天安门前观礼台上，亲眼看到国庆盛典，同时又受到毛主席、周总理等党和国家领导人的接见和宴请。在宴会上，李梨英同彭湃母亲彭老太太一起，代表南方根据地代表团的全体同志，向毛主席和周总理举杯敬酒，表达了南方根据地人民对领袖的敬意、对社会主义未来的热望。她认为这是她一生中最幸福的时刻，是党和人民给予她的最高奖赏。

1960年，李梨英不幸患了癌症。中共汕头市委送她到北京肿瘤医院治疗。患病期间，郑瑁、张明一直伴在她身边，重温着革命战争年代的母女之情。在艰难的革命年代，当她得知儿子、女婿牺牲时，曾强压下悲痛，告诉战士们说："我虽失去儿子，但我还有更多的子女。"她一直把革命队伍中的同志都作为自己的儿女看待，同志们也都把她当作自己的母亲。在她住院治疗期间，郑瑁、张明无微不至地护理她，一直到她临终，都在她的身边。

在同癌症作斗争时，李梨英一直保持着乐观精神，不管癌症给她造成多么难受的疼痛，她从未发出一声呻吟，始终是神态安然。给她治疗的医生和护士都深为钦佩地说："很少看到这样强忍痛苦，绝不呻吟一声，与医生配合得这么好的老人。"

　　临终前几天，她仍是一心想着党，她把自己积蓄的 1 800 元向党交了最后一次党费，献给引导她走完了光荣一生的亲爱的党。

　　1961 年 6 月 24 日，李梨英的心脏停止跳动了。她倾注了毕生的感情和心血，谱写了自己平凡而又光辉的历史，她将永远受到后代的敬仰和怀念。

钟骞

ооооооооо

"思亲泣尽韩江水，报党未已命如丝。"

1944 年 5 月 31 日，先后担任过中共潮安县工委宣传部部长、潮汕中心县委宣传部部长、闽南特委副书记的钟骞，"放下他一刻不停息的革命工作，离开了他热爱的祖国，离开了他亲爱的同志而长逝了。这是我闽粤边党重大的损失"。钟骞是中国共产党的优秀党员，中共闽粤边杰出的领导人之一，他"党性坚强，学识丰富，工作积极"。在日军侵华，中华民族遭灾受难的时候，他以"匹夫怀兴亡"的赤诚之心，历艰险、蹈蒺藜，呕心沥血，为民族的解放事业耗尽了最后一口气，用沸腾的热血谱写了与滔滔不停的韩江水共鸣、与闽粤山峦共争辉的革命壮歌。

一

钟骞，曾化名郑坚，广东省潮安县（今潮州市湘桥区）意溪镇人，1916 年出生。父亲钟瀚孙是晚清秀才，母亲郑容娘也颇识文墨，是个书香之家。钟骞降生之时，潮汕连年军阀混战。父亲一次路过潮州北堤渡头，偶遇军阀相残，被乱弹击中身亡。尚在襁褓中的钟骞从此失去父爱，靠着贤淑善良的母亲养育成人。

钟骞自小聪明活泼，勤奋好学，七岁进入意溪启明小学读书。他尊师爱友，博得良师益友的爱护和培育，学业猛进，以优异的学业成绩，先后考进了广东省立第二师范学校（韩师）乡师班、广东省立第四中学（金山中学）高中部继续深造。1931年，他进入金中不久，"九一八"事变发生，日本出兵沈阳，很快占领我国东北三省。钟骞面对时局，心里极不平静，经常关心时事，寻阅进步书刊，当阅读到日军步步侵吞我国国土时，爱国之心油然而生。一天，他与堂弟钟声漫步在韩江边，眺望着祖国的大好河山，联想起北国松花江畔沦亡的国土和遭受涂炭的人民，一时心潮翻腾，思绪万千，随笔写了两首七言绝句：

> 韩江边上好儿郎，大好河山仔细看；
> 韩江不在东三省，三省却有松花江！

> 天外有天山外山，苍鹰穷计图饕餮；
> 覆巢哪得有完卵？祖国匹夫怀兴亡！

这两首诗明显流露出他不满当局，胸怀救国，希望抗日，收复失地的雄心壮志。从此，他那禁锢不住的爱国心潮开始溢向社会，经常吟诗赋文，投登于潮汕进步刊物，抒发爱国情怀。

1934年秋季，他考进国立中山大学文学院深造。踏进这富有革命传统的广东最高学府后，视野开阔了，他广泛接触社会进步人士，开始寻求救国救民的真理，在学校进步师生的帮助和启发下，如饥似渴地阅读马克思主义著作。大学二年级时他已读完马克思的《资本论》，开始懂得什么叫剥削，什么叫阶级，什么是被剥削被压迫民族的出路。从此，他选择了一条属于自己的道路，投身于民族解放事业。

日军步步进逼，国难日趋深重，蒋介石国民党在"攘外必先安内"的误国政策之下，置民族危亡于不顾。1935年又与日军签订了《何梅协定》，日军不费一枪一弹，使我国又丧失了河北、察哈尔两省的大部分地区。在蒋介石卖国协定的怂恿下，日军虎视眈眈，准备侵吞整个中国，中华民族面临着灭顶之灾。为拯救灾难深重的中华民族，学生们纷纷走向社会，投身火热的民族解放运动。这年暑假，钟骞返回家乡潮汕，借访亲问友的机会，大力宣传抗日救国道理，鼓励亲友同赴国难，参加救亡运动。在他鼓动下，好多亲友秘密参加了救亡运动，后来成了民族抗日运动的骨干。为了扩大宣传，他冒着生命危险与堂弟钟声在家里秘密印制传单，母亲询问他们在干什么，钟骞幽默地回答说："我们是在坚持正义。"母亲听到儿子是在干正义的事，也就安心下来，教导儿子说："正义的事才做，非正义的事不能做。"传单印好之后，他与钟声两人三更半夜偷偷地拿到外面撒放，还寄给商店、机关、团体、学校。这正义之举却触怒了潮安国民党当局，他们四处查究。为避免不必要的牺牲，钟骞在安排钟声往上海之后，自己也回中大了。

钟骞回中大不久，正在长征途中的中国共产党和工农红军联合发表了《八一宣言》，提出不分民族、党派和信仰，消除成见，停止内争，同赴国难的政治主张，得到全国各族人民的拥护。年底，北平学生掀起"一二·九"学生爱国运动，全国各大中城市的学生群起响应。地处祖国南大门的广州爆发了倒蒋抗日的爱国学潮，组织了"突进社"与"中青"等进步青年组织，掀起了"一二·一二"学生运动，钟骞是积极的活动者。在党的教育和学生运动的陶冶下，钟骞终于走上了无产阶级的革命征途，光荣加入了中国共产党。从此，钟骞把青春交给了党，献给了无产阶级解放事业。

1936年12月12日发生的"西安事变"和平解决之后，蒋介石国民党被迫同意我党关于"停止内战，一致抗日"的主张，抗日民族统一战线得到进一步发展。不久，钟骞返回潮汕，广泛联络爱国青年，与张望、饶东等一批有志之士在潮安组织了"奴隶剧社"（后改为潮安话剧社），取得了驻潮一五五师政训处上尉科员张其光的支持。他们通过话剧、歌曲等文艺形式，宣传爱国救亡道理，激发民众爱国热情，在民众中产生了深刻影响。

1937 年 7 月 7 日卢沟桥事变发生后，全民族的抗日战争爆发，民族解放运动进入了一个崭新的阶段，各地抗日救亡团体如雨后春笋破土而出。钟骞与其他爱国志士于同年 8 月 13 日在中共韩江工委的领导下，发起成立了汕头青年救亡同志会。同月 21 日，在钟骞等人的发起和组织下，潮安成立了青年救亡同志会（"青救会"），钟骞当选为该会常委。潮安青救会问世之后，钟骞努力做好统战工作，使青救会获得了公开合法地位，成为潮安抗日运动的第一支宣传尖兵。青救会会员下工厂、到农村，宣传发动群众，掀起一个个抗日救亡浪潮，深受群众的欢迎和支持，很快成为团结爱国青年的核心。随着抗日浪潮的日益高涨，党的组织也迅速得到恢复和发展。这年 10 月，中共潮安县工作委员会成立，钟骞任宣传部部长之职。从此，钟骞身负重任，日夜奔劳，他那魁梧的身躯常出现在公众场合之中。他利用一切机会宣传动员群众，其精练流畅、通俗生动的语言，清晰而洪亮的声音，常常博得人民的热烈掌声。

这时，钟骞已取得了合法的职业，在潮安八区龙溪中学任教，担任该校二年级十三班的班主任兼语文教师。他像一颗不择土的种子，撒到哪里就在哪里生根发芽，又像一位不知疲倦的辛勤园丁，细心地耕耘，热情地培育革命种苗。他用《大众哲学》《思想方法论》《八月的乡村》等书代替"法定"的语文课本，并经常给学生谈前途理想，讲革命道理，引导学生走抗日救亡的道路。同时他在班里组织读书会、歌咏组、演剧队，带领学生到附近农村、街道宣传，演出《放下你的鞭子》《送郎上前线》等抗日剧目。十三班的爱国义举很快扩展到全校以至整个庵埠镇。不久，由钟骞发起组织庵埠青救会，几十名会员在龙中礼堂举行成立大会，钟骞当选为理事。他白天讲课，晚上带领青救会会员到镇内和乡村演讲，教唱救亡歌曲，演街头短剧。后他又组织"晨呼队"，每天早晨到车站、街道等地，呼口号，唱抗日歌曲，给沉闷多年的庵埠带来了热烈的抗战气氛。

钟骞十分注意对青救会会员的思想教育，规定每周二晚进行学习，内容和讨论提纲都是他拟订的。他还经常给大家"上大课"，学习内容主要是时事政治、青年任务、党的"抗日救国十大纲领"和民族统一战线政策等。

通过学习，会员明确了政治方向，巩固了组织，同时培养了一批积极分子。

随着群众爱国运动的发展，抗日民众团体不断涌现出来。党为了加强对这些团体的领导，1938年1月15日，在汕头市同济中学礼堂召开了岭东青年救亡同志会代表大会，讨论研究建立统一的领导机构——岭东青救总会问题。钟骞以潮安青救会代表团团长的身份出席了会议，是大会主持人之一。当时，汕头专署当局眼见青救会蓬勃发展，心里害怕起来，企图利用他们所领导的抗日后援会来取代青救会。于是他们借口此次会议未经批准以及救亡一词不逊，出动大批军警包围会场，强令停会，一时气氛十分紧张。在这关键时刻，钟骞挺身登台发言，据理力争。他根据中共韩江工委的决定，简短扼要地阐明名称可改（青救会改为青年抗敌同志会，简称"青抗会"），但原来的章程和宗旨不变，独立自主的原则不变等观点。他的发言既坚持了原则性，又表现了策略上的灵活性。他的胆识与见解得到了与会代表的赞扬和拥护，一致通过青救会改称为青抗会的决议案。会议胜利结束后，当晚举行火炬示威游行。夜幕降临了，岭东青抗会代表大会代表、"汕青抗"的全体会员几百人走上街头，手擎火炬，踏着整齐的步伐，高唱《义勇军进行曲》，高呼"打倒日本帝国主义！""打倒汉奸卖国贼！"等口号。歌声、口号声响彻汕头市的夜空，激励着每个爱国者的心，推动着潮汕抗日群众运动的发展。

钟骞的爱国义举，引起了国民党顽固派的仇视和不安。许多"好心"人规劝钟骞利用其异母兄弟钟勃（时任国民党潮安县党部特派员）的地位，走飞黄腾达之道，但钟骞嗤之以鼻。一招不成又来一招，当时的龙溪中学校长谢修璋，是国民党八区区党部书记，一个十分阴险狡猾的反共老手，他早就监视钟骞的行动，派人偷听钟骞的讲话……在新学期开始时，他又不给钟骞下聘书，但这一切都丝毫没有动摇钟骞为正义为真理而斗争的决心。

1938年2月，钟骞奉党组织之命到福建龙岩参加中共闽粤赣边委员会举办的第一期党训班学习。在辞别龙中之前，钟骞赋诗一首，勉励龙中学生朝着抗日救国的方向，肩并肩地前进。钟骞虽然远离了龙中，但他的心与龙中的学生仍然系在一起，经常与他们保持通信联系，后又经常将《前驱报》和进步书籍寄给该校学生，支持和指导他们在校内建立"少年先锋队"，鼓励他们继续前进。在他辛勤的浇灌下，这些种苗深深地扎下根，成为庵埠民众抗日运动的骨干力量。后来钟骞返回潮汕办报时，又经常到龙中指导他们的革命活动。在钟骞的教育培养下，该校学生王永儒等十多人先后参加共产党，建立了龙中学生党支部。

二

　　1938年春，钟骞被调到中共闽西南特委工作，任秘书长兼《前驱报》社长职务，从事党的宣传工作。同年夏初，钟骞奉命回潮汕办《前驱报》，9月，担任中共潮汕中心县委宣传部部长。是时，正值第二次国共合作时期，钟骞第一个以中共代表身份公开露面与国民党打交道。国民党中的顽固派灭共之心不死，对民众抗日行动百般刁难。钟骞面对艰苦复杂的斗争环境，毫不畏惧和退缩。他怀着一副赤诚的肝胆，执行党的统一战线，与顽固派斡旋和斗争，一次次地完成党交给的任务。为了取得办报的合法权利，他特地找国民党汕头公署督察专员许成业面谈。这个反共老手以种种借口，多番推诿。钟骞以国共合作的"信条"，用真理迫使许成业公开答应我党在汕头市办报。许表面答应，背地里却密令在汕各印刷厂、书局、局摊不得承印和发售《前驱报》，企图以此来缚住他们的手脚。但这对于已深深植根于群众之中的共产党员来说是无碍于事的，钟骞在取得办报的合法地位之后，立即在汕头市瑞平路公开置设社址，挂上招牌，在群众中扩大影响。汕头市各印刷厂迫于淫威，不敢承印《前驱报》，钟骞通过庵埠青抗会的帮助，买了一架印刷机，到庵埠大鉴村办起一家简易印刷厂，由青抗会会员负责排版、校对和印刷。没有人敢发售《前驱报》，庵埠青抗会会员便当起义务的卖报员。就这样钟骞冲破了层层障碍，使《前驱报》第一期很快与群众见面，国民党顽固派只能搔头顿足，无可奈何。钟骞利用《前驱报》这一宣传阵地，写了许多政治、经济、文艺等方面的抗日文章，大力宣传我党的抗日主张，指导青年抗日运动的方向，揭露、批判汉奸卖国贼的嘴脸，使《前驱报》成为党指导民众抗日运动的论坛。

钟骞借外出采访的机会，广泛接触社会各界人士，发展抗日民族统一战线。是年 12 月 29 日，他根据潮汕中心县委扩大会议关于加强国民党军队中的统战工作精神，拜会了刚到潮汕接防的国民党军独九旅旅长、汕头警备司令部司令华振中。钟骞针对华振中有爱国抗日之心，向其慷慨陈词，开诚布公地阐明我党的抗日诚意，指出民族存亡的利害关系，使其受到触动，多次登门到《前驱报》社址，与钟骞洽商抗日问题，为后来建立潮汕青年抗日游击队打下了基础。

钟骞以共产党员身份，公开出入于刀光剑影的国统区之中，经常与国民党顽固派进行舌战，维护我党的威信，扩大我党的影响。顽固派对他恨之入骨，经常派特务尾随跟踪，钟骞的生命受到严重威胁。然而，钟骞把生死置之度外，把自己当作测探一切反动派政治态度的风雨表，机智、勇敢地战斗在潮汕平原上。

1939 年以后，国民党顽固派反共顽症复发的征兆再次出现，不断制造摩擦事端，禁止民众抗日舆论。中共闽西南特委机关报《前驱报》也于同年夏初被迫停刊。党为了保护钟骞，把他调离潮汕。他经梅县、大埔等处，辗转一段时间后，在秋季又接受新的任务，到福建永定县侨育中学担任教导主任，化名郑坚。

侨育中学所在地中川是个侨乡，著名华侨胡文虎就是中川人。这是一所由当地进步青年胡甫开等人在中共埔永和县委支持下创办的新型学校。在国难深重的岁月里，到云山叠叠的山村办学，是十分困难的，对于生长在潮汕平原的知识分子来说，更是一次严峻的考验，何况闽西南特委要求郑坚（钟骞）等人一定要占领好这个教育阵地，发展抗日力量，为党培养、输送一批革命知识分子。任重而道远啊！钟骞满怀信心，自觉地把这当作炼人的极好机会。

当时，党派到侨中当教师的党员，除钟骞外，还有廖乃明和周剑鸣二人，中川小学也有几位党员。两个学校成立一个党支部，由钟骞任支部书记，统一领导两个学校，他全面负责侨中的教学工作。开学前，经过精心设计，钟肇把录取的一百多名学生分为三个班，取名仁爱、信义、和平，他和另两名党员分别担任这三个班的班主任。他还亲自负责全校的公民课和"精神讲话"。公民课没有课本，便以许涤新编写的《新三民主义》为教材，宣传孙中山的"联俄、联共、扶助农工"三大政策，还结合实际开展抗日救亡宣传。影响最大的是"精神讲话"，这一门课程每天必有一节，是国民党用来对学生进行"思想教育"的，钟肇却利用这个机会大讲革命道理和革命故事。他的口才很好，声音洪亮，每个故事都讲得娓娓动听，讲一个故事，就宣传一个革命观点，像春风化雨，滋润着学生的心田。

钟肇在学校里带头建起一种新型的师生关系，他爱学生甚于自己的弟妹，学生们也非常喜欢接近他，对他十分尊敬。在晚上，在星期天，他的卧室总是坐满了人；在学校后面的林子里，在池塘、小溪旁，也经常可以看到许多学生和他坐在一起。钟肇知识渊博，满脑子的革命故事，他总是利用一切机会给学生讲革命道理，像园丁一样，辛勤培育幼苗成长。

侨中应时代需要而诞生，逆时代恶浪而航行。开学才一个月，永定县国民党当局就派县保安团团长谭日新带了上百人马，到距离侨中只有五华里的下洋，扬言侨中没有立案，有被共产党利用的危险，要用武力强制解散。胡甫开得悉此讯，十分焦急，立即找钟肇商议对策。钟肇虽是个二十多岁的青年，但曾多次与国民党较量，遇事镇静、沉着。他经过一番思考，果断地对胡甫开说："我看，来个先发制人，以攻为守。"两人商量了具体办法后便分头进行工作。

这是一场富有戏剧性的智斗。10月9日，谭团长忽然接到胡甫开亲自送来的红请帖，请他明天参加侨中的奠基典礼。谭看到请帖的署名竟是侨中名誉校长胡文虎、董事长胡兆祥，不觉抽了一口冷气，他权衡了一下利弊，终于态度作了一百八十度的转弯，从打算封闭侨中到亲往参加侨中的奠基典礼。他怎能想到这幕"奠基典礼"的戏是钟肇导演的？

从此，侨中恢复了短暂的平静，钟肇和他的战友们积极开展各项革命活动：一是加强党支部的建设，吸收了胡冠中等数名进步学生入党；二是带动师生走出校门，到工农中去，并创办了中川妇女夜校，掀起了学习文化知识、宣传抗日救亡的热潮；三是发动侨中和中川小学的师生，搞好全村性的环境卫生，消除了历史上经常发生的鼠疫病；四是带领两校师生与当地农民（主要是妇女）一起投入秋收秋种，改变了"读书人不劳动"的陋俗。这些行动，在中川群众中引起强烈的反响，钟骞在群众中的威望更高了。

钟骞为把侨中建设成革命化的学校，付出了巨大的心血，着力培养尊师爱生、遵守纪律、自觉学习、努力向上的校风。他谱写的《侨中校歌》，旗帜鲜明，富有时代气息：

> 群山拱卫着闽粤接壤的边疆，
> 这儿是抗战巩固的后方，
> 我们年青的一群在这里学习，
> 民族的命运要我们勇敢担当。
> 战斗学习，意志坚强，创造出力量。
> 努力奋斗，挽救祖国家邦的危亡；
> 努力奋斗，争取中华民族的解放。
> 要运用三民主义（注：秘密唱为马列主义）的武器，
> 誓把新中国建设得灿烂辉煌；
> 昂头向前望，天际已透出曙光。

这首歌词，谱上陕北公学校歌的曲子，为侨中师生所喜唱，激励他们奋发向前。

在钟骞等人的努力下，仅半年，侨中便成为闽西南一所远近闻名的新型学校。侨中的成长，引起国民党顽固派的嫉妒与不安。第二学期一开始，国民党永定县当局以莫须有罪名下令封闭侨中，激起全校师生的极大愤慨。钟骞分别召开了党支委会和校董会，经过商讨，作出了"护校"决定：一面做好学生工作，做到没有一个学生转学或退学；一面通电南洋华侨，利用华侨力量来保护侨中。经过海内外的努力，国民党当局被迫收回封闭侨中的命令，"护校"斗争胜利了。然而，钟骞却在斗争中暴露了身份。为了他的安全，党决定把他调离侨中。

钟骞要离开侨中的消息，给全校师生带来极大的痛苦与震动。同学们的笑脸消失了，歌声没有了，心里都像压上了一块大石头。他们一个紧接一个，拥到钟骞的卧室，哭泣挽留着：

"郑先生，你不要走呀！"

"郑先生，你不能走呀！"

送别活动一直进行了三天，面对感情如此真挚的学生，钟骞难以抑制内心的激动，眼眶里也淌下了泪水。随后，侨中全体学生送给他一面小锦旗，上面写着："在革命的旗帜下再见！"一位老师（党员）赶写了一首《送别歌》，立即谱上曲子。同学们唱了起来：

> 再见啊，郑先生！
> 再见在革命的旗帜下，
> 再见在自由的国土里！
> ……

钟骞也连夜写了《叙别》和《祝福》两首诗，语重心长，对侨中师生寄予殷切的期望，勉励他们勇敢地战斗。在《叙别》诗中，他满怀豪情地写道：

> 相聚无几话别离，叙别岗上风凄凄；
> 莫忘家国恨，能寄长相思！
> 天涯何处无芳草，踏过遍野铁蒺藜！

1940年3月，钟骞离开侨中时，师生们依依不舍，送了一程又一程，他们一直送到云山雾锁的梨子岭，登岗共叙革命离别情。

"同学们！我祝愿你们健康地成长起来！"这是钟骞给侨中同学最后的祝愿和期望。

钟骞辞别了侨中，步上了新的革命征程，由党组织调往中共闽粤赣边区党委，在福建永定县办的第二期党训班任教，后又回到闽西南特委机关工作。1941年9月21日，国民党军队袭击驻龙岩闽西南特委机关，制造了"龙岩事件"，特委书记王涛壮烈牺牲，钟骞和其他同志突围脱险。国民党顽固派在军事进攻的同时，还进行政治围剿，利用一些不知廉耻的叛徒、政客四处游说行骗，企图以所谓"剿抚结合"来个一网打尽。说客们窜进了特委机关，恬不知耻地进行劝降。钟骞以特委代表的身份，接见这些不速之客，大义凛然地以活生生的事实，揭露国民党顽固派背信弃义、破坏国共合作、破坏民族抗日统一战线的罪行，痛斥他们对我党的诬蔑和攻击，阐明我党的严正立场和坚如磐石的信念。他义正词严，把说客们斥得无地自容，灰溜溜地离去。

三

1942年2月，钟骞受党派遣，到闽南特委担任副书记（书记是卢叨）。机关设在平和欧寮、南靖内过溪、漳浦车本交界处的三角坑。这时，闽南革命正处于困难时期，主力红军早已北上抗日，地方游击队又没有很好地建立起来，国民党福建省当局完全撕掉了合作抗日的假面具，挥起屠刀，杀向闽南各抗日支点，斗争局势十分严峻。钟骞到闽南之后，立即向特委建议举办干部训练班。他认为应该充分利用埋藏生产的时机，组织大家学习。他说工作越是困难，越要注意提高干部的政治、军事素质。他的意见得到卢叨等同志的赞同，于是特委即通知靖和浦地区的骨干到三角坑集中，连同机关工作人员一共二十多人，办起干训班，并将埋藏的枪支挖了出来，每人发长短枪各一支。钟骞主讲政治课，他自编教材，分章节概述中国革命问题、国际常识、党员常识，还在每讲后面提出若干讨论题，引导大家结合实际深入讨论。他着重讲解当时抗日各个战场和抗日根据地的政治形势，揭露国民党顽固派反共反人民的罪行。

三角坑地处崇山峻岭之中，周围怪石嶙峋，有许多石洞。干训班同志就以石洞为居室，吃饭主要靠车本村老接头户筹集供应，每天三餐粥，有时三餐也保不住，只好吃两餐。每人只有一条单层的被单，挨饿受冻是常有的事。钟骞和大家一样生活，从不叫苦。他白天指导大家学习，也参加军事操练，晚上还常常讲故事给大伙听。他讲红军长征，讲《水浒》《三国》，从古到今，从中国到外国，好像总也讲不完。这些生动、逼真的故事，配合政治教育，使同志们进一步树立了坚定、乐观的革命信念。

1942 年 6 月初，发生了"南委事件"。这年秋天，闽南特委改为特派员制，钟骞任副特派员。同年 11 月，钟骞来到平和坂仔乡、金京乡，不久又转移到平和山内大湖。年底，国民党龙溪保安团袭击特委"留守处"，交通站负责人吴酒精被捕叛变。特委藏在三角坑一带石洞中的十三担半历史文件、图书，以及武器、物资全部落入敌手。接着又传来特委委员吴庭坚、漳浦县委书记张太西等二十位同志壮烈牺牲的惨痛消息。国民党顽固派疯狂反共，不断屠杀忠诚抗日的革命同志。春节前，从三角坑留守处突围脱险的柯永麟、陈古老等同志辗转回到大湖住处，钟骞一见他们高兴得热泪盈眶。他详细询问了事件过程，宽慰他们一番。哪知一波未平一波又起，没过几天，漳州市工委及漳南交通站也被破坏了。顽固派消极抗日、猖狂反共的行径使同志们义愤填膺。钟骞大声痛斥顽固派不顾国难当头，蓄意残杀共产党人的卑鄙罪行。

闽南党组织接二连三遭到严重摧残，形势十分严峻，工作、生活更艰苦了。钟骞由于长期劳碌，积劳成疾，得了肺病。他高大的身躯已逐渐消瘦下去，胸部经常疼痛，咳不成声。同志们劝他在家休息，但是钟骞从不搞特殊，坚持和同志们一道，早出晚归，战斗在山沟里。病魔只能夺去意志薄弱者的心，却丝毫没能损害革命者的意志，他对革命仍然充满着信心和希望。为了提高干部的文化水平，准备迎接新的战斗，他不辞劳苦，利用隐蔽生产的机会，组织周围十多位工作人员学习文化。这些同志文化程度都很低，有人连斗大的字都不认得，不能记笔记，又没有印刷工具可印刷课材。为让学员每人都能得到一份课材，钟骞坐在煤油灯下，一字一句，端端正正地给学员们抄写。有时右手颤抖得厉害，握不住笔杆，便用左手扼住颤抖着的右手，一笔一笔吃力地写下去，几十份课材，凝聚着钟骞的心血。他就是这样舍身忘我地工作，就像一支红蜡烛，无私地烧尽自己，照亮了别人。

1943 年春节后几天，钟骞带部分特委及平和县机关人员转移到大水坑。当时，闽南由于连遭天灾人祸，人民群众挣扎在死亡线上，多以野菜、野果充饥，想接济革命同志也是力不从心。为了维持机关工作人员的最低生活需要，钟骞再次号召大家生产自救，指出当前的开荒生产已不是简单的劳动，而是包含着很大的政治意义。精干掩蔽，积蓄力量，等待时机，关键要保住革命的种子，顽强地坚持斗争，生活下去。钟骞与同志们全力以赴搞生产谋生存，平和县特派员陈天才则带领当地民兵到深山伐木、锯木板换回大米。留守山上的同志一边继续学习，一边开荒种地瓜。尽管食不果腹，衣不蔽体，他们还是挺住了。这时，钟骞的肺病虽然越来越严重，但他仍日夜为同志们的生活和安全、为党的事业操心。生活越是困难，他越关心同志和群众。有时同志们给他送来一点海味，他都舍不得自己吃，非让大家同吃不可。他积存的一些寒衣都送给驻地周围的群众御寒，自己仅存的一套中山装，也与陈天才、卢炎三人共穿用，谁要是外出打交道，就给谁作"礼服"。同志们见钟骞干起活来气喘吁吁，脸庞日益消瘦，心里都很难过，又都十分钦佩，背地里悄悄地议论：一个城里的大学生，身为领导，从不摆架子，不叫一声苦，实在不简单。钟骞以身作则，是无声的命令，大水坑一场热烈的学习、生产运动就这样掀起来了。

在艰难困苦的日子里，钟骞想的是党的事业。党曾要派他往延安中央党校学习，而钟骞认为自己患的是不治之症，学了也是白费钱财，让别人去学习更有意义。于是他给上级党写报告，要求把名额让给别人。后来，组织见他病情严重，拨一千元给他医治，但他坚决谢绝，要党把钱用在人民的革命事业上。

钟骞是个革命乐观者，虽然病魔缠身，但从没有悲观失望。他经常谈笑风生，给大家讲革命故事，用前途理想鼓舞大家。他那风趣的语言、诙谐的动作，常逗得大家捧腹大笑。

1943年10月，刘永生率领闽西南经济工作队三十多人来闽南，与闽南两个武装班一起战斗，形势逐渐好转。这时，闽粤边临委调卢叨等参加军事工作，钟骞代理特委书记。他不顾病情严重，既抓闽南全面工作，又经常与刘永生等共同筹划有关"经工队"的事情，而且常常拖着病体组织留守机关的同志上山采藤条，编藤篮。他每天坚持编织一只藤篮，每只卖三五角钱，或直接换回一些大米，靠自己一点一滴地努力解决机关、部队的部分经济需要。

这时，他的母亲郑容娘寄了点钱给他治病。他用血和泪给母亲写了一封感人至深的家书，推心置腹地抒发了儿子对母亲的真挚感情。信中说："妈妈，虽然你的叛逆的儿子，不能够很好地来补偿妈妈毕生的心血……可是站在人群和国族的事业上，妈妈毕竟不会白喂了我，今天也只能用革命来报答妈妈。"多么崇高的情操啊！把母子之情寓于革命事业之中。他的确不能尽孝，然而，他却为革命尽了忠，把妈妈用乳汁哺育成长的身躯献给了党，献给了革命。

革命的步履多艰难啊！病危的钟骞仍经受着战乱的折磨。1944年2月底，平和县保安队和壮丁队包围了大水坑，企图消灭经工队和闽南特委机关。此时钟骞已不能行走了，战友陈天才背他翻山越岭冲出了敌人的封锁线。敌人紧跟追击，钟骞眼见敌人就要追上来，不忍连累战友，决心与敌人决一死战，掩护战友撤退。他斩钉截铁地对陈天才说："放下我吧！给我留下一支九响曲尺枪，让我与敌人拼个生死，杀他一个就够本，杀他一双赚一个。"陈天才哪里肯听从，对钟骞说："有我天才在，就不会让你落入敌手。"说着把钟骞背出险境，几经周折来到闽潭避难。卢叨闻讯，立即从乌山带来药品，到闽潭看望他，并把他转送到深度山调养。

1944年初夏，为了钟骞的治疗和安全，组织上安排他到下寨铜坊乡。刘永生亲自带领经工队，用竹屏把他抬到铜坊，寄居在老支点户陈加家中，并派杨其华、陈古老两人随同照顾。陈加及其两个儿子待钟骞如亲人。虽有党组织百般关心，同志们和群众热心护理，但是病入膏肓的钟骞，就是有回天之力，也难挽回他垂危的生命。钟骞明知自己生命之短促，但仍安然自若，忍着病痛，卧床坚持看阅书报。他对于死是无所畏惧的，只念革命尚未成功，壮志未酬，临终前还赋诗感叹："思亲泣尽韩江水，报党未已命如丝。"1944年5月31日，为人民奋斗一生的钟骞终于耗尽了最后一口气，与世长辞了。

噩耗传来，战友们纷纷赶来告别，陈古老和杨其华紧抱着钟骞的遗体嚎啕恸哭。群众闻讯含泪奔走相告，吟咏着他的遗诗，传颂着他的美德，嗟叹他生命的短促。陈加更像失去亲儿子一样哀痛，她依照老习俗备了香烛祭品拜祭钟骞，想到他毕生壮志未酬，又含泪为他做了一支纸枪，要让他在"地府"中继续与敌人作战。这正是群众对钟骞深表哀悼的一种特殊方式。

钟骞生于韩江之边，死于闽粤山巅，连绵山水哺育着钟骞，烈士的青春热血无私地浇灌在这山河上。他的短促一生，正如当时闽西南特委给他的评价那样："钟骞同志虽然是封建家庭出身的知识分子，但在认识了真理之后，便毅然投身于无产阶级解放事业，身经九死一生的锻炼，对党作了贡献。他工作艰苦，环境恶劣也丝毫不减革命的信念。他视死如归，始终坚持为革命工作到最后一口气。他是一个好学、聪明、和婉、侃达、干练的知识分子。在革命工作中，他坚定明确站稳党的立场，认真、负责、积极地对待工作，虚心诚恳地接受党与同志的意见，对人热情友爱，和蔼可亲，谆谆善诱，诲人不倦。"

钟骞的死是党的一个损失，然而钟骞留下的革命精神却永远鼓舞着千百万人前进，人民将永远怀念他。1945年，中共闽粤边临委追认他为模范共产党员。1946年6月，闽南特委将王涛支队第四大队命名为"钟骞支队"。1953年，中共平和县委追认钟骞为革命烈士，把他的遗骨安葬在平和县烈士陵园，并将钟骞牺牲前住的铜坊乡命名为钟骞乡，以志纪念。

石辟澜

1947 年 6 月，人民解放军由战略防御转入战略反攻。8 月，刘邓大军实施中央突破、强渡黄河，千里跃进大别山，开始了创建大别山解放区艰苦卓绝的斗争。在这场伟大的斗争中，党的好儿子、人民的忠诚战士石辟澜英勇牺牲了。对于他的死，大别山的人民是十分痛惜的。血肉之躯可灭，生命之花常开。石辟澜那崇高的革命精神和优秀品质像一朵灿烂的山花，永远开在人们的心中。

寻找真理　锋芒初试

石辟澜于 1911 年 7 月 16 日出生在广东省潮州市城内西门外廖厝巷驸马埕二号一个城市贫民家庭里，乳名海青，一名鸣球，又名尔平。父亲名琢之，是老实的手工艺人；母亲蔡兰英，是贤惠的家庭妇女，虽未上过学，但靠自学，能够亲笔给儿女们写信。兄弟五人，石辟澜排行老二。一家七口，靠父亲做手艺为生。住房狭窄，每逢阴雨，屋漏难以遮身。石辟澜虽家境贫寒，其父仍让他念书，在亲友的资助下，他念完小学。在校读书时，石辟澜非常用功，每次考试成绩总是名列前茅。后因父亲患病，家庭生活困窘，才中途辍了学业，去当补鞋匠，挣钱养家糊口。劳作之余，他总是手不释卷，虚心求教。稍长，先后在家乡及汕头当过小学教师。当年的潮州，在第一次国内革命战争的影响下，马列主义理论得以广泛传播，加之党所领导的"八一"南昌起义、秋收起义及全国六大革命根据地的形成，给石辟澜纯洁的心灵播下了革命的种子。石辟澜在家乡目睹国民党反动派暗无天日的统治，急切寻找"拯斯民于水火"的真理。他于1932年"一·二八"事变前后到了广州，靠打点零工和卖文为生，并就读于国民大学夜校政治经济系。时留日进步学生何干之（谭秀峰）、谭国标在国民大学任教，石辟澜听了他们讲授的《政治经济学》《辩证唯物论》和《社会发展史》等课程，初步获得了马克思主义基本知识，犹如在长夜难明的境况中隐约望到了启明星的闪光。他与同学年学史、陈健等组织秘密读书会，学习革命理论，针砭时弊，政治思想觉悟迅速提高。之后，石辟澜又参加了中国左翼文化界总同盟（"文总"）广州分盟。

"文总"是当时我党领导下的外围秘密组织，主要领导中国左翼作家联盟、中国社会科学家联盟、中国左翼戏剧家联盟等群众组织。"文总"负责人经常开会，传达党的指示文件，研究斗争形势。石辟澜根据党的指示，组织青年成立读书会，学习革命理论，推销、介绍进步书刊，张贴革命标语，散发革命传单，进行革命宣传演说。在这风雨如磐的年月里，石辟澜怀着赤子之心与满腔热情，无畏地战斗着、学习着，决心要为共产主义事业奋斗终身。

1934年1月底，"西南政府"陈济棠害怕革命力量发展，派代表到南京和蒋介石谈判，撕掉"反蒋抗日"的假面具，加紧镇压人民革命，于8月1日枪杀了"文总"负责人谭国标、温盛刚、郑挺秀、凌伯骥、赖寅仿、何仁棠等同志。革命形势急转直下，"文总"无法继续活动。"文总"负责人部分转移上海，石辟澜避走香港。

在香港，石辟澜到《大众日报》当记者和编辑。《大众日报》是中华民族革命同盟办的，是李济深、陈铭枢、蒋光鼐、蔡廷锴、梅龚彬等反蒋抗日的喉舌。石辟澜根据抗日统一战线政策，为利用国民党内部的矛盾，促进群众救亡运动的发展，还直接加入了"民盟"，并在该报上发表了许多文章，分析形势，宣传抗日救国道理。他还利用办报的有利条件，广泛结交各阶层人士，开展抗日救国活动。他与洪飙等在一起组织了香港救国会（"港救会"），并成为主要领导人之一。"港救会"以其鲜明的抗日救国色彩吸引了各阶层人士和人民大众，很快形成了能够号召一千多人进行救亡活动的群众团体。"港救会"还出版了一份油印刊物《偕行》，并筹办了一家书店，继续发展读书会，举办工人夜校，利用《大众日报》副刊开展宣传活动等，群众活动也进一步开展起来。"港救会"的成立及其斗争活动受到了社会的关注，很快成为香港抗日救亡运动的一支重要力量。

砥柱中流　顽石不烂

1935 年日本侵略者的铁蹄踏进了华北，国民党卖国投降，采取不抵抗的政策，激起了全国人民的强烈不满，抗日救亡运动蓬勃兴起。1936 年 5 月 31 日到 6 月 1 日，全国各界救国联合会（"全救会"）在上海召开成立大会，石辟澜作为华南救国会的代表出席了会议，并应邀在会上作了发言。他根据党的"八一"宣言的精神，精辟地分析了广东和全国的形势，阐述了建立广泛的抗日民族统一战线的重要性和必要性，他的发言博得与会者的好评。石辟澜被选为"全救会"执行委员、总务部总干事，负责"全救会"组织联络、处理文件信函、管理经费收支、参与起草文件等日常工作。

1936 年 10 月 19 日，鲁迅先生去世了。石辟澜得知消息，心情十分悲痛。20 日鲁迅遗体移到万国殡仪馆，他连续十余次去瞻仰遗容。他说："这是最后一眼，看到每个到来的都十分悲痛，这就是震撼人心的力量！"他撕下身上的衬衫来写哀词："哭鲁迅先生，踏着你走的路。"鲁迅去世后，"全救会"组织了一次大规模的公开活动，在上海发动了一万多群众到万国殡仪馆给鲁迅送葬。一路上，群众高唱《打回老家去》等抗日歌曲，石辟澜为之奔走呼号，做了大量的组织工作。

1936 年 11 月上旬，上海日商纱厂工人举行反日大罢工，国民党借机镇压抗日救亡运动。下旬，"全救会"领袖人物"七君子"被捕。原来在第二线的石辟澜等年轻的"全救会"干事，立场坚定，毫不畏惧，勇敢地把整个斗争的责任担了起来。"全救会"及时发表了《紧急宣言》《告全国同胞书》，揭露国民党统治下"爱国获罪"的反动实质。12月上旬，宋庆龄带领十一位各界知名人士亲赴苏州，要求高等法院将她收押，提出如主张抗日救国有罪，愿与"七君子"一同坐牢；如爱国无罪，则应与他们同享自由。"全救会"发动全国各地救国会共同行动，都要求入狱，迫使国民党当局最后不得不释放"七君子"。与此同时，举世闻名的"西安事变"发生了，斗争形势变得异常尖锐复杂。陈立夫、陈果夫提出枪毙"七君子"，以警告张、杨，被冯玉祥所阻止。对"西安事变"如何表态，是摆在"全救会"青年干事面前的一个严肃问题。石辟澜与其他干事一道，分析势力，研究对策，草拟了一篇宣言，要求国民党停止内战，接受张学良八条要求；要求张、杨释放蒋介石，北上抗日。在讨论宣言时，"全救会"会员中的一些大学教授不同意，主张让张、杨杀掉蒋介石，争论异常激烈。石辟澜敏锐地认识到这种感情用事的过激做法导致的后果将不堪设想，与其他干事一道力排众议，坚持将宣言发表了。在这场"全救会"内部的斗争中，石辟澜立场坚定，态度鲜明，使青年干事们挑起了救国运动的重担，成为"全救会"的中坚。

在"全救会"工作期间，石辟澜化名石不烂，始终以高昂的革命热情、赤诚的爱国之心，勤勤恳恳地为党工作，"海枯石烂，矢志不移"，为"全救会"做了大量卓有成效的工作。1936年冬，石辟澜光荣加入中国共产党。

"八一三"淞沪抗战失败后，上海沦陷，石辟澜以"全救会"执委兼总干事身份回到广东。当时，第二次国共合作刚刚开始，石辟澜先是奉命在国民党组织的广东各界抗战御侮联合会任职，以特派员、督察员身份去各地巡视检查，发动和组织较为落后的群众；随后就积极参加文化界的宣传抗日救亡活动，被选为广东省文化界抗日救亡协会（"文抗"）理事会理事。

为了便于在工人中开展工作，石辟澜提出成立一个识字组，并自告奋勇当组长。他带领一批同志举着"文抗"宣传部识字组的旗子，扛着一大堆识字牌子，到"二厘馆"（黄包车夫食宿、聚集之所），深入工人的生活中去，把识字教育同抗战宣传结合起来，把讲解"有力出力"同提高阶级觉悟联系起来。黄包车工人中有很多来自海陆丰与潮汕的破产农民，石辟澜和他们乡音相通，亲切融洽。由于他和同志们夜以继日、废寝忘食地工作，不久就在工人中建立了党的组织，搞好了工会工作。石辟澜还参加了"抗战教育实践社"的活动，经常到中山大学去搞抗战讲座。同时，还对"抗战教育实践社"开办的"自修班"青年学员的学习、生活和实践予以热情的指导。此外，他还为宣传团结抗战的《新战线》撰稿。他在《新战线》上发表了许多有影响、战斗性很强的文章。如《安定民心的限度》《扩大反间谍、反汉奸运动》等，揭穿了国民党顽固派麻痹人民、消极抗战的阴谋，像匕首、投枪一样，插入了顽固派的心脏，顽固派见之胆寒，民众见之拍手叫好。

石辟澜是一个很能干的宣传工作者，文笔出众，善于辞令。在各界人士座谈会中，往往众议纷纭，莫衷一是，他常以马列主义深锐的眼光，分析形势，精辟说理，态度雍容，言简意明，闻者为之叹服。他还随姜君辰等同志参加了世界反侵略会广州分会的工作，在广州分会召开的各界头面人物大型会议上，石辟澜摆事实，讲道理，条分缕析，义正词严，痛斥法西斯的暴行，与会者为之而折服。事实胜于雄辩，公道自在人心，在姜君辰、石辟澜的倡导下，大会通过了向希特勒抗议和谴责法西斯侵略暴行的文件。

1938 年 10 月，顽固派日渐露出消极抗战、积极"限共"的面目，在武汉公开解散由进步青年组成的"民先""青联""蚁社"三大抗日团体，在宣传上制造了所谓"一个主义，一个政党，一个领袖"的谬论。这"三个一"完全违背《抗战建国纲领》，在理论上狗屁不通，在政治上居心险恶。广东顽固派紧步后尘，在省党部办的《中山日报》上大写鼓吹"三个一"谬论的长篇文章。广东"文抗"宣传部的同志义愤填膺，奋力进行反击，驳斥"三个一"的反动谬论。石辟澜在这场斗争中，立场坚定，旗帜鲜明，针锋相对，力斥谬论。

生命不息　战斗不止

1938 年 10 月 22 日，日寇在大鹏湾登陆后长驱直入，广州随即沦陷，四战区司令部和广东省政府撤离广州。石辟澜随四战区撤到韶关。1939 年初，石辟澜根据中共广东省委指示，主办省委刊物《新华南》半月刊，社址设在曲江城中罗沙巷八号二楼一座约三十平方米的破旧木楼里。为了使杂志顺利发行和有号召力，石辟澜慎重地提出了组织以国民党四战区政治部第三组组长、进步教授尚仲衣为编委主任和各有关著名人士参加的编辑委员会。经过石辟澜等不分白天黑夜紧张地撰写社论和重要文章、修改稿件，《新华南》创刊号终于在 4 月 1 日问世了。

《新华南》问世后，以鲜明的旗帜、犀利的笔锋针砭时弊，受到了广大读者的热烈欢迎，发行网遍及粤、桂、湘、赣、闽等省。每期尽管印数在四千份以上，但都被抢购一空。销数之大，超过了当时韶关出版的任何刊物，因而震动了粤北，引起了国民党反动派的注意。他们采取种种卑劣手法，企图扼杀在摇篮中的《新华南》，但都没有得逞。首先，在审稿问题上，国民党顽固派通过图书杂志审查委员会对稿件进行阉割、腰斩、删削以至扣压全篇，往往一篇好端端的文章，被这帮文化刽子手砍杀得鸡零狗碎，不伦不类。许多重要文章被扣发，更有甚者追究文责，无妄之灾从天而降。对此，石辟澜与国民党的图书杂志审查委员会进行了坚决而又巧妙的斗争。石辟澜采取分批送稿，在编后话中声明稿件被扣或被删多少字，或开窗口、留空白等办法，使读者可以从中领会文章精神。其次，在印刷问题上，国民党顽固派极力控制印刷行业，拒印《新华南》，曲江不能印刷，石辟澜就通过党组织把稿子送到赣州、衡阳去印。为了解决印刷困难，石辟澜还与海外华侨和国际友人设立的中国工业生产合作社联系，创办了印刷、樟脑、机器三个合作社，从而解决了印刷难的问题。国民党顽固派眼见他们的阴谋——被粉碎，就采用跟踪、恫吓《新华南》的作者和读者，派特务监视《新华南》社等惯用的伎俩进行破坏。石辟澜面对反动派的恫吓，毫不畏缩，仍一往无前地战斗着。《新华南》还面临印刷经费困难的问题，石辟澜发动各界人士捐款资助。1939 年石辟澜到赣州筹出赣州分版经费，在赣州进行募捐，赣州各界包括蒋经国在内都捐了款。在石辟澜的努力下，《新华南》运用合法的斗争方式，宣传党的抗日民族统一战线政策，引导广大人民向国民党顽固派作斗争，教育人民树立抗日必胜信心，《新华南》无形中成了照耀华南地区革命斗争的一盏明灯。

1939 年 6 月，"平江惨案"发生。1939 年冬至 1940 年春，蒋介石集团发动了第一次反共高潮，形势逆转，《新华南》处境更是险恶。广东 CC 分子高信在国民党省党部召开的出版会议上，公然指名大骂《新华南》，还派遣特务跟踪石辟澜。党为了石辟澜的安全，1940 年夏把他调离粤北。同年秋，中共粤南省委成立，石辟澜任中共粤南省委宣传部部长。在粤南省委工作期间，石辟澜患严重肺病，经常发烧咯血。在这种情况下，他始终保持饱满的革命热情，带病坚持工作。

1941 年底，太平洋战争爆发，日军突然轰炸九龙，石辟澜住地房屋玻璃被震碎，敌机仍在头上盘旋轰炸，石辟澜冒着生命危险，爬上五楼将党的机密文件烧毁。为了党的事业，他确实做到了与友人共勉时说的一句话："生命不息，战斗不止。"

剑胆琴心　高风亮节

日军轰炸九龙后不久，粤南省委转移。1942 年 2、3 月，石辟澜到达梅县，因病暂不工作，化名余清在乡间养病。在养病期间，其父因贫病交加，在香港去世，他得同乡资助，才将遗体安葬。他的妹妹玩娟多次来信，告知其母在家生活困难，催促石辟澜寄钱养家。但这在当时是不可能的。1942 年 6 月 19 日，石辟澜在给妹妹玩娟的信中写道："父亲去世以后，母亲的命运更惨，我想她老人家这样年纪，反而吃白花花的粥，心里就难过。""我现在确实无法按月寄钱……你们三姐妹要尽力代我养母亲……"在给弟弟泉安的信中写道："我要你负起责任，每月写两封信给母亲有实行没有？……相隔那么远，我只有祝你：自立、自学、自爱、自强，像你的哥哥那样！""母亲那孤苦的生活，常常占有你大哥一部分心思！唉，她老人家实在是生活得太痛苦啊！她是最痛苦人群中的最痛苦的一个，为兄的虽已在外流浪十余年，但一念及她那凄凉的影子，就常常失眠。"在另一封信中又写道："你有什么困难，或家里急需用钱时，可告诉一清先生……如万分没有办法，急需用钱时，可写信给周恩来先生，但这不要随便，非万分需要时，不要写信。"这些信的字里行间寄托着他对骨肉亲人的一往情深，但又处处以大局为重，丝毫不以私损公。

家庭的贫困，并没有动摇石辟澜坚强的革命信念。他始终保持一个共产党员艰苦朴素、克己奉公的本色，为革命，他不惜贡献自己的一切。石辟澜在上海"全救会"工作时，他虽掌管着"全救会"的经费，但每月只领八块钱的生活津贴费，即使过春节，他仍穿着破旧的衣服。石辟澜在第四战区政治部任职时，月薪八十元，但他仍然省吃俭用，除接济家中亲人外，尽量多缴党费以支持地下党的活动。对生活上有困难的同志，他总是尽自己的最大努力给予帮助。一次捐款慰劳前方战士，石辟澜在捐款簿上挥笔写下"捐款全月工资八十元"，尚仲衣教授激动地竖起大拇指，呼"石辟澜万岁！"石辟澜的爱国热忱使第三组的同志深为感动。

石辟澜在中共粤南省委任宣传部部长时，与省委宣传部秘书邓戈明结婚。日军轰炸九龙后，石辟澜、邓戈明撤到香港，日军随即占领了香港。这时，海上已被敌人封锁，时有敌人汽艇巡逻，并用机枪扫射，过海随时有牺牲的危险。石辟澜毅然派邓戈明乘小艇返回九龙，与组织部部长王均予取得了联系。

1942 年 5 月，郭潜叛变，中共粤南省委被破坏。这年冬天，组织上决定让石辟澜离开梅县，撤往重庆八路军办事处，然后待机赴延安。临行时，他与怀孕的妻子商定，孩子出世后即送老百姓抚养，以免影响工作。因此，石辟澜直到牺牲一直未见到过自己心爱的儿子。

掌握情况 依靠群众

1943 年春，石辟澜绕道桂林到重庆。这年秋天，与周恩来等同志乘八路军办事处的汽车到延安。石辟澜到达延安后，随即在中央党校二部学习。1945 年 5 月，中共七大闭幕后，在中央城工部领导的大后方支部学习。石辟澜长期在白区工作，条件艰苦，来到延安，在党中央的身边学习，他无时不感到自豪，感到机会难得。他如饥似渴地学习马克思主义理论，学习毛泽东著作。在他留下的毛主席《论联合政府》一书上，许多重要地方被用红笔画了杠，又用蓝铅笔画了杠，还用红蓝铅笔圈圈点点，既有钢笔字的眉批，又有铅笔字的眉批。1945 年日本投降后，石辟澜曾积极要求赴东北，但组织考虑需要有一批干部待机打回"蒋管区"工作，让石辟澜继续学习。1946 年，全国内战形成，石辟澜获悉党组织拟派一批干部去"蒋管区"做地下工作，又积极要求回南方。经组织批准，石辟澜和邓戈明带着四个月的小女儿，经半年长途跋涉，终于 1946 年 11 月到达冀鲁豫解放区。

石辟澜来到冀鲁豫解放区后，积极要求到基层锻炼，被分配到南乐县任县委副书记。他的身体不好，但坚持跟群众一样，吃苞谷、红苕。他穿着又长又大的旧棉袄，县委机关的同志们想给他添点衣物，调剂一下伙食，他总是问："这是不是制度规定的，大家是不是都有？"是制度允许的，大家都有，他才接受，否则他都予以谢绝。他在生活上是低标准的。他把全部精力都投入学习和工作中去。石辟澜曾向南乐县委书记和组织部部长表示："如果我能在南乐摸一个月至两个月，让我在比较安静的环境里，了解本县一些起码必须了解的情况，那么就是战争到来时我也不怕了。"组织部部长问他所依据的条件是什么，石辟澜回答说："只有八个字，就是'掌握情况，依靠群众'，如能够好好遵守这八个字去行事，任何战争到来，都是不足怕的。"1947 年春，南乐县贯彻中央《五四指示》，开展"耕者有其田"的群众运动，发动群众深入进行"填平补齐"的查田工作。石辟澜夜以继日地战斗在第一线，他访贫问苦，调查研究，亲自参加会议，领导群众运动。会前他与村干部、农会积极分子作周密的布置，会后及时进行总结。他密切联系群众，关心群众生活，注意工作方法。工作之余，石辟澜总是孜孜不倦、顽强地坚持学习。一张布告，一项法令，一个同志的报告或讲话，和村干部交谈，他从不放过机会从中学习。他把学马列主义理论，学毛主席著作，学解放区的各项政策与南乐的实际情况紧密结合起来，不断总结经验，发现问题，解决问题，因而工作做得很出色，受到了南乐干部的尊敬、群众的爱戴。

1947 年 6 月，党中央、毛主席洞察形势，决定我人民解放军由战略防御转入战略进攻。我晋冀鲁豫野战军在刘伯承司令员、邓小平政委的率领下，首先发起鲁西南战役，接着一举突破黄河天险，千里跃进大别山，创建大别山解放区。其时冀鲁豫区党委决定动员一批干部随军南下，开辟新区。石辟澜一向喜欢火热的战斗生活，主动要求南下，他离别了妻子和刚满一岁的小女儿来到巍巍的大别山参加创建大别山解放区的斗争。

英勇献身　浩气长存

刘邓大军挺进大别山时，毛主席曾作了估计，提出可能有三个前途：一是付出了代价站不住脚，转回来；二是付出了代价站不稳脚，在周围打游击；三是付出了代价站稳了脚。刘邓首长要求全军争取第三个前途，站稳脚跟。1947 年 9 月初，石辟澜遵照刘邓首长指示，来到了工作最艰苦的麻东地区，任麻东工作队队长。这时石辟澜仍用化名余清，群众亲切地称他为余队长。

麻东，地处鄂豫皖三省交界。在大革命时期，这里曾有郑齐玉反动民团镇压我商南起义，经常掳掠、骚扰我苏区。由于种种原因，这股反动势力一直没有被消灭，反革命势力比较猖狂。石辟澜来后，住在河西新屋湾。他访贫问苦，扎根串联，深入发动群众，组织贫农团，教儿童团唱革命歌曲，在墙上书写大幅标语："帮解放军，跟共产党走！""土地回老家，合理又合法！"他带领贫民团打了大地主、土豪张兆加、张哈细、张静山、李普玉等，把地主的粮食、衣物、农具分给贫苦农民。千百年来，穷苦农民只有把粮食财物往地主家里送，而今，被颠倒了的历史第一次被颠倒过来了，农民第一次见到了青天。革命的风暴撼动了国民党反动派的统治基础，他们不甘心失败，妄图进行垂死挣扎。国民党县自卫队中队长郑家贤、东木区区长郑家学秘密召开会议，策划反革命暴乱。一场革命与反革命的较量开始了。

10 月 28 日，匪徒们在王家山召开秘密会议，策划在 31 日举行反革命暴乱。阴谋被我党发觉，我麻东县政府遂调一个排到任家湾乡政府驻防，敌不敢动手。11 月 3 日，我军撤回麻东县政府。匪郑家贤在明山黄川寺成立乡勇队，准备于 4 日举行暴乱，同日晚，石辟澜、白宪文等同志在任家湾乡政府开会，分析敌情，研究对策，会议一直开到深夜。警卫员严国民（原名郭长豪）为了石辟澜的安全，要石辟澜在乡政府留宿，但石辟澜不同意。他说："大敌当前，我们要为翻身农民撑腰壮胆，保卫胜利成果！"坚持要回驻地河西新屋湾。在回村途中，石辟澜打摆子失足落水，回村后就昏迷了。11 月 4 日清晨，反革命暴乱开始了，匪徒们包围了乡政府。乡长白宪文组织工作队队员们冲出了重围。匪徒们又蜂拥包围了石辟澜的驻地河西新屋湾。有的群众前来劝他躲避，石辟澜却关切地说："不要管我们，当心飞子打着！"于是他们向后山突围。这时匪徒熊存绪带着被裹胁来的群众包围了石辟澜与其警卫员严国民。当时匪徒们只有一支枪，而严国民既有枪又有手榴弹，而且枪法很准，只要开枪射击，突出包围完全没有问题。严国民当时要开枪射击，但石辟澜坚决不让，说开枪会误伤老百姓。石辟澜试图向被裹胁来的群众讲明道理，制止暴乱，但匪徒们凶狠地夺去了严国民的枪支，一拥而上，将他俩抓住，并吊在两棵大桑树上，严刑拷打。当地一位老妈妈不顾个人安危，将自己吃的糯米汤圆端来喂石辟澜和严国民。匪徒们把石辟澜押送到匪首郑家贤那里去邀功请赏。走到金字岗碰到小保队分队长游雪山，游雪山恶狠狠地说："送么事，打死算了！"匪徒熊存绪、熊存玉争相动手，熊存玉夺过游雪山的枪，枪口对准石辟澜，严国民见此情景跑到石辟澜前面挡住，石辟澜高呼："中国共产党万岁！毛主席万岁！打倒国民党反动派！"枪声一响，我们党的优秀儿子石辟澜、严国民倒在血泊之中。

石辟澜、严国民牺牲后，当地老百姓把他俩的遗体掩埋在沙滩上。11月11日，我鄂豫军区第四分区部队打回来，全歼了土匪，平息了暴乱，重新安葬了烈士的遗体，把石辟澜安葬在尹家岗上。新中国成立后，人民为了纪念他，于1965年立了纪念碑。

卢 叨

。
。
。
。
。
。
。
。

　　卢叨（1915—1993），1932 年参加革命，1933 年 6 月加入中国共产党。1935 年转入云霄、诏安、平和边界的乌山地区，历任中共云和诏县委书记，汕头中心县委军事部长，闽南特委副书记、特派员，闽南地委书记，领导闽南党组织和游击队坚持不懈地开展游击斗争，红旗始终不倒，直至漳州全境解放。新中国成立后出任中共漳州地委首任书记，历任中共福建省委宣传部副部长，省委党校党委书记、副校长，福建省政协副主席等职。他一生征战磨砺闽粤边，是漳州著名的革命者、领导者、诗人。

　　卢叨原名卢在祥，又名卢成南，1915 年 9 月 11 日出生于广东省潮安县（今潮州市湘桥区）意溪镇西都村一个农民家庭。家中有点薄地，又租种地主一些土地，可算下中农。然而父母生育九胎，使原来并不宽裕的生活有点拮据。9 岁，入乡里的三乐初级小学读书。卢叨因感到上学机会难得，学习特别用功。一次，全家人去扫墓，有位小孩的球掉进树洞拿不出来，卢叨即运用老师所讲的司马光的故事，用灌水办法让球浮出来，乡里人都夸卢叨聪明，是读书的料。因此父亲和兄长一直支持卢叨读书。

　　1931 年，卢叨考上广东省立第四中学——潮州金山中学。时值日本侵略中国东三省的"九一八"事变发生，民族的义愤激励着爱国青年的抗日豪情，金山中学师生也不例外，学校组织宣传队上街演讲，卢叨也被选上。由于卢叨常常参加演说，在校内成了活跃分子，而宣传队的同学也在一起谈论时事，关心抗日形势，因此卢叨思想也日趋进步。特别是在离学校不远的秋溪区，党组织开展的游击战争越来越红火，游击队的传单还贴到了镇圩，其中有一条："欢迎革命的知识分子到苏区来，为劳苦大众服务。"卢叨感到新鲜，悄悄地将传单带回去与同学一起传看讨论，几位同学的话题增加了新的内容，思想上逐渐和共产党、红军接近了。1932 年 12 月，正值学校要给卢叨发毕业证书时，潮安国民党当局盯上了卢叨等同学。卢叨得知此情当即与几个同学相约，一起前往游击区，从此走上了革命道路。

1933 年初，卢叨被分配到中共潮澄澳县委领导的印刷所工作，负责县委的文件、传单等的印发工作，还不定期编印《红潮》《红潮画报》等报刊。同年 6 月，卢叨加入中国共产党。1934 年春，中共中央决定成立闽粤边特委，潮澄澳县委分成潮澄饶和潮澄揭两个县委，前者归闽粤边特委领导，并指示潮澄饶县委及其领导的红三大队向闽粤边界发展，争取与闽南红三团打成一片。1935 年秋，卢叨随部队转移到福建境内的乌山地区，在中共云和诏县委印刷所工作。1936 年初，边区开展"肃社会民主党"运动，卢叨被误指为"社党分子"而遭关押。他大胆向闽粤边特委书面申诉，反映真情。在特委书记黄会聪的亲自复查下，"肃社党"运动被制止，并且黄会聪肯定了卢叨反映实情的举动，给他恢复党籍，把他留在特委印刷部，让他继续从事特委机关刊物《战斗》《工农报》的编印工作。1937 年 5 月，卢叨被委派为闽粤边红军代表与国民党粤军 157 师代表就"停止内战，合作抗日"进行谈判。随后又协助特委代书记何鸣与 157 师多次进行谈判，直至"六二六政治协定"签字，使闽粤边特委成为南方 15 块革命根据地中最早与国民党达成合作抗日的党组织。然而不久国民党制造了反共的"漳浦事件"和"月港事件"，使闽南的武装力量受到严重损失。为了恢复云和诏地区党的工作，是年秋闽粤边特委决定成立云和诏特区工委，委派卢叨担任书记。在这种严重的局势下，卢叨着手恢复党的活动。在已经重建起来的红三团大力支持下，云和诏地区党的工作很快打开了新局面。

1938 年 1 月，中共云和诏县委恢复，卢叨出任书记。他依靠乌山地区的党组织和人民群众，大力开展抗日救亡运动，抗日统战工作持续良好发展。1939 年 1 月，卢叨参加闽西南县级党员训练班后，因潮汕地区抗日形势紧张，党为了加强抗日武装的组织，又调其任中共潮汕中心县委军事部部长，并兼任潮汕抗日游击队政治指导员。不久，卢叨改任潮澄饶中心县委组织部部长，坚持开展敌后武装斗争。1940 年底，又奉派到中共闽南特委任副书记。1942 年升任书记，在抗日战争环境异常困难的情况下，坚决贯彻中央关于隐蔽精干、蓄力待机的方针。1944 年开始组织特委政治保卫队，开展抗日反顽斗争，终于迎来了抗战的胜利。

解放战争初期，卢叨一度调中共闽粤赣边区党委工作。1947 年春，中共中央指示要在华南创建闽粤赣边人民解放军和解放区。这年夏天，卢叨被闽粤赣边区党委派回中共闽南地委任书记，为了普遍开展农村游击战争，卢叨于是年 8 月 1 日组建了中国人民解放军闽南支队，并兼任政委，猛烈开展闽南敌后游击战争。闽南支队在一年里，作战 150 次，歼敌 400 余人，恢复了云和诏、靖和浦、永和靖、平和山内四个游击根据地，并与闽西、粤东游击区连成一片。1948 年 8 月，在闽粤赣边区第一次党代会上，卢叨当选为边区党委执行委员。1949 年 1 月，闽南支队改为闽粤赣边纵第八支队，卢叨兼任政委。6 月，边区党委成立闽西南联合司令部，统一指挥边纵第七、第八支队，准备解放闽西南各县，卢叨兼任联合司令部副政委、政治部主任。在解放战争期间，以卢叨为书记的闽南地委恢复和发展了 20 个县（工）委，武装力量发展到 5 个团、两个独立大队以及各地武装工作团，约 6 000 人枪，活动区域遍及闽南厦、漳、泉三个地区，共歼敌 4 400 多人，缴获枪支 3 500 支、机枪 31 挺、子弹 20 余万发，并配合解放大军完成了解放闽南全境的战斗任务。

1949 年 9 月 19 日，漳州解放。21 日，卢叨率地委机关人员进入漳州城，与中国人民解放军十兵团 31 军首长会合。24 日，漳州成立军管会，卢叨任副主任。25 日，南下干部和闽南地方干部在漳州寻源中学举行会师大会，成立中共福建第六地委（即漳州地委），卢叨任书记。上任伊始，他克服重重困难，在党中央和福建省委的领导下，即刻开展剿匪反霸、减租土改、民主建政等工作。为了培养干部，他创办了抗大式的干部学校——闽南公学，并亲任校长，使第一批培训出来的数百名干部能够很快适应斗争环境，投入各项工作中去。为了搞好土改工作，他还一度兼任中共平和县委书记，到土地改革第一线去搞试点，取得很大成功。之后，他与漳州地委一班人紧密团结，卓有成效地开展工作，为恢复和发展漳州国民经济、稳定社会秩序作出可贵的贡献。

1951年9月至1954年7月，卢叨到北京马列学院即中共中央高级党校学习，系统学习了马列主义理论，这为他之后长期从事党的宣传、理论、教育和党史征集工作打下了良好基础。1954年10月，卢叨调任中共福建省委宣传部副部长，1955年5月兼任省委党校党委书记、副校长。1956年6月27日至7月13日，中共福建省第一次代表大会召开，卢叨当选为省委委员。在省委宣传部和省委党校领导岗位上，他始终坚持党的正确路线，兢兢业业，忘我工作。他多次在省直机关作学习哲学的辅导报告，对于福建省干部和群众加强马列主义思想建设起了有力的促进作用。到省委机关工作后，卢叨仍然十分关注漳州人民的生产、生活问题，时刻关心乌山地区人民的疾苦。1958年"大跃进"期间，各地大放"卫星"，高唱"跃进"。卢叨并不人云亦云，而是深入乌山乡村认真调研，了解民情。看到老百姓仍然过着清苦的生活，他心里非常难过，拿出当年对待"肃社党"的态度，将基层情况如实反映给省委。省委要他向群众宣传解释做工作，他便在云霄县干部群众大会上作报告，提出共产党人不可用行政命令压服群众做这做那，农民群众可以根据自己的实际情况解决温饱问题。老区群众说："阿叨真话实说，没有变！"不久，"反右倾"斗争开始，卢叨因此被打成"右倾机会主义反党集团"的重要分子，被撤销党内外一切职务，下放福清江镜农场养猪养鸡、搞基建。1962年4月平反，恢复原有职务。同年6月，省委又派他带队到龙溪地区九湖乡作农村调查，写了《芗江寄语》的调查报告，如实向省委领导反映要正确处理国家、集体、个人三者关系。"文革"期间卢叨受到冲击，但他并没有意志消沉，始终相信党，对党一片赤诚，不计个人得失，同林彪、"四人帮"反革命集团的倒行逆施进行了坚决的斗争。他多次以诗言志，"党利为重，微誉抛空。是非曲直，不必匆匆。心纯自洁，何费苦衷。数十寒暑，但愿若虹"，坚信会有"春光明媚春花放，心境舒畅心更齐"的一天。果真不久，他的问题就审查清楚，重新出来工作。1971年9月，卢叨出任福州大学革委会副主任、福州大学党委副书记。1972年10月，他率中国男子排球队到北欧访问。1973年8月，又被任命为福建省体委主任、党的核心组组长，他怀着"战鼓催春春不老，山外青山生气勃"的豪气，努力为党工作，为提高福建的体育运动水平和人民的身体素质而忘我工作。1975年12月，卢叨第三次被任命为中共福建省委宣传部副部长。粉碎"四人帮"后，他抱着"六十有二，不算年高。强梁侵境，还要提刀"的雄心壮志，参与了真理标准讨论和拨乱反正的工作，坚持真理，坚持原则，实事求是，深得干部群众的爱戴。

　　1981年10月，卢叨转任福建省人大常委会法制委员会主任，参与领导福建省的法治建设。1983年2月，卢叨又出任省委党史资料征集编写委员会副主任，协助主任伍洪祥开展全省党史的征研与编写，并做出了积极的贡献。1983年4月，福建省政协第五届委员会第一次全体会议召开，卢叨当选为省政协副主席。在担任省政协领导期间，他十分关心福建的改革开放和经济建设，关心祖国统一大业，积极参政议政，努力推动福建省各项工作的顺利开展。他深入全省各地调研，为各地的经济建设出谋献策，正如他在漳州老区调研后写的一首诗所说："八十年代，/胜利进行经济建设的年代。/乌山、梁山、尫仔石山，/在您脚下，/我驱车于诏安、云霄、漳浦海边。/仰望乌山、梁山之巅——山，蕴藏着富有的矿产；/海，容纳有多种的资源。/要深挖山的宝藏，/要开发海的资源，/这——就是我的山海经。"

　　1987年，卢叨光荣离休。离休后，他仍然关心党和人民的事业，关心福建省老区建设和党史工作，积极奔波于闽山鹭水之中，坚持密切联系群众，关心群众疾苦，始终保持革命者的气节和本色，体现了他对党的事业的高度责任感。他曾作诗《新老交替》，勉励年轻的同志"革命传统时时记，航向胸中永不离。翻腾猛进马力足，前波后浪志不移"，对革命的接班人寄予厚望，对福建的改革开放事业充满信心。他晚年时还专门向党组织呈交遗嘱，要求后事简办，提出"把骨灰安放在乌山原闽南地委机关驻地，我长期战斗过的坑仔尾后山石洞里"。并曾作诗一首，表达他的意愿："万物生死一律同，清流骨灰两相逢。蒸凝愿随东海水，化作彩虹展长空。"这充分表现了一位共产党员的高尚品格。1993 年 11 月 16 日，卢叨不幸与世长辞。12 月 2 日，卢叨骨灰归葬乌山，乌山群众用最庄重的仪式迎接卢叨归来。卢叨从乌山走来，又向乌山归去，他将自己的全部融入了乌山的怀抱。他留有遗作《卢叨诗文集》，诗文中有近三分之二是描写乌山的，有总结乌山斗争经验的《乌山支点坚持下来的教训》，有描写乌山激烈战斗场面的《战场即景》《水晶坪之战》，有充满浪漫笔调的《乌山夜风》，还有平反后重上乌山的佳作《访老区水晶坪》……卢叨是从乌山走出的杰出的革命者，也是情系乌山的杰出诗人。

陈唯实

○
○
○
○
○
○
○
○
○

　　1931 年，大学毕业的陈唯实，到今汕头市澄海区永新乡小学担任教员。三年之后，稍有积蓄的他，毅然决然辞去教职，挥别家乡，一路颠簸，来到北平。是什么缘故，让这个年轻人痛下决心，放弃安逸平稳的小日子，踏上一条未知的探索之路呢？

　　陈唯实是潮州市湘桥区官塘镇石湖村人，原名陈英光，故居位于吴厝前十横 2 号。1927 年，他以优异的成绩考入省立第二师范学校（韩山师范学校），家境贫寒的他，难以维持学业，无奈之下，只得前往暹罗投靠七叔父，赚取点学费。在南洋，年仅 14 岁的他，在资本家的逼迫下，夜以继日地劳作，吃尽了生活的苦头。1930 年，捧着一点微薄的积蓄和满满的希望，他顺利返回唐山。迎接他的，却是晴天霹雳。父亲因受宗族内大恶霸地主的残酷迫害，大口吐着鲜血暴亡。他目睹惨状，以及三年来遭受的种种折磨，反抗的种子已在他的心中生根发芽。

　　在亲友的资助下，他重返校园。毕业后经谢勤初老师介绍，他谋了一份教职。平静如水的生活下，他的内心经常暗流涌动。他越来越强烈地意识到，生在乱世，焉能偏安于一隅，得过且过，唯有投身滚滚社会洪流，改造时局，变革社会，方是他应该走的人生路。

1934 年冬，寒冷潮湿的北平潮州会馆来了一名年轻人。身无长物的他，没钱买煤取暖，只得每天到北平图书馆去，既可读书，又能取暖。他就是来自南方小城潮州的求索者陈唯实。一开始，他读的是文学。一日，书架上一本马克思著作吸引了他的目光。书本中，马克思对资本罪恶的揭示，对剩余价值的阐述，如"资本来到世间，从头到脚，每个毛孔都滴着血和肮脏的东西"，"砰"的一声，瞬间击中了他的心脏。这些正是他曾经历过并仍感到困惑的东西。这样露骨揭示社会现状的政治经济学，让这名神色刚毅的年轻人产生了浓厚兴趣。从政治经济学到哲学，书中的无产阶级、革命斗争等词眼，如一道道闪电，划破暗夜，一次次照亮他的心房，一条哲学救国救民的大道赫然出现在他眼前。他完全觉醒了，更坚定了自己一生要走的路。

那段日子，他废寝忘食，几乎把图书馆里哲学方面的著作读了个遍。长久盘踞在他心头的诸多疑惑终于一一解开了。他明白了一直以来遭受剥削的根本原因，也深刻领悟到穷苦大众如果不联合起来抗争，将永远无法摆脱悲惨的命运，更渴望更多曾经和他同样饱受剥削、压迫的民众和他一样觉醒过来。是的，哲学只有到大众中去，才能发挥应有的力量。他决心用"革命的精神武器"唤醒沉睡的国人。他更名陈唯实，"唯实"二字，是唯物主义辩证法和实践论定理的缩写。

1935 年秋，陈唯实到达上海，结识了艾思奇等进步学者。他一鼓作气，完成并出版四部专著，一跃成为国内闻名的马克思主义哲学家。马克思主义哲学中国化这一概念正是他第一个提出来的。中央党校学者陈亚杰在《"马克思主义中国化"的由来》一文中说："1936 年，马克思主义者陈唯实在其著作《通俗辩证法讲话》中，率先提出'辩证法之实用化和中国化'的问题。"历史记住了他的学术功绩。

1938 年 11 月，陈唯实到达延安，加入"新哲学会"。这是一个根据毛泽东提议成立的组织。1940 年 6 月 21 日，陈唯实出席新哲学会第一届年会，作了题为《斯大林对唯物辩证法的新发展》的演讲，深受好评。当晚，毛泽东特地邀请陈唯实、艾思奇等共同用餐，继续畅谈哲学问题。毛主席的亲切关怀和博大精深的哲学思想,深刻影响了其后半生。此后,他一直致力于毛泽东哲学思想的研究与宣传。

1949 年夏,毛泽东指示叶剑英"要在华南解放后的广州,办一所新型的大学",并亲笔题写"南方大学"交给他。10 月 23 日,中共中央华南分局召开会议,决定由叶剑英兼任南方大学校长,陈唯实为第一副校长兼教育处处长。三年里,南方大学一共培养了 2 万多名革命干部和专业人才。南方大学撤并后,由叶剑英提名,陈唯实出任华南师范学院院长兼党委书记。他治校有方,为新中国培养了大批师资。其非凡的人格魅力,赢得了人们的普遍敬重,师生们都亲切地称他为"我们的陈院长"。虽然行政事务日益增多,但陈唯实仍然坚持写调查报告和哲学文章,留下了大量珍贵的文稿。

社会面貌的日新月异时时激励着陈唯实,他以更饱满的工作热情投入社会主义建设和哲学研究中。这期间,胞弟陈英远远道前来探亲,他兴奋地为弟弟描述祖国建设未来的美好图景,还激动地说,等我国的经济建设搞上去,家家户户都买上电视机,潮州的乡亲们躺在床铺里,就能舒舒服服地看上潮剧,再也不用大冬天缩在旷埕上受冻了。陈英远回家后,和邻居们一说,众人虽然不知道电视机为何物,觉得有些不可思议,但参加社会主义建设的劲头更足了。

1970 年 10 月,陈唯实返回原籍潮州工作。1974 年 1 月 25 日,一代哲学大师陈唯实因晚期肺癌与世长辞,未出版的遗作还有 100 多万字。一辈子勤俭节约的他,临终前一再嘱咐家人,将 7 000 多元捐献给国家。这是一家子多年省吃俭用攒下的全部积蓄。在生命的终点前,他继续用实际行动,表现出一名共产党员对党和人民的无限忠诚。

纵观陈唯实的一生,他一直在锲而不舍地实践着"哲学到大众去"的宏愿,以坚定的信念献身于马克思主义哲学的研究和宣传,在马克思主义哲学通俗化、大众化、中国化的道路上奋战一生。因其杰出成就,提及 20 世纪 30 年代中国马克思哲学理论家的代表人物时,理论界往往将他与艾思奇并称为"南陈北艾"。

这是他个人的荣耀,更是潮州人民的荣耀。

柯国泰

柯国泰烈士，原名以圻，字嘉嗣、永青，参加革命后改名阿曾、国泰，号戈壁沙。他 1924 年农历七月十二日生于潮州城刘察巷一个华侨家庭里。父亲名叫柯日贤，在新加坡经商。兄弟姐妹共五人，国泰居长。他七岁开始读书，勤奋好学，从不缺课。小学毕业后他在新加坡住了四个月，坚持要回国继续升学。1936 年考进潮安县立中学。他家与革命先烈李春涛之家仅一墙之隔，从小他便耳濡目染，受到革命先烈的影响和革命思想的熏陶。

当时，抗日烽火燃遍祖国各地，潮梅地区的共产党组织已恢复工作，建立了中共韩江工作委员会，领导潮梅人民开展抗日救亡运动。李平同志等人在汕头组织爱国青年，先后成立"华南抗日义勇军潮汕大队"和"汕头青年救亡同志会"（后改为"汕头青年抗敌同志会"），并在各县开展工作。"潮安青年救亡同志会"建立之后，年方十五岁的柯国泰便积极参加这一组织，从事抗日救亡运动。1938 年 2 月，潮安党组织在县中培养进步学生入党，先后参加党组织的有陈静（陈秀婷）、陈作征、梁书粦、丁锡猷、邱河玉、许拱明、李秀等二十六人。这年 5 月，由谢仰南（谢南石）同志介绍，柯国泰光荣地加入了中国共产党。从此，他走上了党所指引的革命道路。他具有强烈的爱国主义思想，在学校里积极参与组织发动爱国学生参加抗日救亡运动，开展形式多样的宣传活动，如写标语、出墙报、主编宣传抗日救亡工作的《铁蒺藜》刊物、唱歌、演街头剧、组织军事野营等。他们以公开合法的方式，从控制班会到控制学生会，占领了学校抗日救亡阵地。10月，柯国泰任潮安学生救国联合会常委。1939年1月，被选为县中党支部书记。同年4月，任中共潮安三区区委分委书记。6月27日，日本侵略军占领潮州，柯国泰负责潮安白水军民合作站的领导工作。7月，担任中共二区区委组织科长。他深入农村，发动农民群众，做好抗日的宣传和组织工作。不久，他被党组织派往揭阳聿怀中学（汕头沦陷时迁往揭阳五经富），以读书为掩护，领导学运工作。

1939年底至1940年初，国民党顽固派在日本侵略军蹂躏我国大好河山的严重时刻，掀起第一次反共高潮，柯国泰在聿怀中学因宣传抗日救国，从事救亡运动，不久便被学校反动当局开除出校。从此，他改名柯永青，坚持在普宁、揭阳一带做地下工作。1940年，林美南任中共潮揭丰中心县委书记，庄明瑞为青年部长，柯国泰任南侨中学党总支书记，并负责其他学校的青年运动工作。1941年7月，柯国泰任中共揭阳县三、五区区委宣传科长。同年9月，潮汕地区各级党组织从委员会制改为特派员制，柯国泰任揭阳县三、五区副特派员。1942年春，在中共闽西南潮梅特委领导下，柯国泰与徐真一起，住在棉湖镇关爷巷共产党员李汉谦的小婶的小合院一间房子里。张鸿飞等同志经常秘密到那里商量革命工作，李平也到过那里检查、指示工作。此时，柯国泰还负责棉湖、五经富、水流埔一带中小学地下党的工作，坚持抗日救亡运动。他经常以"戈壁沙"的笔名在梅县的报纸上发表文章，揭露日寇奸淫掳掠、大肆屠杀我国同胞的罪行，抨击国民党反动派官僚政客、地主恶霸甘心充当汉奸、趁火打劫、大发国难财的罪恶，号召人民抗战到底，争取最后胜利！

1942年5月26日，中共南方工作委员会组织部部长郭潜被捕叛变。6月，"南委"受破坏，形势不断恶化。同年秋天，为了保存力量，等待时机，党组织决定暂时停止活动。柯国泰为了对他所联系的地下党员进行传达布置，于7月间与徐真一起由棉湖镇转移到揭阳榕城西门外盘标村一位铁匠家，9月后又转移到乔林村德馨里内，直到11月才对他所联系的党员逐一布置完毕，接受党组织对他的安排——继续升学深造。1943年春，柯国泰离开揭阳乔林，经潮安凤凰、饶平，前往福建建瓯，以"柯以圻"原名，在暨南大学读书，在学校继续开展学运工作。

当时，正处在第二次世界大战的转折点，抗日战争进入了错综复杂的阶段，日本帝国主义对中国解放区实施烧光、杀光、抢光的"三光"政策，国民党顽固派却采取消极抗日、积极反共的政策，妄图"打下延安""消灭共产党"，在全国范围内掀起了第三次反共高潮。波涛殊险恶，意志却坚贞，柯国泰到暨南大学后，并没有被敌人的反动嚣张气焰吓倒，而是继续坚持不懈、不屈不挠地进行斗争。他联络爱国志士，团结进步学生，并与在重庆复旦大学的同志取得联系，被委托在暨南大学主编《中国学生导报》，宣传抗日思想，开展救亡运动。这时，他结识了郑晶莹等同志。他们有理想、有抱负，志同道合，目标一致，共同为救祖国于危难，拯人民于水火，刻苦学习，积极工作，并肩战斗。

在中国共产党领导下，中国人民前仆后继，流血牺牲，经过十四年浴血奋战，终于打败了日本帝国主义，取得了抗日战争的胜利。但是，国民党反动派在美帝国主义的帮助支持下，侵吞胜利果实，违背人民意志，破坏停战协定及政治协商会议的决议，在反对中国共产党的名目之下，向解放区及中国人民解放军发动全国规模的国内战争，重置人民于水深火热之中。国民党反动派的倒行逆施，引起全国人民的公愤！

随着抗战的胜利，暨南大学从福建的建瓯搬迁到上海。柯国泰在上海找到了党组织，恢复了党的组织生活，在中共上海市委的直接领导下，领导暨南大学的学生运动。他继续办《中国学生导报》，并以文艺团体和文艺晚会为基础，创立"壁报联合会"，把暨大倾向民主的进步同学团结在该联合会的民主堡垒下，巧妙地培育民主力量，向反动派开展反独裁的斗争。从这个斗争中，他教育和领导了更多同学，扩大和巩固了暨大学生的民主阵地。同时，他通过《中国学生导报》把暨大学生和上海学生的民主力量汇合起来，使分散各处的进步同学重新合拢起来。柯国泰成为学生运动的卓越组织者和领导者之一，被选为暨大学生会主席。

从 1946 年 12 月起，随着人民解放战争的发展，国民党统治区广大学生"反饥饿、反内战、反迫害"的民主爱国运动有了新的发展，逐步形成了反对蒋介石反动派的第二条战线。是年 12 月 24 日，北平发生了美军强奸北京大学女学生沈崇的事件。12 月底至翌年 1 月，蒋管区几十个大中城市的学生为此相继罢课，举行反美反蒋的示威游行，要求美军滚出中国去！参加这一运动的学生人数在五十万以上。柯国泰以学生会主席的身份，公开领导暨大学生参加到全国学生运动中去。暨南大学的国民党特务分子把柯国泰视为死对头，恨之入骨，曾在一个晚上纠集三四十个打手埋伏在操场四周，准备殴打他。殴打不成，又在他的宿舍门前贴上"柯以圻不死，暨大不宁"的反动标语，进行恫吓。反动派的威胁并没有把柯国泰吓倒，反而使他更加憎恨敌人，不屈不挠地进行战斗！

1947 年春，暨大竞选学生会主席，反动分子对他虎视眈眈。柯国泰与郑晶莹、林渠作、苏涛桐等几个有组织关系的同学召开秘密会议，经过精密的筹划，采取以退为进的策略，支持刘春生竞选为学生会主席，并帮助新一届学生自治会建立威信，进一步解决学运问题，提高学运水平。5 月 4 日，上海各校学生举行示威游行，反对内战。同时，发生上海八千工人、学生包围国民党警察局的事件。5 月 20 日，又爆发了以"反饥饿、反内战、反迫害"为口号的学生罢课、工人罢工、教员罢教等各界人民的示威游行，进行反美反蒋斗争。国民党反动派派了大批军警前往镇压。游行队伍行经上海西藏路口时，被国民党的铁甲车、水龙车、马队所阻。柯国泰挺身而出，昂首阔步走在队伍的前头，振臂高呼，带队冲过封锁线。国民党反动派对学生的爱国民主运动采取了极端野蛮的镇压办法，5 月 20 日，同时在南京、天津殴伤学生百余人，造成有名的"五二〇血案"。上海的国民党反动派也对进步学生进行大围捕。柯国泰得到党组织的通知，在大围捕的前一天离开学校，前往香港。郑晶莹不幸被捕。幸好郑晶莹的父亲在厦门经商，有一定的社会地位，通过上海的熟人把她保释出狱，送回台湾彰化家里。柯国泰听说郑晶莹回台湾后，于 1947 年 9 月寻到彰化去。从此，他们在彰化一间中学里教书。当时，台湾地下党受福建党组织的领导，由于有人叛变，牵连到郑晶莹。因柯国泰与郑晶莹在一起，1948 年初，二人双双被国民党逮捕入狱。艰难应共任，患难喜同过。他们心心相印，心口如一，神色自若，等闲视之。被关禁了三个月之后，台湾国民党因他们只属嫌疑，并无真凭实据，只好再由郑父"具保释放，随传随到"。

出狱后，他们时刻准备离开台湾，重新走上革命的道路。郑晶莹要柯国泰与她一起到闽西南找党组织，柯国泰因福建无组织关系，于是独自到香港找林南美，汇报被捕经过，要求组织审查和安排工作。当时，潮汕人民在共产党的领导下，已经展开如火如荼的革命武装斗争。林美南安排他回潮安凤凰山革命根据地工作。

1948 年 6 月，柯国泰一回到阔别多年的故乡——潮州，就化名阿曾，立即走上凤凰山，先在闽粤赣边纵队韩江支队第十一团六连当文化教员，不久便调到龙连做副指导员。他有能力、有办法，善于做政治鼓动工作，大大地鼓舞了士气，把部队搞得生龙活虎，有声有色。在部队工作了两个多月，组织便派他下山，于 1948 年 9 月初到中共潮澄饶平原工委，接替邱河玉负责的澄海中学青年运动工作，并担任《海啸》报编辑。

潮澄饶平原工委在许士杰、邱河玉等同志的领导下，四处活动，革命烈火遍地燃烧。国民党反动派如坐火山之顶，惶惶不可终日，遍设关卡哨所，检查来往行人的身份证，妄图以此缚住我地下工作者的手脚，以挽救其灭顶之灾。柯国泰为了外出活动，于 1948 年 10 月到澄海涂城乡崇德小学找地下党活动点的负责人林齐安同志商量，设法为其做一张身份证。要用什么名字做身份证呢？进步的名字怕惹人注意，暴露身份，落后的名字自己又不愿意。二人思索很久，沉默相对。林齐安抬头看见房门两边写着"国泰""民安"，忽有所悟，高兴地说："革命的目的也就是国泰民安！"柯国泰略加思索，就决定定名为"国泰"。林齐安弄到了一张"澄海县苏北区南砂乡"的空白身份证，改名不改姓，填上了"柯国泰"的姓名，并请同乡林甦同志私刻乡公所身份证所用章盖上。从此，便用上了"柯国泰"这个名字。

1949 年 1 月 1 日，毛泽东同志发表题为《将革命进行到底》的新年献词，向中外宣布：中国人民将要在伟大的解放战争中获得最后胜利。我军将渡江南进，把解放战争进行到底。为了迎接全国解放，接管城市工作，必须大量吸收知识分子参加革命队伍。柯国泰到澄海中学后，在原"读书会"的基础上，团结进步师生，机智地组织宣传活动，秘密建立了新民主主义青年团组织，巧妙地输送以青年团员为主体的进步学生上山参军，扩大游击队伍。他的辛勤劳动结出了丰硕之果。1949 年 5 月 9 日，党组织输送澄中一百零八名学生上山（连同先上山的学生，共一百一十六人）。他们避开反动派的耳目，分批出发，有的假装远足旅行，有的佯装参观外地球赛，到了根据地边缘，才集合起来，一起上山。与此同时，潮安县工委也在潮安金中、韩师等校动员了大批青年学生上山参军。从此，凤凰山上革命歌声更加嘹亮，到处可以听到："拿起我的枪，我们要战斗在家乡。从南山到北山，从桑浦到凤凰，到处是美丽的山水，雄伟的战场……"

潮澄饶一带大批学生上山参军，震动海内外，使潮汕反动派惊慌失措，目瞪口呆，大为恼火。敌闽粤边区"剿总"司令喻英奇与各县反动头子先后召开紧急会议，一面加强关卡哨所，派遣便衣密探，查找我地下党派来搞学运的干部；一面对在校的师生加紧反动宣传和跟踪监视，对上山学生家长进行威胁恫吓；甚至散布上山的学生半路跌死、被劫杀、被奸杀等谣言，企图混淆视听。但是，反动派使尽浑身解数也无济于事。走的已远走高飞，留的也人心思变了。

1949 年 7 月初，学校放暑假。柯国泰因公外出，事前向许士杰、余锡渠、邱河玉等同志报告。余锡渠派黄利、李树民二人护送。途经澄海程洋岗仙美渡口时，黄利因鞋带断了，蹲下扎缚。柯国泰与李树民先到渡口边，因天热喉渴买凉水喝。把守渡口的四名保警听柯国泰的口音不是本地人，即围上去检查盘问。黄利在后看见，拔腿逃跑。柯国泰与李树民不幸被捕。

被捕后，柯国泰被关进澄海县监狱，受尽严刑拷打，一口咬定是来澄海做生意的，始终没有暴露自己的身份。国民党澄海党政当局向喻英奇汇报：抓到要犯。喻英奇即令把柯国泰与李树民转解潮州城，囚禁在闽粤边区"剿匪"总指挥部看守森严的牢狱里。国民党广东省第五区专员公署主任秘书钟勃和国民党潮安县党部书记长张茂上原先均认识柯国泰，因此，对他进行多次酷刑审讯，企图从口供中得到我地下党的活动线索，但都没达到目的。喻英奇与刑警队队长蔡志扬仍不死心，指示刑警队副队长李慕德采用残暴毒辣的手段，以求最后一逞。

李慕德在抗战初期参加过"青抗会"，曾与柯国泰一起活动过，后来叛变革命，充当喻英奇屠杀共产党员和革命群众的刽子手。起先，他化装蒙面提审柯国泰，见一无所获，不得已撕下面纱，露出叛徒的狰狞面目，假惺惺地劝柯国泰投降，遭到严词斥责。接着，他便凶相毕露，把柯国泰押回刘察巷家里，在柯母及弟妹面前审讯，要柯母劝降，妄图以母子之情、手足之义来软化柯国泰的斗志，但遭到柯母的拒绝。叛徒李慕德恼羞成怒，暴跳如雷，喝令手下狐群狗党动刑，用"三合水"（辣椒、火油和水）把国泰灌得肚胀如球，强迫柯母在儿子肚子上踩踏。柯母眼见爱子受刑，死也不肯。李慕德这头疯狗便上去狠踩。"三合水"从国泰的七窍喷出，惨不忍睹。柯母心如刀割，晕倒过去，小弟也吓得精神失常。李慕德状若疯魔，大喊大叫，令人用冷水喷醒母子二人。愿持坚定性，战胜恶妖魔！柯国泰苏醒过来后，见母亲在旁抽泣，弟妹木然呆立，忍受浑身疼痛，坚定地对母亲说："娘，别哭，儿子干的是光明正大之事！等弟妹长大了，告诉他们哥哥是怎样死的。天快亮了，太阳就要出来了！"喻英奇这伙魑魅魍魉使尽一切毒辣手段，什么也没有得到。

柯国泰被捕后，许士杰、余锡渠即代表潮汕地委指示潮安县工委，要想方设法尽力进行营救。潮安县工委邱河玉、许拱明、李诗铭、郑奕庭等同志千方百计地做工作，曾通过喻英奇"剿总"指挥部的炊事兵、号兵打听柯国泰的消息，并通过他们向柯国泰传送"纸条"。不幸被喻匪发觉，号兵被枪杀。接着，组织又通过李慕德的同乡李前茂（抗战初期参加党领导的"青抗会"并入党，后脱党）前去做工作。叛徒李慕德利欲熏心，逼勒地下党以四千港币赎人。几经谈判，商妥先付两千港币，余款以后补交。潮安县工委立即指示下铁区委林齐安负责设法筹款。款还未筹齐，叛徒李慕德却遽食前言，收到党组织交给他的两千港币后（柯家中被勒索的不算在内），按"杀人魔"喻英奇的指令，1949 年 8 月 28 日（农历七月二十一日）把柯国泰、李树民二位同志押赴南校场枪杀。

赴刑场路上，柯国泰被五花大绑推搡着，仍昂首挺胸，慷慨激昂地沿途演说："同胞们，别悲伤，共产党是杀不完的！""解放大军已渡江南下，国民党反动派末日就要到来，大家准备迎接解放吧！"反动派的刑警拼命掐紧他的脖子，仍掐不住他洪亮的声音。路人见了，有的低头垂泪，有的义愤填膺。到了刑场，柯国泰拒不下跪，尽力高呼："打倒国民党反动派！""中国人民解放军万岁！""中国共产党万岁！"他昂首挺胸，慷慨就义。牺牲时年仅二十五岁。

"毕竟英雄人敬仰，万千父老哭忠魂。"潮州人民又一次听见"中国人民解放军万岁"这一口号，大街小巷，人们为柯国泰的壮烈牺牲伤心垂泪，传颂着他的英雄事迹，议论着他的预言，喜闻中国人民解放军挥戈南下的隆隆炮声，准备迎接新中国的诞生！

柯国泰壮烈牺牲后，中共潮安县工委通过其亲属将其遗体收葬于潮州北郊。1955 年 4 月，中共潮州市委、潮安县委与潮州市人民委员会、潮安县人民委员会再将烈士遗骸移葬于潮州西湖烈士纪念碑下。柯国泰烈士为中国人民的解放事业献出了短暂而壮丽的一生，他的英名将与纪念碑上镌刻着的醒目大字一样：万古长青，永垂不朽！

黄名贤　王菊花

1948 年 7 月 16 日，从澄海隆城传出一件骇人听闻的惨案：江东下埔村地下交通站的黄名贤、王菊花夫妇及其幼子、堂侄黄木坤被国民党反动派活埋了。噩耗传来，凡是曾在江东区工作过的同志无不悲痛难忍，无不被他们的高尚品德所感动。

黄名贤、王菊花夫妇家住潮安区江东镇洲东乡下埔村，以撑渡为生。1937 年"七七"事变后，抗日的烽火燃遍潮安城乡。下埔村这个只有十多户人家的小村也掀起了救亡的浪潮。黄名贤的弟弟黄名昌从马来西亚回国参加抗日救亡运动，在故乡下埔村开办民众夜校，宣传抗日。佘厝洲村建立为革命据点以后，党在下埔村发展黄名昌等人入党，并建立了党小组，黄名昌担任小组长。在黄名昌的教育影响下，黄名贤夫妇开始对革命有了认识，懂得日军乱华，国家有难，守土抗战，匹夫有责的道理，积极支持黄名昌及地下党同志的革命活动，热情接待来往于他家的共产党人、抗日志士。于是，黄名贤的家成为党的一个隐蔽点。同志们来到他家，就像在自己家中一样温暖，都亲热地称黄名贤、王菊花夫妇为大兄、大嫂。

1940 年 4 月，中共潮澄饶中心县委根据上级关于开展武装活动的指示精神，成立潮澄饶游击小组（后改为潮澄饶抗日游击小队）。这支武装队伍活动于潮澄饶的敌占区和国统区之间的缓冲地带，神出鬼没地打击敌人，取得累累战绩。武装骨干蔡子明、李朝道、李亮等同志都以"表亲""朋友"的身份经常到大兄家食宿，江东区委书记李习楷等领导同志也常在他家开会、研究工作。大兄经常为过往同志们撑渡，为队伍运载物资，大嫂则负责接待来往的同志。在同志们的启发教育下，大兄大嫂这对受尽苦难的普通农民，从祖辈和自己的亲身经历中，悟出一个道理：只有共产党才能使劳动人民摆脱贫困、悲惨的命运。他们憧憬着未来的幸福生活，把对党的朴素阶级感情转化为工作的动力，热情接待来往同志，辛勤地为同志们服务。当时，他们几个儿女年纪还小，婆婆年迈，家庭经济十分拮据，但大兄大嫂总是尽量安排好同志们的食宿。每次煮饭，总是同志们吃稠的，稀的留给自己一家人吃。

那时候，下埔村周围五里内均驻有国民军和联防队，他们经常外出为非作歹，大兄大嫂除了安排来往同志的食宿之外，还得想方设法保证同志们的安全。有一次，国民军突击进村搜查，夜宿于大兄家的武装人员李亮来不及转移，当端着刺刀的国民军进入大兄的家门时，坐在门口乘凉的大嫂及婆婆急中生智，毫不犹豫地迎上去，并大声询问要借什么。李亮在屋里听得明白，急忙从后门转移了。

1942 年 6 月"南委事件"后，国统区的党组织暂停活动，敌占区的党组织则坚持以小型武装斗争为中心的活动，佘厝洲村是武装小组活动的据点，武装人员常住下埔村大兄家。其时，地下党正处于极端困难时期，同志们到大兄家很少带粮食，大兄大嫂从不计较，每次都热情地拿出家里仅存的数量不多的米粮、地瓜之类的食物，煮给同志们吃。有时实在没有什么好吃的了，大嫂便找邻居凑借，好让同志们吃饱后去打日伪、汉奸。当时常住大兄家的游击小组骨干李亮常患疟疾，大嫂见他每次发病后都坚持去执行任务，心里既感动又疼惜。以后，每当李亮发病之后，她都特意做碗干饭给他吃，有时还设法弄来一拇指大的鱿鱼给他下饭。在那艰苦的岁月里，能吃上稀饭都很困难，何况干饭和鱿鱼？这碗干饭，凝聚着大嫂对同志、对革命的一片深情。逢年过节，大嫂总是把好吃的东西留给同志们吃。有一年春节后，李亮又到大兄家，大嫂忙拿出一个鹅肫给李亮吃，并连声埋怨他说："这个鹅肫我重煮不止十次，你为什么等到现在才来！"李亮手捧着这个鹅肫，看着大嫂慈祥亲切的脸孔和她身边的几个孩子，心情十分激动，这不是一个小小的鹅肫，而是大嫂对革命的一片心啊！

同年3月，由于地下党员刘华（又名刘维刚）叛变投敌，发生了汕头市党组织遭受日本宪兵部破坏的严重事件。黄名昌（当时已调汕头市）被捕牺牲。亲人的牺牲给大兄一家带来极大的悲痛和沉重的打击，是继续顶风冒险为党工作，还是害怕、退缩，把同志们拒之门外？这对于大兄夫妇来说，是一个严峻的考验。然而，大兄夫妇像潮汕平原广大农民群众一样，一旦接受了革命的道理，便义无反顾，他们做出了坚定的抉择：把亲人牺牲的悲痛化为工作的动力，一如既往地为党工作。由于当时白色恐怖严重，武装小组的活动时间一般都选择在刮风下雨的恶劣天气或三更半夜。大兄大嫂总是默默无声地、利索地做好各种后勤工作，直至送同志们出门上路，才回家歇息。夫妇俩长年累月这样做，毫无半句怨言。

1948年4月初，第四突击队（简称"四突"）从凤凰山根据地下到平原活动，主要任务是发动群众，创立更多的转动点和交通线，以承担运粮运兵的任务。江东一带就是平原连结山地的交通要道，该地有几个必须经过的渡口，大兄就负责运载的任务。有一次，大兄运载"四突"的同志返回凤凰山，来不及回家过清明节。这引起乡公所乡丁庄汉春的怀疑，他引来敌人，把刚回家的大兄抓了起来，并在他家搜出一罐"白药"（配火药用的）。敌人早就怀疑大兄与共产党有联系，便把他抓捕入狱。在审讯时，大兄一口咬定这包"白药"是乘船的客人遗留下来的。因大兄的身份没有暴露，才由其弟弟黄名燕用钱把他赎了出来。大兄出狱后，照样为地下党运载物资，接送武装人员。大嫂也未因大兄的被捕而惊怕，反而更激起了她对敌人的仇恨，更加深了她忠于党、忠于革命的信念。

1948年之后，随着革命形势的发展，上凤凰山入伍的同志不断增多，大兄之家是平原到凤凰山的交通站，来往于他家的同志不断增多。是年初，有8名学生要上凤凰山入伍，夜宿于大兄之家。其中一位学生在丰顺东留被国民党军捕去，经不起考验，供认了这个交通站。敌人如获至宝，马上带着这一青年学生到下埔村来搜捕。当时大兄因往高厝塘村探望弟弟，不在家。大嫂则当场被捕，怀中还抱着不满周岁的婴儿。敌人把她拖至屋前，用枪托殴打她，要她供出游击队和交通站的秘密。大嫂护着怀中的小儿子，忍着揪心的疼痛，回答只有一句话："不知道。"敌人盛怒之下，不断殴打她，折磨她，妄图用肉体上的刑罚使她屈服，并恫吓她说："如果再不说出来，就活活把你打死！"当时，除了大儿子黄瑞潮闻讯逃脱外，家里还有 3 个儿女，大的不满 10 岁，小的只有 5 岁。她们看着妈妈被打，又惊又怕，哭作一团。孩子们的啼哭声撕裂大嫂的心肺，敌人的殴打使她疼痛难忍。但是，大嫂闭着眼，咬着牙，搂抱着胸前啼哭的小儿子，任凭敌人殴打，没有半句口供，敌人的酷刑和死的威吓均未能使这个觉醒了的普通农妇屈服。最后，敌人竟将大嫂的腿骨打断了。她痛得昏瘫在地，醒来后，她还是一句话："不知道。"敌人气恼异常，用刺刀威胁大嫂的二儿子："不说你父亲的下落，就把你刺死。"不满 10 岁的小孩子哭着说出了父亲的去向。于是敌人逼村里一位农民背着小孩，直奔高厝塘村抓捕大兄。当时大兄的堂侄黄木坤已先到高厝塘村报讯，要大兄快速躲离，但大兄怕连累乡亲，坚决不走，当晚被抓入潮安监狱。堂侄黄木坤因来不及离开，也一同被捕。在狱中，敌人用竹签插进大兄的十个指头，逼他供出地下党的情况和领导人名单。大兄痛得全身痉挛，大汗淋漓，但始终推说不知道。敌人用尽酷刑，仍得不到半句口供。

敌人离开下埔村前往高厝塘村搜捕大兄时，查封了大嫂的房屋，并留下便衣暗探，准备抓前来与大嫂联系的人。大嫂瘫在地上，不能动弹，3 个儿女趴在她的身上，痛哭不止。乡亲们只有默默地陪着流泪。好心的堂嫂请人帮忙，把大嫂抬到村里的关爷宫里，又安排她的 3 个儿女暂住厝后草屋，并偷偷地给大嫂送点吃的东西。大嫂的大儿子黄瑞潮乘夜深人静时，偷偷溜入关爷宫，见到伤重憔悴的母亲和嗷嗷待哺的幼弟，心如刀割，泪流满面。大嫂为了大儿子的安全，催他赶快逃离。后来党组织将他接出，送上凤凰山入伍。

可敬的大兄夫妇，宁受摧肝裂胆的切肤之痛，也始终保守党的机密。敌人一筹莫展，决定对大兄夫妇下毒手。1948 年 7 月 16 日，敌人从潮安监狱把大兄和黄木坤押出来后，用汽艇载到下埔村渡口，再到关爷宫把大嫂抬下汽艇，一起解往澄海隆城活埋。活埋前，敌人又假惺惺地许诺说："如能说出地下党情况，马上就释放你们。"但是，大兄夫妇昂起头，对敌人不屑一顾。大兄扶着不能站立的大嫂，抚摸着无辜的幼子，更加愤恨敌人的残暴。他们坚信，党组织和同志们一定会为他们报仇雪恨的。

乡土埋忠骨，丹心照汗青。黄名贤、王菊花夫妇壮烈牺牲了，但他们舍生忘死为革命的高贵品德，使潮澄饶的同志们深受感动。